金融の
プロになる

5

融資管理・
回収 編

F3C 金融ブックス

は　し　が　き

　金融機関在任中から30数余年にわたって，金融法務にたずさわって
まいりました。その間，金融機関の多くの担当者・部課長の方々，さら
には金融機関以外の方々から，融資契約とその管理上の問題点，とくに
業態悪化先への緊急対策や督促・回収・整理の実務に関して多くのご質
問やご相談，さらには著作物に対するご指摘をお寄せいただきました。
そこには豊富かつ重要な法律問題が含まれており，ついては，お寄せい
ただいた具体的事例に対する金融機関としての対策を，その都度書き留
めておりました。そして，積み重ねられた事例を素材として，実務の体
系に沿って書き下ろしたのが本書です。

　それは，身近に起きる様々な事例を，融資の実行から融資金の行く末
である回収や償却まで，実務の流れに沿ってまとめたものです。ただ，
ここでは小異を残して大同に就くのではなく，あえて枝葉末節を重要視
しました。それは，融資実務とくに「債権の回収」はモラルの問題だか
らです。住宅ローンに例えれば，金融機関が長期にわたって回収義務を
尽くすことによって，はじめてお客様は，住む家を確保できるのであっ
て，業績向上のためとはいえ，必要以上に融資を繰り返すのは適当な対
応とは言えません。

　読者の皆様が，お仕事の上で，困難な事例に直面して，立ち止まった
ときに，ぜひ本書にあたっていただきたいと思います。どこかに解決の
糸口が見いだせる筈です。本書の執筆にあたって，ご質問やご相談それ
にご指摘をいただいた方々が必ず正しい方向性を示して下さるでしょ

う。

　なお，本書が生まれるまでには，多くの方々のお力をおかりしました。
ここに，心から感謝の意を表します。

2020 年 7 月

三田の寓居にて　　　旗田　庸

目　　次

はじめに

第1章　融資契約とその管理

1　貸出金とその管理

2　貸出実行時における留意点

3　実行後の貸出金の管理

4　貸出先・保証・担保の変動

凡　例

三省堂模範六法に基づくものです。

会更	―	会社更生法
会社	―	会社法
貸金	―	貸金業法
家事	―	家事事件手続法
家事規	―	家事事件手続規則
仮登記担保	―	仮登記担保契約に関する法律
金融円滑化	―	中小企業者等に対する金融の円滑化を図るための臨時措置に関する法律
金融商取	―	金融商品取引法
刑	―	刑法
憲	―	憲法
建設	―	建設業法
小	―	小切手法
戸	―	戸籍法
個人情報	―	個人情報の保護に関する法律
借地借家	―	借地借家法
商	―	商法
商登	―	商業登記法
信託	―	信託法
税徴	―	国税徴収法
手	―	手形法
電子債権	―	電子記録債権法
動産債権譲渡特例	―	動産及び債権の譲渡の対抗要件に関する民法の特例等に関する法律
任意後見	―	任意後見契約に関する法律
破	―	破産法
不登	―	不動産登記法
不登規	―	不動産登記規則
弁護	―	弁護士法
保険	―	保検法
民	―	民法
民再	―	民事再生法
民執	―	民事執行法
民執規	―	民事執行規則
民訴	―	民事訴訟法
民保	―	民事保全法
民保規	―	民事保全規則
利息	―	利息制限法

は　じ　め　に

1　10年周期の景気動向

　中小企業融資の管理回収に携わる者たちは，その第一歩を過去の景気動向に目を向けます。この半世紀，わが国は，10年周期の景気の節目に見舞われました。

① 　1965（昭和40）年前後の山陽特殊製鋼，山一証券の破綻と国債発行

② 　1975（昭和50）年前後のオイルショックから列島改造と変動相場制移行

③ 　1985（昭和60）年前後のベンチャー企業の登場

④ 　1995（平成07）年前後のバブル経済の崩壊から失われた10年

⑤ 　2005（平成17）年前後のリーマンショック

⑥ 　2019（令和01）年コロナ不況

　その時々に学んだ教訓をこれからも生かしていくように心がけましょう。

2．この20年の立法動向と判例の動き

　その節目，節目でさまざまな対応がなされましたが，とくにこの20年余の立法には目を見張るものがあります。後掲［資料1］」のとおりまさに明治の初期，第二次世界大戦後に続く第三の立法ラッシュといえます。あわせてこの間の重要判例も［資料2］に掲げておきます。

[資料1] 近年の立法の動向

項番	施行	施行された法律
01	1998. 1・1	新民事訴訟法（平8・6・26法109） （注01）
02	1998・10・1	債権譲渡の対抗要件に関する民法の特例等に関する法律（平10・6・12法104） （注02）
03	2000・04・01	民法の一部を改正する法律（平11・12・8法149） （注03）
04	2000・04・01	民事再生法（平11・12・22法225） （注04）
05	2001・04・01	消費者契約法（平12・5・12法61）
06	2001・04・01	金融商品の販売等に関する法律（平12・5・31法101）
07	2003・04・01	新会社更生法（平14・12・13法154） （注05）
08	2003・04・01	個人情報の保護に関する法律（平15・5・30法57）
09	2004・04・01	担保物権及び民事執行制度の改善のための民法等の一部を改正する法律（平15・8・1法134） （注06）
10	2005・01・01	新破産法（平16・6・2法75）（注07）
11	2005・03・07	新不動産登記法（平16・6・18法123）（注08）
12	2005・04・01	民法の一部を改正する法律（平16・12・1法147） （注09）
13	2005・10・01	動産及び債権の譲渡の対抗要件に関する民法の特例等に関する法律（平16・12・1法148） （注10）
14	2006・02・10	偽造カード等及び盗難カード等を用いて行われる不正な機械式預貯金払戻し等からの預貯金者の保護等に関する法律（平17・8・10法94）

15	2006·04·01	新銀行法（平 17·11·2 法 106）
16	2006·05·01	会社法（平 17·7·26 法 86） （注 11）
17	2007·01·01	法の適用に関する通則法（平 18·6·21 法 78） （注 12）
18	2007·01·20	貸金業法（平 18·12·20 法 115） （注 13）
19	2007·04·01	裁判外紛争解決手続の利用促進に関する法律（平 16·12·1 法 151） （注 14）
20	2007·04·01	犯罪による収益の移転防止に関する法律（平 19·3·31 法 22）
21	2007·09·30	金融商品取引法（昭 23·4·13 法 25） （注 15）
22	2007·09·30	新信託法（平 18·12·15 法 108） （注 16）
23	2008·06·21	犯罪利用預金口座等に係る資金による被害回復分配金の支払等に関する法律（平 19·12·21 法 133）（注 17）
24	2008·12·01	一般社団法人及び一般財団法人に関する法律（平 18·6·2 法 48）
25	2008·12·01	電子記録債権法（平 19·6·27 法 102） （注 18）
26	2009·01·05	社債，株式等の振替に関する法律（平 13·6·27 法 75） （注 19）
27	2009·06·01	利息制限法（平 18·12·20 法 115） （注 20）
28	2009·12·04	中小企業者等に対する金融の円滑化を図るための臨時措置に関する法律（平 20·5·16 法 33） （注 21）

29	2010・04・01	保険法（平 20・6・6 法 56）（注 22）
30	2010・04・01	金融商品取引法等の一部を改正する法律（平 21・6・24 法 58） （注 23）
31	2013・04・01	資金決済に関する法律（平 21・6・24 法 59） （注 24）
32	2013・01・01	家事事件手続法（平 23・5・25 法 52）（注 25）
33	2020・04・01	日本国憲法の改正手続に関する法律（平 19・5・18 法 51） （注 26）
34	2020・04・01	民法の一部改正法（債権関係）（平 29・6・2 法 44） （注 27）
35	2022・04・01	民法の一部改正法（成年年齢関係（平 30・6・13 法 59） （注 28）
36	2019・07・01	民法の一部改正法（相続関係）（平 30・7・6 法 72） （注 29）

（注 01）旧民事訴訟法（明治 23 年法律第 29 号，大正 15 年法律第 61 号大改正）の廃止。

（注 02）債権譲渡の対抗要件に登記制度を導入［項番 13］で改正。

（注 03）禁治産・準禁治産の廃止など行為無能力者制度の改正。
あわせて，任意後見契約に関する法律（平 11・12・8 法 150）の施行。

（注 04）和議法（大正 11 年法律第 72 号）の廃止。

（注 05）旧会社更生法（昭和 27 年法律第 172 号）の廃止。

（注 06）担保物権法制では，①滌除にかわる抵当権消滅制度の導入，②短期賃借権保護にかわる明渡猶予制度の導入，③根抵当権者による元本確定を許容，④債権質における要物性の緩和。一方民事執行法制では，⑤担保不動産収益執行の創設，⑥動産売買先取特権の競売許容，⑦財産開示制度の創設，などがあげられる。

（注 07）旧破産法（大正 11 年法律第 71 号）の廃止。

（注 08）旧不動産登記法（明治 32 年法律第 24 号）の全面改正。①不動産登記簿謄本・

抄本にかわる登記事項証明書の導入，②オンライン申請の導入，③予告登記の廃止，④表記の現代語化

(注09) ①民法表記の現代化，②保証契約の要物性と貸金等根保証契約の創設，③民法 478 条に「無過失」要件が追加。

(注10) 動産譲渡の対抗要件に登記制度を導入。「債権譲渡の対抗要件に関する民法の特例等に関する法律（平 10・6・12 法 104）」の改正。

(注11) 商法第 2 編 32 条〜500 条（会社）の削除。会社法の全面改正，会社整理手続の廃止。

(注12) 法令（明 31・6・21 法 10）の全部改正。

(注13) 貸金業の規制等に関する法律（昭 58・5・13 法 32）を改称。

(注14) 日本版ＡＤＲ法。平成 22 年 4 月 1「金融商品取引法等の一部を改正する法律（平 21・6・24 法 58）」施行により金融ＡＤＲスタート。
平成 21 年 11 月末現在，48 事業者が認証取得。

(注15) 証券取引法を改名。

(注16) 旧信託法（大 11 年法律第 62 号）の廃止。自己信託の部分は平成 20 年 9 月 30 日施

(注17) 振り込め詐欺救済法

(注18) 電子記録債権の導入

(注19) 株券の電子化

(注20) 第 4 段階改正は，平成 21 年 6 月 18 日施行

(注21) 金融円滑化法。体制整備義務に関する部分は平成 22 年 2 月 1 日施行。
平成 23 年 3 月までの時限法。

(注22) 商法第 2 編第 10 章商法 629 条乃至 683 条（陸上保険）を削除。なお第 3 編第 6 章 815 条乃至 841 条（海上保険）は存続。

(注23) 金融ＡＤＲ法。指定紛争解決機関との契約締結義務は平成 22 年 10 月 1 日

(注24) 前払式支払手段と資金移動を規制の対象

(注25) 家事審判法（昭 22・12・6 法 152）の廃止。

(注26) 「国民投票法」。年齢満 18 年以上の者は，投票権を有する。

(注27) ①意思表示，②消滅時効，③法定利率，④保証人の保護，⑤債権譲渡，⑥契約上の地位の移転と定型約款，⑦賃貸借契約に関するものがあげられる。

(注28) ①成年年齢の引下げ，②女性の婚姻年齢の引上げ。

(注29) ①配偶者の居住権の保護，②遺産分割，③遺言制度，④遺留分制度，⑤相続の効力，⑥相続人以外の者の貢献，に関する見直し。なお，③の一部は 2019 年 1 月 13 日施行。

[資料 2] 近年の重要判例

項番	年月日（平成）	判　決　内　容	出　典
01	最三小判 10・2・10	抵当権者による物上代位権の行使と目的債権の譲渡	集民 187-47
02	最一小判 10・3・26	一般債権による差押と物上代位権による差押えとの競合	民集 52-2-483
03	最三小判 10・7・14	手形商事留置権の破産宣告後の効力	民集 52-5-1261
04	最三小判 11・1・29	将来 8 年 3 カ月間に支払われる診療報酬債権の譲渡が有効	民集 53-1-151
05	最一小判 13・1122	集合債権譲渡担保契約の対抗要件の効力	民集 55-6-1056
06	最三小判 13・1127	指名債権譲渡の予約型対抗要件の効力	民集 55-6-1090
07	最二小判 15・1219	一括支払システムは国税に対抗できない	民集 57-11-2292
08	最一小判 16・6・24	譲渡禁止の特約について金融機関の重過失を認定	金法 1723-41
09	最二小判 16・7・16	指名債権譲渡の停止条件型対抗要件の効力	民集 58-5-1744
10	最二小判 19・9・21	地方公共団体の損失補償契約は財政援助制限法に違反しない	金法 1830-23
11	最一小判 21・1・22	相続人の預金取引記録開示請求権	民集 63-1-228
12	最三小判 22・3・16	破産手続における開始時現存額主義の解釈について口単位説	民集 64-2-523
13	最一小判 23・1215	取立手形は再生手続外で行使することができる	民集 65-9-3511
14	最二小判 24・1012	詐害行為取消権行使による株式会社の新設分割の取消	民集 66-10-3311

15	最一小決 25·1·17	預金額最大店舗指定方式の差押えは不適法	金法 1966-110
16	最大決　25·9·04	非嫡出子の相続分を 1／2 とする民法 900 条 4 号但書前段の規定は違憲	民集 67-6-1320
17	最二小判 26·1219	条項使用者不利の原則	集民 248-189
18	最三小判 28·1·12	融資実行後に主債務者が反社会的勢力勢力であることが判明した場合, 信用保証協会の保証契約の意思表示に要素の錯誤がない	民集 70-1-1
19	最一小決 28·7·05	「みなし到達条項」は債権譲渡通知に不適用	金法 2073-25
20	最大決平 28·1219	共同相続された預貯金債権は, 相続開始と同時に当然に相続分に応じて分割されることはなく, 遺産分割の対象となる（最一小判平 29·04·06 ＝ 集民 255-129 同旨）	民集 70-8-2121
21	最一小判 29·1214	不動産も商法 521 条の「物」に当たる	民 71-10-2184
22	最二小判 30·2·23	抵当権の被担保債権が免責許可決定の効力を受ける場合における当該抵当権自体の消滅時効	民集 72-1-1
23	最二小判 30·1221	弁護士法 23 条の 2 第 2 項に基づく照会に対する報告をする義務があることの確認を求める訴えは, 不適法である	民集 72-6-1368

3．民法（債権関係・成年年齢関係・相続関係）の改正

　平成 29 年以降に交付された民法の改正は,「債権関係」「成年年齢関係」

及び「相続関係」の3点で，以下，順次解説します。

(1) 平成29年法44号（債権関係）：2020・04・01 施行

① 意思表示に関する改正

　まず，「法律行為の当事者が意思表示をした時に意思能力を有しなかったときは，その法律行為は，無効とする」（民3の2）と明記し，次に，心裡留保・錯語・詐欺または強迫による意思表示の無効または取消の第三者に対する対抗要件について改正しています（同法93②・95④・96③）。

② 消滅時効に関する改正

　債権の消滅時効の期間について，債権者が権利を行使することができることを知った時から5年間行使しないときに短縮するほか（民166①一），権利を行使することができる時から10年間行使しないときとし(同条同項二)，これに伴い，業種ごとに異なる3年間から1年間の短期の消滅時効を定める改正前民法170条から174条の規定を削除しました。なお，商事消滅時効についても5年間と定める商法522条も削除され（平成29年法律第45号)、民法の規定が適用されます。用語の問題として，時効「中断（改正前民147～157)」「停止（改正前民158～161)」の概念を「完成猶予」と「更新」とに整理し，新たな時効完成猶予事由として「協議を行う旨の合意」を規定します（民151）。詳細は「P.292 7 改正民法による消滅時効」参照。

③ 法定利率に関する改正

　法定利率を改正前の年5％から3％に引き下げるうえ（民404②），3年を1期とし市中の金利動向に合わせて変動するものとする変動制を導入しました（同条③）。これは，金銭の給付を目的とする債務の不履行についての損害賠償である遅延損害金にも及ぼされ（同法419），これに伴い年6分とする商事法定利率の特例を定める商法514条が削除されました（平成29年法律第45号）。そして，中間利息控除も法定利率に

よることが新設されました（民417の2）。

④　保証人の保護に関する改正

　　まず，極度額の定めのない個人根保証契約は無効とします。改正前民法465条の2第2項は，「貸金等根保証契約は，極度額を定めなければ，その効力を生じない」とあるのを，民法は，主たる債務の範囲に貸金等債務が含まれない根保証にまで広げ，「個人根保証契約は，極度額を定めなければ，その効力を生じない」（民法465の2②）と，その適用範囲を拡大します。また「事業に係る債務についての保証契約の特則」を設け，公証人による保証意思確認手続を新設（同法465の6①），さらに保証人に対する情報提供義務が新設されました（同法458の2，458の3，465の10）。

⑤　債権譲渡に関する改正

　　まず，譲渡制限の特約ある債権が譲渡されたとき，債務者にその債権の全額を供託することを認め（民466の2），一方，譲渡制限の特約は，「譲渡制限の意思表示がされた債権に対する強制執行をした差押債権者に対しては，適用しない」と規定します（同法466条の4）。差押禁止財産を当事者間で自由に作るのは行き過ぎだからです。次に，預貯金債権にした譲渡制限の意思表示は，そのことを知り，または重大な過失によって知らなかった譲受人等に対抗できますが（同法466の5①），預貯金債権に強制執行をした差押債権者に対しては適用されません（同条②）。さらに，将来債権の譲渡を認め（同法466の6①），いわゆる「異議をとどめない承諾の制度」（改正前民468①）が廃止され，現行の指図債権等の譲渡に関する規定（改正前民469-473）は，改正民法520条の2乃至520条の20に有価証券として新設されます。

⑥　契約上の地位の移転と定型約款を用いた取引に関する改正

　　「契約上の地位の移転」に関する規定が新設されました（民539の2）。これは，債権債務だけでなく，解除権や取消権といった契約に附随する

権利を行使することができる地位自体を，同一性を保ったまま移転させることです。そして民法は，「定型約款」の概念を新設し，規制の対象とします（同法548の2-548の4）。

⑦　**賃貸借契約に関する改正**

　前掲⑥で解説した「契約上の地位の移転」の特則として，賃貸不動産の譲渡に伴う賃貸人の地位の移転に関する規律が定められ（民605の2-605の4），さらに，「敷金」の規定（同法622の2）を新設します。

⑧　**その他**

　その他，金融実務との関係では，債権質の設定を定める改正前民法363条は削除され，記名所持人払証券の質入れとして民法520条の17が新設されました。そして，債務の引受の新設（民470-472の4），合意による弁済の充当の規定の新設（同法490），任意代位の規定と法定代位の規定との統合（同法499），差押えと相殺に関し判例法理の無制限説を明文化（同法511），債権者の交替による更改（改正前民516条）の削除，書面でする消費貸借の新設（民587の2）などがあげられます。

(2)　平成30年法59号（成年年齢関係）：2022・04・01施行

①　**成年年齢の引下げ**

　成年年齢を現行の20歳から18歳に引き下げ（改正民4），「成年」と規定する他の法律も18歳に変更します。

②　**女性の婚姻年齢の引上げ**

　男は18歳，女は16歳の婚姻適齢（現行民731）を，「婚姻は，18歳にならなければすることができない」（改正民731）に改めます。この結果，女性の婚姻開始年齢を18歳に引き上げ，婚姻適齢は男女とも18歳に統一されます。

③　**その他**

　未成年者の婚姻について父母の同意を定める現行民法737条，及び，婚姻による成年擬制を定める現行民法753条は，削除されます。改正民

法は，2022 年 4 月 1 日から施行されます。

(3)　平成 30 年法 72 号（相続関係）：2019·07·01 施行

① 　配偶者の居住権を保護するための方策

　配偶者短期居住権（民 1037-1041）及び配偶者居住権（同法 1028-1036）」の二つの権利が創設されました。相続開始時に被相続人所有の住宅で同居していた配偶者に，原則として亡くなるまでの間，無償で住み続けることを認める権利です。

② 　遺産分割等に関する見直し

　共同相続された預貯金について，遺産分割前でも相続人に仮に払い戻すことを認める制度を創設しました（民 909 の 2）。

③ 　遺言制度に関する見直し

　自筆証書遺言の方式が緩和され（民 968 ②），自筆証書遺言の保管制度が創設されました（法務局における遺言書の保管等に関する法律―平成 30 年法 73 号）。

④ 　遺言執行者の権限の明確化

遺言執行者に預貯金の払戻しの請求及び解約の権限を明文で認めます（民 1014 ③）。ただ特定財産承継遺言に限ります。

⑤ 　遺留分制度に関する見直し

　遺留分権の行使によって遺留分侵害額に相当する金銭債権が発生するものとしつつ，受遺者等の請求により，金銭債権の全額または一部の支払につき裁判所が期限を許与することができるようになりました（民 1042-1049）。なお，改正前の「遺留分減殺請求」という用語は「遺留分侵害額の請求」となりますが（同法 1046），意味や用法に変更はありません。

⑥ 　相続の効力等に関する見直し―対抗要件主義の適用

　法定相続分を超える相続財産の取得については，すべて登記，登録その他の対抗要件を備えなければ，第三者に対抗することはできない，と

改められました（民 899 の 2）。

⑦　**相続人以外の者の貢献を考慮するための方策**

　相続人以外の被相続人の親族が，被相続人の療養看護等を行った場合には，一定の要件のもとで，相続人に対して金銭請求をすることができる制度（特別の寄与）を創設し（民 1050），さらに，特別の寄与の制度創設に伴い，家庭裁判所における手続規定（管轄等）を設けます（改正家事事件手続 216 の 2-216 の 5）。

⑧　**施行期日**

　改正民法は，原則として，2019 年 7 月 1 日を期日に施行されました。ただし，上記③のうち方式の緩和は 2019 年 1 月 13 日，①は 2020 年 4 月 1 日，③の保管制度は 2020 年 7 月 10 日を期日に施行されました。

融資契約とその管理

1 貸出金とその管理

Point

　貸出金の管理には，①効率的運用を図ること，②融資先の育成を図ること，③貸出金の安全性を維持すること，の三つ要素があります。どの要素も欠けることのないように，注力することが大事です。

1．出金と貸出金の相違

　貸出金は金銭の消費貸借です。消費貸借は，当事者の一方が種類，品質及び数量の同じ物をもって返還することを約して相手方から金銭その他の物を受け取ることによって，その効力を生じます（民587）。返還することを約する点で，出金とは異質なものです。なお，改正前民法は，消費貸借は「受取」によってその効力を生じる要物契約でしたが，2020年4月1日施行の現行民法（債権関係）は，書面でする消費貸借契約の効力を生じると新設（民587の2），それが電磁的記録によってされたときは，書面によってなされたものとみなされます（同条④）。

　貸出金は，企業の必要資金を直接にその企業に融資することですが，それは企業の不足資金を補給するに止まらず，企業の発展を，ひいては金融機関の発展をもたらすことを目的としています。この目的を達成するために，貸出金には各種の管理が行われますが，出金にはありません。

2．貸出金の管理の3要素

　貸出金の管理は，次の三つからなります。まず，貸出金は，金融機関の資産の中核をなし，その収益の根源であることから，貸出金の効率的運用を図ることです。第2は，融資先が健全な発展を遂げ，その反射的

効果として金融機関自身の健全な発展を図るために，貸出金によって企業はいかに発展していくかを見届け，有効適切な指導を行うなど，融資先の育成を図ることです。そして第3は，貸出金の安全性を維持すること，すなわち貸出債権の保全管理です。

3．債権の保全管理

　債権の保全管理は，貸出を実行する以前から回収するまで，経済的観点・法律的観点から行われます。「第1章　融資契約とその管理」は，これを法律的な面を中心として，申込みを受けた貸出が融資ベースに乗るかどうかの「貸出実行時における留意点」，融資後の安全運航を進めるうえでの留意点である「実行後の貸出金の管理」，及び，「貸出先・保証・担保の変動」を扱います。

2. 貸出実行時における留意点

Point

　貸出実行時における留意点，つまり，融資判断における留意点は，①貸出対象先の信用調査，②資金使途の確認，③有効な融資契約の締結の3点です。

1. 貸出先の信用調査（融資判断における留意点の1）

　貸出の実行にあたっては，貸出対象先の信用調査と検討から始めます。その内容には，財務面からの調査検討と，取引振りの調査検討，それに貸出対象先，代表者，保証人の資産内容の調査，の3点があげられます。

(1) 財務面からの調査検討

　過去の財務諸表に基づく財務面からの調査いわゆる財務分析は，過去2～3期分の決算書と法人税申告書を併せて徴求し，主として，安全性・収益生・成長性の観点から企業の信用を調査します。企業会計ベースの決算と税務会計ベースの決算との乖離の有無や乖離の原因を調べるなど，財務諸表そのものの限界をわきまえたうえ分析を行います。分析内容は，決算書の資産勘定の内容を精査すること，及び，使用総資本利益率・売上高支払利息比率・借入金回転期間・自己資本比率の推移は避けて通れません。それは，貸出金の固定化の有無と程度を推測するものだからです。

(2) 取引振りからの調査検討

　計算化できない非財務面からの調査検討のことで，それは次の3点があげられます。

　まず，貸出対象先企業に新分野への展開，事業再編や組織変更などが

見られないかという点です。新商品の開発，新工場への移転，合併，買取，事業転換などが起きているとき，そして，それに伴う融資の申込みがあるときは，それが企業の発展に伴うものか，それとも資金繰りに窮しているものなのかを見極めることです。資金繰りに窮すると，返済期間が長期にわたる設備資金等の名目で借り入れ，それが運転資金に流用される現象が往々にして生じるからです。第2は，他の金融機関との取引状況を確認することです。その取引内容をみると，手形支払場所の金融機関と与信取引がない，その金融機関と取引開始後間もない（取引歴が短い），預金取引のみの先，であるときはその理由を見極めることです。第3は，資金使途の確認であり，重要なテーマです。⇒下記「2.資金使途の確認（融資判断における留意点の2）」参照。

(3)　資産内容の調査－不動産登記は信用調査の宝庫

　中小・中堅企業融資にあたっては，対象企業の資産内容の調査も欠かせません。併せて保証人の資産内容を調査することも怠ってはなりません。対象企業の貸借対象表の資産勘定を精査するのが正当な手法ですが，新規対象先とその保証人や家族の所有不動産を確認し，権利の付着常況を調査することも忘れてはなりません。総じて言えるのは「不動産登記は信用調査の宝庫」ということです。⇒P.296「［事例1］新規取引時の所有不動産調査の重要性」参照。

2．資金使途の確認（融資判断における留意点の2）

(1)　資金使途とは

　資金使途とは，企業に資金需要が生じた場合，その資金需要の原因がどこにあるかについて，金融機関の立場から分類したものです。資金使途は，①短期資金と長期資金，②設備資金と運転資金，③貿易資金と国内資金，及び，④経常資金・一時資金と固定資金，に分類できます。①の短期資金とは通常1年未満に回収される資金であり，②設備資金とは

有形固定資産の増加に伴う資金需要であり，③貿易資金とは直接海外取引に関連したすべての資金をいいます。そして④については，一定の企業活動に伴う恒常的に必要となるのが経常資金であり，短期資金の性格をもちますが，資金需要は長期化します。一時資金は，季節的・臨時的な理由によって一時的に調達を必要とする資金のことで，短期間に返済可能な季節資金・一時的在庫資金・つなぎ資金・決算資金などがあります。固定資金は，営業循環資金以外の資金のうち，長期間にわたって固定化する性質の資金をいい，設備資金が代表的なもので，投融資資金も含まれます。

(2)　資金使途の確認にあたって

　資金使途の確認にあたっては，まず貸出対象先の説明を受けますが，口頭説明によるだけでは不十分であり，それを裏付ける各種の資料の提出を受けます。設備資金は，売買契約書・不動産登記事項証明書・不動産鑑定評価書・請負契約書・設計図・建築確認書・資金調達計画表などによりその使途が適正であるかを確認します。運転資金は，過去の財務諸表・予定資金繰表・売上高見込表などの提出を受けて要資事情を確認します。資金使途確認は，「資金使途分析」ともいい，確認・分析にあたっては，企業の資金需要が発生した最終的な原因を把握することが重要です。貸出金の返済原資もこの分析から検証することができます。

　そして，貸出実行前に行う資金使途の確認・分析だけでは不十分で，もっと踏み込んだ調査，つまり貸出実行後，貸出金が何に使われたかを具体的にトレースし，どこに使われたかを確認することが求められます。貸出対象先に支払予定先を聞き，必要に応じて請求書・納品書・領収書で確認し，支払小切手や手形の裏書人を調べて予定どおりの支払が行われたことを確かめます。。

　「資金流用」は貸出先のモラルの問題，つまり金融機関と融資先との信頼関係の問題でもあります。しかし，現実にはモラルに反する企業が

皆無とはいえません。信用力に問題のある融資先は，資金流用防止の観点からも，資金使途の確認には念を入れて行うことが必要で，対象先の話をそのまま受けて貸出に応じる姿勢は厳に慎まなければなりません。

3．有効な契約の締結（融資判断における留意点の3）

　融資先との有効な契約が締結されているのを確認します。有効な契約が締結されているには，①正しい契約書が選定・徴求されていること，②取引の相手方に契約する能力と権原が備わっていること，そして，③契約する意思を有することを，確認しなければなりません。

(1)　正しい契約書の選定・徴求

　約定書・契約書が洩れなく，かつ，正しく選定・徴求されていることであり，①融資契約の要物性の緩和と書面による消費貸借の新設，②融資内容の明確化，について順次解説します。

①　融資契約の要物性の緩和と書面による消費貸借の新設

a　融資契約の要物性

　消費貸借は，当事者の一方が種類，品質及び数量の同じ物をもって返還することを約して相手方から金銭その他の物を受け取ることによって，その効力を生じます（民587）。これを消費貸借の要物性といいますが，融資契約に関しては，判例・学説ともこの要物性を緩和しています。金融機関にとって有利であり便利ですが，それだけ約定書・契約書の重要性が深まる点に留意しなければなりません。

b　要物性の緩和

　土地の購入とその上の建物建築資金を融資し，購入土地と新築建物を担保に取る，これは住宅ローンにもみられるように，よくある融資取引です。この場合の土地については，①金銭消費貸借契約の締結→②それに基づく抵当権設定契約の締結→③融資の実行→④融資金による土地の購入→⑤土地売買に基づく購入者への所有権移転登記→⑥金融機関の抵

当権設定登記，の経緯を辿ります。①と②が同日付で，それから③〜⑥が同日付で行われる例が多くなっています。ここで注目すべきなのは，金銭消費貸借契約の締結（＝①）が融資の実行（＝③）前になされていて消費貸借契約の要物性を充たしていない点,，及び，抵当権設定契約の締結（＝②）が抵当土地の購入（＝④）前になされている点です。結論は，このように抵当権の設定契約，設定登記の後に貸付金が授受されて被担保債権が生じた場合であっても，抵当権は有効に債権を担保します。⇒ P.297「［事例2］所有権移転前日付登記の抵当権の効力」で解説。なお，将来建築される建物を目的とする抵当権設定契約は，目的物件そのものが存在していないのですから，その効力は生じません。⇒ P.299「［事例3］建物完成前の抵当権の設定」で解説。

c　書面でする消費貸借契約の新設

2020年4月1日施行の現行民法（債権関係）は，諾成契約としての消費貸借契約，つまり，書面でする消費貸借の規定を新設しました。民法587条の2がそれです。書面でする消費貸借契約は，その効力を生じる（民587の2①）としたうえ，その内容を記録した電磁的記録によってされたときは，書面によってされたものとみなされます（同条④）。ただ，この書面でする消費貸借契約は，契約の解除に関して特則があるので注意してください（同条②③）。

②　融資内容の明確化

a　貸出金の種類

金融機関は融資先と貸出金の内容を明確にしたうえで各種の融資契約を締結します。約定書・契約書は貸出金の内容を明確にするものでなければなりません。貸出の内容は，通常「［資料3］融資の種類」のとおりです。

[資料3] 融資の種類

項番	種類	意 義
1	手形貸付	貸付にあたり借主から借用証書を提出させる代りに，または，これとともに，貸金債権を確保するために手形を徴して行う貸付。
2	証書貸付	貸付にあたり借主から手形を徴しないか，または，手形を徴しても，これに重点をおかないで，その重点はその証拠として借用証書を提出させることにあるもの。
3	手形割引	満期日のまだ到来しない手形を金融機関が買取る取引。
4	当座貸越	当座勘定取引に随伴して貸越をする意味で，当座勘定取引において当座預金者がその有する当座預金を超過して小切手を振り出した場合においても金融機関は一定限度までその支払をし，その超過支払額については，一定利率の利息を付け，かつ一定時期に弁済させるべきことを約する契約。
5	支払承諾	金融機関が顧客の依頼に基づいて，保証料を徴して顧客の第三者に対する債務を保証する行為をいう。
6	代理貸付	公的機関の資金を活用する貸付。日本政策金融公庫代理貸付など。

　ここで留意すべきは，時代とともに貸出金の内容も変遷することです。まず，ピークの1990（平成2）年には年間4798兆円あった手形交換高は，2018（平成30）年度には262兆円と激減し，手形に代わって電子版手形交換所の出現と電子記録債権の時代が到来したことです。債権譲渡登記制度や動産登記制度の創設に伴うABLの出現にも目を配る必要が生じています。さらに，借入金であっても，金融検査上「資本」として取り扱うことができる「資本性借入金」も運用化されています。東日本大震災や急激な円高の進行により，資金不足に直面する企業の資金調達を側面から支援するためのもので，今後の動向が注目されます。

b　約定書・契約書の種類

　約定書・契約書の種類は，どのような融資取引をするかによって決まります。通常，まず基本取引契約書（基本約定書）の「銀行取引約定書」「信用金庫取引約定書」「信用組合取引約定書」「農協取引約定書」等を徴求し，次いで融資取引の内容に応じて「金銭消費貸借契約書」等の取引別約定書を徴求します。さらに担保や保証を取る場合には，担保関係約定書・保証関係約定書を徴求します。⇒「[資料4] 融資契約書の種類と体系」参照。

[資料4]　融資契約書の種類と体系

基本取引約定書	取引別約定書	担保関係約定書	保証関係約定書
銀行取引約定書 信用金庫取引約定書 信用組合取引約定書 農協取引約定書	金銭消費貸借契約書 当座勘定貸越約定書 支払承諾約定書 外国向為替手形取引約定書 信用状取引約定書 貸付有価証券約定書	抵当権設定契約証書 根抵当権設定契約証書 譲渡担保差入証書 商業手形担保差入証書 定期預金担保差入書	保証約定書（貸金等根保証用・特定債務保証用・限定根保証用） 取引別約定書の保証条項

(2)　取引相手方の契約締結能力の確認

　融資契約が有効に成立するためには，取引先に契約締結する能力，代理権及び権原を備えているのを確認するとともに，法的制限にも配慮しなければなりません。契約締結能力とは権利能力と行為力のことです。代理人との取引では代理権を備えていることと，利益相反行為に該当しないかを確認します。権原とはある法律行為または事実行為をすることを正当とする法律上の原因をいい，担保権設定にあたっては担保提供者

に所有権や地上権などの権原が存在していることを要するのがその例です。そして，融資先の財産差押えや破産手続開始決定が法的制限の代表例です。

① **権利能力・意思能力・行為能力**

　a　**権利能力**

　権利能力とは，私法上の権利及び義務の帰属主体となることができる資格のことです。

個人は，原則として権利能力に制限はありませんが（民3①），ただ外国人は，法令または条約の規定により禁止される場合を除き，私権を享有します（同条②）。権利能力の確認が，法人の場合に重要です。「法人は「法令の規定に従い，定款その他の基本約款で定められた目的の範囲において」権利を有し，義務を負う（民34）からです。目的の範囲について，株式会社のような営利法人は相当広く解釈されているものの，学校法人・宗教法人のような非営利法人にあっては制限的に解されています。融資契約の内容は定款の目的の範囲内のものでなければなりませんが，とくに資金使途の確認には注意を要します。

　b　**民法による意思能力の新設**

　2020年4月1日施行の現行民法（債権関係）は，「法律行為の当事者が意思表示をした時に意思能力を有しなかったときは，その法律行為は，無効とする」（民3の2）と新設しました。意思能力とは自己の行為の結果を判断することができる能力（精神状態）をいい，改正前民法においては，明文の規定は存在しておらず，解釈によって認められてきたものです。

　c　**行為能力**

　行為能力とは，法律行為を単独で有効にすることができる法律上の地位あるいは資格をいいます。契約の相手方が個人（自然人）の場合は行為能力を確かめておくことが必要です。単独では完全な法律行為をする

ことはできない者を，制限行為能力者（制限能力者）といい，民法及び任意後見契約に関する法律は，未成年者，成年被後見人，被保佐人，被補助人，任意後見制度利用者として定型化し，それらの者が単独で行った法律行為は，制限行為能力者（制限能力者）及びその後見人等がこれを取り消すことができます。ただ，制限行為能力者を相手方として融資取引を始めるのは異例であり，消極扱いなのは言うまでもありませんが，高齢者時代を迎えて既往融資先が任意後見制度を利用する例も増えるとも思われますので，後掲「P.65 ③行為能力の変動」で解説します。

なお，平成30年法律59号民法（成年年齢関係）の改正により，成年年齢を現行の20歳から18歳に引き下げ（改正民4），「成年」と規定する他の法律も18歳に変更します。これは，一人で有効な契約をすることができる年齢であり，親権に服することがなくなる年齢でもあります。改正民法は，2022年4月1日から施行されます。

② 代理人・代表者との取引と利益相反

　a　代理等・代表権の確認

契約は代理人によっても行われます。法人の行為は，実際には，自然人である代表者によって行われます（会社349など）。その場合，代理権の有無とその範囲を確認しなければなりません。法律は，表見支配人（会社13），表見代理（民109,110,112）の制度により，取引の相手方としての金融機関を保護していますが，その場合，金融機関の善意無過失が要求されます。金融機関が代理人に代理権があると信じたことと，そう信じるにつき金融機関に正当な事由があること，つまり，金融機関に落度がないことが前提となっているのです。代理権の有無やその範囲に疑問を感じたときは，本人にこれらの点を確認のうえ取引を進めます。

　b　利益相反に注意

代理人・代表者との取引にあたって注意を要するのは，本人と代理人・代表者との間に利害の対立する可能性のある利益相反行為の有無です。

利益相反行為に該当する場合には，一定の手続をとらないとその行為は無効となり，法律は本人の保護を図っているからで典型的な例が，代表者個人の借入に会社がその資産を担保に供する行為，あるいは保証する行為があげられます。株式会社では株主総会の承認（会社 356），取締役会設置会社においては取締役会の承認（会社 365）を受けなければなりません。利益相反行為は，法人に限ったものではなく，個人についても起こります。親権を行う父または母とその子との利益が相反する行為については，親権を行う者は，その子のために特別代理人を選任することを家庭裁判所に請求しなければならず（民 826 ①），親権を行う者が数人の子に対して親権を行う場合において，その一人と他の子との利益が相反する行為については，親権を行う者は，その一方のために特別代理人を選任することを家庭裁判所に請求しなければなりません（同条 ②）。利益相反行為に該当する融資取引をする場合の留意点については，⇒ P.305「［事例 6］利益相反行為と相対無効」で解説。

③　権原の確認

　契約をする際には，相手方が契約をするに足る真実の権利者である，つまり，権原があることを確認しなければなりません。ある法律行為または事実的行為を正当化する原因を権原といい，他人の土地を利用する権原としての地上権や賃借権がその例です。不動産を担保に取る場合には，真実の所有者でなければ，登記上の名義人になっていても抵当権を設定する権原はなく，その抵当権の効力は認められません。預金についても預金名義人が真実の預金者と相違しているときは，預金担保は保護されません。もっとも，動産の質権や譲渡担保権は，その目的物の引渡しを受けておけば，例え無権利者つまり権原がなくても，担保権者が善意でありかつ過失が無い限り，即時にその動産について行使する権利を取得します（民 192）。これを動産の即時取得といい，手形の裏書の資格授与的効力も同様の趣旨です（手形 16,77 ①一）。

④　法的制限の確認

　債務者，保証人，物上保証人，代表者などから保証を徴し，担保の提供を受け，これらの財産を差し押さえても，これらの者に対して破産手続など法的整理手続の申立・開始，保全命令，仮処分などがあると，後日，保証，担保権設定や差押えが否定されることがあります。その代表が否認です（破産160，民再127，会更86）。債務者を取り巻く状況によっては，このようなことがないことの確認が重要です。なお，特別清算手続に否認の手続はありません。⇒P.260「③否認」参照。

(3)　意思確認と説明義務

①　避けて通れない意思の確認

　有効な契約が締結されるには，取引先に契約内容どおりの契約する意思を有していなければなりません。融資取引は，借主のほか，保証人，担保提供者等関係者が複数にわたるのが大多数です。しかし，金融機関の職員が関係者全員と面識があり，しかも一同に会して契約が行われるとは限りません。保証人や担保提供者が融資契約時に同席しないこともよくあることです。このような場合には，金融機関は，事前または事後に改めて債務者はもちろんのこと保証人や担保提供者と面会し，借入れ，保証，担保提供の意思を確かめなければなりません。とくに，保証，担保提供が代理人を介して行われる例が散見されます。債務者が保証書・担保権設定契約証書と保証人・担保提供者の印鑑証明書を持参することが多く見受けられます。こうした場合には，本人が知らないうちに保証人にされたり，担保提供されている虞がないともいえません。いわゆる保証書の代筆，保証書の偽造が行われている例です。そのような事態を避けるためにも，意思の確認は避けて通れません。

　関係当事者の意思を確認した場合には，各金融機関に所定の「意思確認記録書」により確認の日時・場所・方法・確認者等を記録しておきます。⇒P.307「［事例7］保証意思確認を怠り保証無効となった事例・保

証書の代筆」で解説。

②　必要な金融機関の説明義務

　一方，金融機関には，保証や担保提供は，どの借入れについてのものなのか，またどの範囲までのものかについて説明して納得してもらう義務があります。そもそも融資取引開始にあたって，債務者に対しても資金使途，金利，返済条件等を十分に説明しなければならないのは言うまでもありません。金融商品取引法 40 条 1 項は，金融商品取引業者等は，金融商品取引行為について，顧客の知識，経験，財産の状況及び金融商品取引契約を締結する目的に照らして不適当と認められる勧誘を行って投資者の保護に欠けることとなるおそれがあることのないよう，その業務を行わなければならない，と定めています。適合性の原則といい，融資取引にも適用されるのは言うまでもありません。

　なお，2020 年 4 月 1 日施行の民法（債権関係）は，債権者である金融機関には，保証人に対して，主たる債務の履行状況に関する情報の提供義務（民 458 の 2），主たる債務者が期限の利益を喪失した場合における情報の提供義務（同法 458 の 3），の二つの義務を負う規定が新設された点にも留意しましょう。

4．改正民法による「契約上の地位の移転」と「定型約款」の新設

　2020 年 4 月 1 日施行の民法（債権関係）は，「契約上の地位の移転」と「定型約款」を新設しました。

（1）　契約上の地位の移転

　「契約上の地位の移転」は，債権債務関係だけでなく，解除権や取消権といった契約に附随する権利を行使することができる地位自体を，契約の同一性を保ったまま第三者に移転させることで，事業譲渡に伴う取引上の各種契約の移転・承継がその例です。その要件は，①契約の当事者の一方が第三者との間で契約上の地位を譲渡する旨の合意をし，②そ

の契約の相手方がその譲渡を承諾することです（民539の2，附則31）。その特則として，賃貸不動産の譲渡に伴う賃貸人の地位の移転に関する規律が定められました（同法605の2—605の4）。

(2) 定型約款

　次に民法は「定型約款」の概念を設け，規制の対象とします（民548の2－548の4）。ある特定の者（銀行等）が不特定多数の者を相手方として行う取引であって，その内容の全部または一部が画一的であることがその双方にとって合理的なものを「定型取引」とし，定型取引において，契約の内容とすることを目的としてその特定の者（銀行等）により準備された条項の総体を「定型約款」といいます（同法548の2①）。そして，定型約款を契約の内容とする旨の合意をしたとき（同項一），定型約款を準備した者（銀行等）があらかじめその定型約款を契約の内容とする旨を相手方に表示していたとき（同項二），個別の条項についても合意をしたものとみなします。しかし，それらの条項のうち，相手方の権利を制限し，または相手方の義務を加重する条項であって，相手方の利益を一方的に害すると認められるものについては，合意しなかったものとみなされます（同法同条②）。各種預金規定，為替の振込規定は定型約款に該当しましょう。銀行取引約定書はじめ融資取引に係る契約書等は，多くの場合，画一性を欠き，定型約款に該当しないと思われますが，消費者向けローン・住宅ローンに係る契約書等は定型約款に該当する可能性があります。新民法は，施行日前に締結された定型取引に係る契約についても適用されます（附則33①）。ただし，定型取引に係る当事者の一方が，施行日前に，反対の意思表示を書面でした場合には，適用されません（同条②③）。

3．実行後の貸出金の管理

Point

　融資実行後の貸出金管理の要諦は，①重点管理先による傾斜的管理，②返済条件緩和の申出，③私的整理ガイドラインによる経営改善計画先へのモニタリング，④返済条件変更先からの融資申込み，の４点です。以下，順次みていきましょう。なお，貸出先・保証・担保の変動については節を改め，後掲 P.49「第１章４貸出先・保証・担保の変動」で解説します。

1．重点管理先による傾斜的管理

　すべての融資先の業況を常時把握しておくことは，理想ではありますが現実にはなかなかできるものではありません。そこで仕事の効率化を図るうえからも，融資先をその業況の良し悪し等によってランク付けし，重点的に管理を要する先と，比較的軽微な管理に留める先とに区分して管理する，つまり傾斜的管理を行うのが一般的です。重点管理先として指定することで融資担当者の意識も変わり，よりきめ細かな管理が可能となるのです。

(1)　重点管理先の抽出

　重点管理先の選定基準は，金融機関によりまた店舗の立地条件等によって異なります。一般的には，①２期連続赤字先，②複数回延滞がある先，などがあげられます。このほか，③融資実行後に資金流用が判明した先，④事実上資金使途不明のまま融資に応じた先，⑤当初の担保取得に疎漏があった先，なども対象となるでしょう。これらの融資先は基本的には早期回収に臨むべきです。直ちに倒産するとは思われないものの，問題含みの融資先といえましょう。ただし，このような先であっても定

期預金担保付貸出のみのように，融資取引内容が単純で重点管理先とする必要のない先があるのは言うまでもありません。

(2)　重点管理先の管理のポイント

　重点管理先には，現況は不芳だが今後業況が回復すれば健全先となりうる先，業況回復の見込がほとんどなく，どうみても回収方針で臨まざるをえない先，同じ回収方針でも，強力に回収すると倒産する懸念が強いので，時間をかけてタイミングを見計らって回収せざるをえない先もあります。またなかには当初融資実行時に適切でない担保権の設定を受けた先などがあり，いったん全額回収して，改めて融資し直したい先が含まれていることもあります。管理の手法は一様ではありませんが，概ね次の点があげられましょう。

①　業況・資金繰の管理

　健全な融資先は，決算期ごとに決算書類等の財務諸表や金融機関別借入金残高推移表の提出を受ければ，まず問題は生じませんが，信用が窺われる融資先は，年1～2回の資料の提出では不十分です。残高試算表など月次ベースの資料提出を受けるなど頻度の高い業況管理を要します。とくに売上高の推移と資金繰りは必ず説明を受けるとともに，主要な販売先との取引状況や主要商品の在庫状況にも留意します。このようにして業況が良くない原因を把握し，その対策を模索しながら今後の見通しを判断していきます。そして，融資先に新分野への展開，事業再編や組織変更などの変化が見られないか，注意してみることです。新商品の開発，新工場への移転，合併，買取，事業転換などが起きている場合，そして，それに伴う融資の申込みがあるとき，それが企業の発展に伴うものか，それとも資金繰りに窮してのものなのかを見極めることです。資金繰りに窮した企業が，長期返済の設備資金借入金を運転資金に流用する例が散見されるからです。

②　財務分析による危険度の判定

a　財務分析の主要項目

　重点管理先の財務分析は，粉飾の有無の調査を始めとして，あらゆる角度から徹底して行います。収益性・安全性・成長性を判定する数値や比率にはいろいろなものがありますが，いずれもかつての順調であった時期に比べてどの項目が悪化しているか，またその理由は何かを検討します。財務分析指標のうち，使用総資本利益率・売上高支払利息利息比率・借入金回転期間が劣化した場合には，その説明を求めるとともに，原因を究明しなければなりません。⇒「[資料5]財務分析指標」参照。

[資料5]　財務分析指標

項番	指　　　　標	要注意
1	使用総資本経常利益率の低下 ＝（経常利益÷使用総資本）× 100	3期連続3%以下
2	売上高支払利息比率の上昇 ＝［（支払利息・割引料－受取利息）÷売上高］× 100	製造業5%・卸売業3%・小売業4%以上
3	借入金回転期間の長期化 ＝［売上高年間概算÷（長・短期借入金＋割引手形）］× 12	6カ月以上
4	自己資本比率の低下＝［資本（＝資本金＋法定準備金＋剰余金）÷使用総資本］× 100	10%〜5%以下

b　貸出金の固定化に注意

　とくに貸出金の固定化に留意します。最近時の貸借対照表・損益計算書があれば，その企業が必要とする経常運転資金の所要量が計算できますから，現実の短期借入金残高と比較し，大幅な乖離がある場合は何らかの理由があるはずです。借入金残高が多い場合には，本来設備資金や長期運転資金にとして調達されるべき資金が短期資金として計上されているのではないか，疑ってみる必要があります。固定資金は，償却前引

当前利益によって分割弁済を図るのが普通ですが，回収に長期を要し，将来の収益を引当てとするため，経常資金・一時資金に比べ，企業の将来の収益見通しについて慎重な検討が望まれます。自行（庫・組）の貸出金の固定化の判定にあたっては「[資料6]　固定化貸出金の判定」の式によって算出します。

[資料6]　固定化貸出金の判定

項番	指　　　標
1	（総借入金－割引手形－流動資産）×　融資シェア
2	〔（繰越損失＋含み資産）－内部留保（＝資本勘定＋引当金）〕×　融資シェア

③　接触頻度アップによる実情把握

　重点管理先は，現況をよく把握しておくことが大切で，そのためには代表者などの実権者の来店頻度ををあげてもらうだけでなく，こちらからも訪問して実権者に接触する頻度をあげます。たとえ会えなくても訪問することで社内の雰囲気や事業の展開状況などいろいろな情報が把握できるものです。

④　担保物件・個人資産の現況調査と再評価

　重点管理先は，倒産に陥る懸念がありますから，取得ずみの担保物件が取得時のままの状態か，現在の時価はどの程度か随時点検しておきます。とくに不動産に注意します。更地を担保取得していたのが，いつの間にか貸ビルが建っているとか，自用の建物であったのが貸家に変わっているなどの変化を見逃しますと，把握していた担保価値が実情と乖離することになります。現況調査を行った場合には写真を撮っておくなど後日のために記録を残しておきます。また，不動産登記記録を閲覧し，後順位抵当権等の付着の有無，その内容を点検しておくことも欠かせません。後順位に多額の担保権が付着していたら緊急事態と判断すべきな

のは言うまでもありません。担保の再評価は，最低，年に一度は行います。担保に取ってはいなくても，代表者または保証人の所有不動産は，定期的に不動産登記記録等を閲覧するなどして，付着権利の有無・変動を確認しておくことも大切です。たんに信用状態を調査するためだけではなく，いずれ金融機関自らも担保取得するかもしれず，差押えや仮差押えの対象となるかもしれないからです。さらに担保提供者に納税証明書の徴求を求め，延滞がないことを確認することも意味があります。

⑤　他金融機関の動向に注意

　他の金融機関の動向に注視することも忘れてはなりません。金融機関別借入残高の推移を月次ベースで取り寄せ，とくに上位金融機関の借入残高が大幅に減少したなど取引関係に大きな変化が見られる場合には，その原因を把握し，対応方針を再確認しておく必要があります。他の金融機関との情報交換によって，融資先の粉飾決算や事業計画の困難性が明白になった場合の対応も平素から準備しておきます。

２．返済条件緩和の申出

　実行後の融資先から返済条件緩和の申出を受けることがあります。この申出に応じた貸出債権を貸出条件緩和債権といいます。銀行法はこれを，「債務者の経営再建または支援を図ることを目的として，金利の減免，利息の支払猶予，元本の返済猶予，債権放棄その他の債務者に有利となる取決めを行った貸出金」の額及びその合計額であって，破綻先債権・支払猶予をした以外の延滞債権・3月以上の延滞債権を除くもの，と定義づけています（銀行法施行規則19の2①五ロ（4））。これらは，銀行の直近の2中間事業年度または2事業年度における財産の状況に関する事項として開示しなければなりません。また中小・地域金融機関向けの総合的な監督指針は，貸出条件緩和債権に該当するものとして，「当該債務者に関する他の貸出金利息，手数料，配当等の収益，担保・保証等

による信用リスク等の増減，競争上の観点等の当該債務者に対する取引の総合的な採算を勘案して，当該貸出金に対して，基準金利（当該債務者と同等な信用リスクを有している債務者に対して通常適用される新規貸出実行金利をいう）が適用される場合に同等の利回りが確保されていない債権」が考えられるとしています。

以下，返済条件緩和の申し出に対する措置，つまり，①返済期間の延長，②金利の減免，③元本返済猶予，④条件変更稟議書の書き方，及び，⑤返済猶予申出謝絶先の破綻と回収のポイントについて，順次みていきましょう。

(1) 返済期間の延長

返済期間の延長には，一定期間元本の返済を止め利息の支払のみとし，その後に元利金を返済する「元本返済猶予期間延長型」と，一定期間元本の返済を減額し，その後に減額前の返済額に戻す「返済額減額期間延長型」とがあります。返済期間の延長にあたって金融機関は，期間延長の原因はどこにあるのか，延長期間は妥当か，の2点を調査し検討します。

① 原因の調査

原因の調査は，融資金の資金使途の確認から始めます。融資金がどこにどのように使われ，どのように滞ったかを検討すること，それが原因の調査です。例えば，設備資金とくに収益物件取得資金は，期限の延長を行った後の最終期限が法定耐用年数内であるなら，延長するに理解できましょう。しかし，臨時的な理由によって一時的に調達を必要とする季節資金・一時的在庫資金・つなぎ資金・決算資金などの延長は，資金の固定化に繋がる懸念が大きいので注意しなければなりません。

② 延長期間の妥当性

延長する期間について，1999（平成11）月に適用が開始された「金融検査マニュアル」によれば，「経営改善計画等の計画期間が原則とし

て概ね5年以内であり，かつ，計画の実現性が高いこと。ただし，経営改善計画等の計画期間が5年を超え概ね10年以内となっている場合で，経営改善計画等の策定後，経営改善計画等の進捗状況が概ね計画どおり（売上高等及び当期利益が事業計画に比して概ね8割以上確保されていること）であり，今後概ね計画どおりに推移すると認められる」場合には，経営改善計画等が合理的であり，その実現性が高いものと判断して差し支えない，としています。参考にしてください。

なお，2018年度終了後（2019年4月1日以降）金融検査マニュアルは廃止されました。

(2) 金利の減免

金利の減免とは，銀行（信用金庫・信用組合）などの債権者が，経営難の企業など返済困難な債務者に対し，貸出金の金利を契約時より軽減，あるいは，免除することをいいます。金利を減免した貸出債権のことを「金利減免債権」といい，中小・地域金融機関むけの総合的な監督指針による基準金利，つまり，当該債務者と同等な信用リスクを有している債務者に対して通常適用される新規貸出実行金利，を下回る水準まで当初約定期間中の金利を引き下げた貸出債権，があげられます。減免対象となるのは，一般的に再建の見込みのある企業に限られており，金利の支払を猶予した債権，金利支払猶予債権とは異なるものです。

(3) 元本返済猶予

① 元本返済猶予とは

元本返済猶予とは，約定条件改定時において，基準金利を下回る金利で元本の支払を猶予することをいいます。その債務者と同等な信用リスクを有している債務者に対して通常適用される新規貸出実行金利（基準金利）を下回る金利で元本返済の猶予が行われる場合には，債務者に有利となる取決めに該当し，貸出条件緩和債権となります。

② 必要な三つの要件

具体的には，以下三つの要件を満たす場合，半年～１年程度の元本返済猶予に前向きに対応する方向と言われています。それは，①売上高が急減し，資金繰りに困難を生じている企業で，今後の受注環境の回復が見込まれるなどによって業況の回復が見込まれること，また，猶予期間終了後，おおむね正常返済に復帰することが見込まれること，②関係する金融機関がある場合には，協調して継続的な支援を行う見込みになっていること，また，猶予の実施について保証人などの同意が得られること，そして，③金利の支払が継続的に行われ，今後も改善されること，ただし，金利など大幅な減免を受けている企業は対象としない，の三つです。

　日本政策金融公庫，商工中金，保証協会について解説しましたが，銀行，信用金庫，信用組合についても同様なことが言えましょう。

(4)　条件変更稟議書の書き方

　稟議書の役割は，情報伝達機能，意見集約機能，決定機能，及び，記録機能にあります。条件変更稟議書においては，少なくとも①取引先概要，②対応方針，③条件変更申出内容，④業績推移（売上高・売上原価・販売費一般管理費・営業外損益），⑤資金繰り，⑥返済計画，⑦他金融機関動向，⑧今後の資金需要，⑨金利水準，⑩保全状況，及び，⑪当事者の意見の 11 項目について，適格な情報と各種意見を収集したうえ，自らの意見を添えて，条件変更の可否あるいはその範囲の決定を仰ぐことになります。変更は大きく分けて元金ゼロ返済（利払いのみ）と減額返済がありますが，条件変更（リスケ）で多いのは前者でしょう。

(5)　返済猶予申出の謝絶

　取引先からの返済猶予の申出を謝絶する場合は，その理由を具体的に記録・保存しなければなりません。そして，返済猶予申出謝絶と決定したら直ちに自行（庫・組）債権の回収にかかります。経営再建計画中の債権回収に関しては異論もありましょうが，取引先との度重なる折衝を

尽くし，金融機関内部での議論を重ねたうえでの冷静な合理的判断ができたのであれば，金融機関としての健全性の見地から回収にかからなければなりません。その実務は，「第3章2回収の実務」参照。なお，ここで返済猶予の申出謝絶には，取引先自らが取り下げる場合も含みます。

3．私的整理ガイドラインによる経営改善計画先へのモニタリング
(1)　私的整理ガイドラインとその特徴

　2001（平成13）年政府が公表した「緊急経済対策」を受けて，金融界・産業界の代表，学識経験者等が委員となり，それに関係省庁もオブザーバーとして参加した「私的整理に関するガイドライン研究会」が同年9月公表したものです。当時，金融機関の不良債権と企業の過剰債務が社会的問題となっており，これらの問題の一体的解決を図るために策定されたという経緯があります。

　私的整理ガイドラインが，通常の私的整理と異なるのは，①対象となる債権者は主に金融機関であり，仕入先等に対する支払はできる限り継続することにより，債務者の営業活動のマイナスを最小限に止めようとする，②私的整理ガイドラインにより債権放棄がなされた場合には，通常は税務上損金算入が認められて無税償却ができる，の2点にあります。

(2)　私的整理ガイドラインによる私的整理が利用できる要件

①　過剰債務を主因として経営困難な状況に陥っており，自力による再建が困難である。

②　事業価値があり（技術・ブランド・商圏・人材などの事業基盤があり，その事業に収益性や将来性があること），重要な事業部門で営業利益を計上しているなど債権者の支援に依り再建の可能性があること。

③　会社更生法や民事再生法などの法的整理を申し立てることにより当該債務者の信用力が低下し，事業価値が著しく毀損されるなど，

事業再建に支障が生じるおそれがあること。
④　私的整理により再建するときは，破産的清算はもとより，会社更生法や民事再生法などの手続によるよりも多い回収を得られる見込みが確実であるなど，債権者にとっても経済的な合理性が期待できること。

(3)　私的整理ガイドラインによる私的整理の流れ
①　私的整理の開始　　債務者が，主要債権者に対して，私的整理ガイドラインによる私的整理の申出をします。債務者は主要債権者に対して，決算資料や再建計画案等の資料を提出します。主要債権者と債務者が連名で，対象債権者全員（金融機関，一定の大口債権者等）に対し「一時停止の通知」を発送します。これは第1回債権者会議の招集案内を兼ねるものです。

（注）一時停止とは，対象債権者全員の同意によって決定される期間中，債権の回収，担保権の設定または破産手続開始，再生手続開始，会社更生手続開始若しくは特別清算開始の申立てをしないこと，をいいます。

②　第1回債権者会議　　対象債権者間による意見交換，一時停止期間の決定，債権者委員会の設置（任意），第2回債権者会議の日程等を決めます。
③　再建計画案の策定
④　第2回債権者会議　　再建計画案の検討がなされ，対象債権者が書面により再建計画案に対する同意・不同意を表明すべき期限を定めます。
⑤　再建計画の成立　　対象債権者全員が再計画案に同意する旨の書面を提出した時に再建計画は成立します。

(4)　再建計画案の要件
再建計画案は，①原則3年以内の実質債務超過の解消，②3年以内の経常黒字化，③増減資による株主責任の追及，④モラルハザード防止の

ための経営責任の追及，⑤平等公平を旨とし，⑥債権者にとっての経済
的合理性の確保，の要件を備えることを要します（私的整理ガイドライ
ン第7項（2）（3））。つまり，これらの要件を達成できない私的整理手
続はそのまま維持することは好ましくなく，債権者として，法的整理手
続に移行すべく決断が求められるのです。

（5）　個人債務者のガイドライン

2011（平成23）年7月15日「個人債務者の私的整理ガイドライン」
が公表されました。東日本大震災の被災した債務者に対する政府の「二
重債務問題への対応方針」を受けて策定されたものです。

4．返済条件変更先からの融資申込み

（1）　融資申込みに応じる場合

①　検討事項

返済条件変更先から融資の申込みを受ける場合があります。割引手
形が不渡となりその買戻資金を融資するのがその例です。その場合，
それが売上増加に伴う増加運転資金のような前向き融資金の申込みな
のか，そうではなく売上不振や主力販売先を失うことによる不足運転
資金のような後向き融資の申込みなのかを見極めなければなりませ
ん。そこで金融機関は，融資に先立って，改めて事業計画の内容，つ
まり，①経営が困難になった原因，②事業再構築計画の具体的内容（経
営困難に陥った原因の除去を含む），③新資本投入による支援や債務
の株式化（デットエクイティスワップ）などを含む自己資本の増加策，
④資産・負債・損益の今後の見通し（10年間程度），⑤資金調達計画，
⑥債務弁済計画，等を見直す必要があります。

②　必要な手続

再建可能と判断されたときは，申込みに応じますが，一時停止期間
中の追加融資は，債権者会議の決議，またはその付託を受けた債権者

委員会の決定により定められた金額の範囲内で，その定めた方法により，必要に応じて行うものとします。そして，追加融資による債権は対象債権者が有する債権に優先して随時弁済されます（私的整理ガイドライン第6項（3））。

(2)　条件緩和債権先の支援打切りと回収のポント

P.44「(5) 返済猶予申出の謝絶」参照。

その際，①融資審査の3要素，及び，②謝絶する際の留意点，の趣旨をよく理解してください。

4．貸出先・保証・担保の変動

Point

　貸出先の変動について，法人と個人に分けて解説します。法人の貸出先は，①代表者の変更，②合併，③分割，④組織変更，⑤事業譲渡・営業譲渡，⑥減資・解散，⑦第二会社設立，などを行うことにより，企業の規模，業種及び信用状況が一変します。これら貸出先の変動・変更は，事業承継が順当に行われる場合が大多数ですが，経営悪化や経営陣内部の争いから発展することもありますので，その原因と動向を把握できるよう，平素からの管理は欠かせません。個人の貸出先は，①法人への変更（法人成り），②意思能力に関する規定の新設，③行為能力の変動，④行方不明及び⑤死亡と相続対策について，解説します。次に，保証・担保の変動については，①保証限度額の変更，②貸金等根保証の確定，③新民法と保証契約，④保証人の変更，⑤保証人の死亡と相続対策，そして，⑥担保の差換えについて，解説します。

1．貸出先の変動
(1)　法人の場合
①　代表者の変更
a　法人の代表権

　代表者は，法人の対外的な執行機関であり，金融取引の相手方となります。一般社団法人や一般財団法人では，理事が代表しますが，他に代表理事その他法人を代表する者を定めた場合には，その者が代表します（一般法人77，177）。株式会社では，取締役が会社を代表しますが，た

だし，他に代表取締役その他株式会社を代表する者を定めた場合はこの限りでなく，選定された者のみが代表権を有します（会社349①）。株式会社のうち，取締役会設置会社では取締役会は取締役の中から代表取締役を選定しなければならず（同法362③），委員会設置会社では執行役の中から代表執行役を選定しなければなりません（同法420①）。代表取締役は，株式会社の業務に関する一切の裁判上または裁判外の行為をする権限を有し（同法349④），代表執行役に準用されます（同法420③）。持分会社では業務を執行する役員は，持分会社を代表しますが，ただし，他に持分会社を代表する社員その他持分会社を代表する者を定めた場合はこの限りでなく，代表社員が代表機関となります（同法599①）。

　b　代表者の変更・死亡
　株式会社は，代表取締役の氏名及び住所を登記しなければならず（会社911③十四），代表取締役に変更が生じたときは，2週間以内に，その本店の所在地において，変更の登記をしなければなりません（同法915①）。この法律の規定により登記した事項に変更が生じ，またはその事項が消滅したときは，当事者は，遅滞なく，変更の登記または消滅の登記をしなければならないからです（同法909）。この法律の規定により登記すべき事項は，登記の後でなければ，これをもって善意の第三者に対抗することができず，登記の後であっても，第三者が正当な事由によってその登記があることを知らなかったときも同様です（同法908①）。
　故意または過失によって不実の事項を登記した者は，その事項が不実であることをもって善意の第三者に対抗することはできません（同条②）。
　代表取締役が死亡すると代表取締役はいなくなります。株式会社と役員及び会計監査人との関係は，委任に関する規定に従い（同法330），委任は，受任者である役員・代表取締役の死亡によって終了する（民

653 一）からです。相続人が当然に代表取締役就任するものではありません。会社に代表取締役を選任してもらい，その者に変更する手続，つまり，その者が代表取締役となっている会社登記事項証明書を添付のうえ（商業登記 54 ①④），所定の変更手続を進めます。「［事例 10］保証人である代表取締役の死亡」参照。

c　金融機関の対応

代表者を変更した融資先は金融機関にそれを報告しなければなりません（銀取 11 ①）。代表者が複数いる場合には，他の代表者への代表者変更手続を行い，他に代表者がいない場合には，新代表者の選任及びその登記を行ってもらいます。そのうえで，変更登記後の登記事項証明書を添付し（商登 54 ①），所定の代表者変更届出と新代表者の印鑑届出の提出を受け，以後は新代表者を相手に取引を行います。

代表取締役が欠けた場合または定款で定められた代表取締役の員数が欠けた場合には，任期の満了または辞任により退任した代表取締役は，新たに選定された代表取締役が就任するまで，なお代表取締役としての権利義務を有します（会社 351 ①）。代表取締役が変更されているのに届出がないまま取引を続けていても，また，たとえ登記されていても金融機関に落度がなければその取引は有効です。代表者が変更しても法人格自体に変更はありません。旧代表者と締結した契約は引き続きその効力を有するので，改めて契約書や確認書を徴求する必要はありません。一人だけの代表者が死亡し，早急に新代表者の選任及びその登記手続がとられない場合には，裁判所に対して，一時代表取締役の職務を行うべき者，つまり職務を代行する者の選任を求めることができ（同法同条②），その後，裁判所が選任した職務代行者を相手方として取引します。「［事例 10］保証人である代表取締役の死亡」参照。

② 合併

a　合併とは

会社は，他の会社と合併することができ，この場合においては，合併をする会社は，合併契約を締結しなければなりません（会社748）。合併には，①会社が他の会社とする合併であって，合併により消滅する会社の権利義務の全部を合併後存続する会社に承継させる吸収合併（同法2二十七），②二以上の会社がする合併であって，合併により消滅する会社の権利義務の全部を合併により新設する会社に承継させる新設合併（同法2二十八）があります。手続が簡便な吸収合併が利用されることが多いようです。

　合併は一連の行為からなる手続であって，会社法748条以下の経緯を辿ります。吸収合併の効力は効力発生日に発生し，効力発生日は吸収合併契約に記載する日ですが（同法749①六），吸収合併の登記の後でなければ，これをもって第三者に対抗することができません（同法750②）。新設合併の効力は，その本店の所在地において設立の登記の日に発生します（同法49）。

b　債権者異議手続

　吸収合併により吸収される会社，新設合併により消滅する会社は解散し，存続する会社は解散会社の権利義務を包括的に承継します。消滅する負の遺産も承継する存続会社の会社内容は劣化し，ひいては債権者の与り知らぬところで同社に対する債権の不良化を招くやも知れぬため，法は債権者保護の手続をとりました。各合併の当事会社は，合併より2週間以内に，債権者に異議があれば1ヵ月を下らない一定期間内に申し出るべき旨を公告するとともに，知れたる債権者には各別に催告し（⇒［書式1］債権者異議申述の催告書参照），異議を述べた債権者に対しては（⇒［書式2］合併異議申述書参照），弁済をするか，相当の担保を供するか，または，相当の財産を信託会社に信託しなければならず（会社799，810），会社がこの手続を怠ったときは，債権者は合併の効力が生じた日から6箇月以内に合併無効の訴えを提起することができます

（同法 828 ①七・八）。異議を述べることができる債権者の範囲について法文上は何の限定もしていないので，どのような債権者でも，またどのような理由でも異議を申し立て得ると解されています。なお，官報及び定款で定める方法による合併の公告を行ったときは，催告を要しませんので（同法 799 ③，810 ③），日頃からこれらの公告掲載紙に目を通しておきましょう。

[書式1]　債権者異議申述の催告書

債　権　者　異　議　申　述　の　催　告　書

2020 年 10 月 10 日

株式会社　東西銀行　殿

東京都中央区丸の内1丁目1番1号
株式会社　甲野商会
代表取締役　甲野太郎　印

　拝啓　時下ますますご清栄のこととお喜び申し上げます。

　さて，当会社は，2020 年 10 月 1 日開催の臨時株主総会において，東京都港区新橋1丁目1－1　乙山商事株式会社を合併してその権利義務一切を承継し，乙山商事株式会社は解散することを決議いたしました。この合併に異議がございましたら，2020 年 11 月 10 日までにその旨をお申し出ください。

　以上，会社法の規定により催告いたします。

敬　具

c　合併に異議がない場合の金融機関の対応

　合併に異議を述べない場合には，合併前会社との取引関係は当然に合併後の存続会社または新設会社に承継されたものとして扱い，個々の権利関係について対抗要件等の手続を要しません。ただ，会社の商号，代表者，住所，決済口座などの変更を伴いますので，登記事項証明書の徴

```
合　併　異　議　申　述　書

　　拝復　貴社におかれては，去る 2020 年 10 月 1 日の株主総会の決議に
基づき，乙山商事株式会社を合併せられる趣にて，過日異議申出の御催告
を受けましたところ，弊社においては，この合併についていささか異議が
ありますので，弊社の債権に対しては，来る 2020 年 11 月 10 日限り弁済せ
られたく，会社法 799 条の規定により異議を申し述べます。

2020 年 10 月 20 日

　　　　　　　　　　　　　　東京都千代田区内幸町 1 丁目 1 番 1 号
　　　　　　　　　　　　　　株式会社　東西銀行南北支店
　　　　　　　　　　　　　　支店長　東西南北　印

株式会社　甲野商会
代表取締役　甲野太郎　殿
```

求（商登 10），そのほか金融機関に要する所定の手続をとっておきます。
融資先が消滅会社である場合に合併後の会社と取引を継続するには，合
併による取引変更依頼書を徴求し，消滅会社から存続会社への名義変更
や手形小切手の引落口座変更手続をとります。存続会社への債務の承継
についても明記します。消滅会社に対する抵当権・保証は影響を受けま
せん。

　元本の確定前にその債務者について合併があったときは，根抵当権は，
合併の時に存する債務のほか，合併後に存続する法人または合併によっ
て設立された法人が合併後に負担する債務を担保します（民 398 の 9 ②）。
その場合には，債務者以外の根抵当権設定者は，担保すべき元本の確定
を請求することができます（同条③）。なお，根抵当不動産は債務者変更，
所有権移転の登記手続を要することがあります。取引の実態に合わせた
対応をとり，債権保全に万全を期します。なお，貸出先の合併によって，
個人貸金等根保証は確定することはありません（民 465 の 4）。

d　合併に異議がある場合の金融機関の対応

合併に異議がある場合の対応については，後掲「[事例8] 貸出先の合併」で解説します。

③　分割

a　分割とは

会社分割とは，株式会社または合同会社がその事業に関して有する権利義務の全部または一部を，分割により，他の会社に包括的に承継させる組織法上の行為をいいます。権利義務の全部または一部を分割する会社を分割会社といい，それを包括的に承継する会社を分割承継会社といいます。株式会社または合同会社がその事業に関して有する権利義務の全部または一部を分割後他の会社に承継させる吸収分割（会社2二十九），一または二以上の株式会社または合同会社がその事業に関して有する権利義務の全部または一部を分割により設立する会社に承継させる新設分割（同法同条三十）があります。

b　債権者異議手続

ア．従来（改正会社法施行前）の規定とその対応

分割会社の債権者は，分割承継会社に対して債権者の異議を述べることができず（同法799①二，810①二），分割無効の訴えも提起できません（同法828①九・十②九・十）。分割承継会社の債権者は，分割承継会社に対して異議を述べることができるのに比べて，分割会社の債権者の保護に欠けています。それは，分割会社には，分割承継会社から分割した財産に見合うだけの財産が入って来る建前になっているために，分割会社の債権者は，分割会社からはなれて分割承継会社に承継された債権者でない限り，債権者異議手続は不要としたのです。つまり，財産状態が変わらない建前からなのです。

しかし，分割会社の事業をほぼ分割承継会社に引き継がせ，分割会社にほとんど財産がないのに，分割会社に債務は引き続き残す，つまり，

債務逃れの目的で会社分割が用いられる例が散見されます。いわゆる濫用的会社分割の問題です。この場合に，分割会社の債権者にとっては，債権者異議手続の対象とならないのは先にみたとおりです。

その対策として，次のようなものが考えられましょう。①詐害行為取消権（民法424①）の行使，②法人格否認の法理の適用，③会社法22条1項類推適用による責任追及，④会社法429条1項による取締役への責任追及，及び，⑤会社更生手続等法的整理手続の申立て，などです。①の例として，東京高判平22・10・27（金法1929-75）は，リース料請求抗訴事件において，株式会社を設立する新設分割が詐害行為に当たるとして，これを被保全債権の限度で取り消したうえ，被保全債権に相当する価格賠償を命じました。②の例として，福岡地判平22・1・14（私法判例リマークス44号82頁）があり，③の例として，東京地判平22・11・29（金法1918-151）は，預金払戻請求事件において，会社分割に伴い設立会社に承継された債権の債務者は，民法468条2項の類推適用により，当該債権を受働債権とし，分割会社に対して有する債権を自働債権として相殺をすることができるとしました。そして，最二小判平24・10・12（民集66-10-3311）は，株式会社を設立する新設分割がされた場合において，新たに設立する株式会社にその債権に係る債務が承継されず，新設分割について異議を述べることもできない新設分割をする株式会社の債権者は，詐害行為取消権を行使して新設分割を取り消すことができる，としました。

イ．改正会社法の新制度

最高裁判決を受け，平成26年会社法改正（平成26年法90）では，残存債権者を保護する規定が設けられました。分割会社が分割承継会社に承継されない債務の債権者を「残存債権者」といい，「残存債権者を害することを知って」会社分割を実施した場合には，残存債権者は，そのような会社分割がなされたことを知った時から2年以内に，承継会社

に対して，「承継した財産の価額を限度として当該債務の履行を請求することができる。」と定められたのです（会社 759 ④本文，764 ④）。もっとも，吸収分割の場合には，吸収分割承継会社が，「残存債権者を害すべき事実」について知らなかったことを証明した場合には，このような請求を免れることになります（同法 759 ④但書き）。なお，これは，詐害行為取消権（民法 424）とほぼ同様の要件と効果（価額賠償）を認めるものです。

c　金融機関の対応

金融機関の対応は，合併におけるのに準じます。会社分割に異論がない場合には，会社の商号，代表者，住所，決済口座の変更など金融機関に要する所定の手続を進めます。分割に異論がある場合には，債権者異議の手続を検討します。まお，承継会社が分割会社の商号を使用しているときは，事業譲渡会社の商号を使用した譲受会社の責任を追及することもありえます（会社 22）。

④　組織変更

a　組織変更とは

組織変更とは，法人格の同一性を保ちながら組織を変更して他の種類の法人になることで，会社法上は，株式会社が合名会社，合資会社または合同会社などの持分会社となる組織変更（会社 2 二十六イ）と，合名会社，合資会社または合同会社などの持分会社から株式会社となる組織変更（同法 2 二十六ロ）とがあります。株式会社から持分会社への組織変更は，法定事項を定めた組織変更計画を作成し，総株主の同意を得なければならず，効力発生日に持分会社となり，株主は社員となります（同法 744，745，776 ①）。持分会社から株式会社への組織変更は，法定事項を定めた組織変更計画を作成し，原則として総社員の同意を得なければならず，効力発生日に株式会社となり，社員は株主となります（同法 746）。いずれも債権者異議の手続を要し（同法 779，781 ②），その手続

が終了しなければ組織変更の効力は生じません（同法745⑥，747⑤）。効力発生日から2週間以内に，本店の所在地において，組織変更前の会社については解散の登記をし，組織変更後の会社については設立の登記をしなければなりません（同法920）。

　なお，持分会社とは合名会社，合資会社，合同会社の総称です（同法575）。合名会社，合資会社，合同会社間の変更は持分会社の定款の変更による種類の変更であり（同法638），特例有限会社の株式会社への変更は商号の変更であって（会社法整備45,46），いずれも組織変更ではありません。

b　金融機関の対応

　融資先の組織変更は，金融機関にとって重大な関心事であり，債権者異議手続を活用しなければならない場面もありましょう（会社779）。ただ，組織変更は会社の種類がかわっても，会社の法人として同一性は継続しますので，組織変更の前後で金融機関の融資・担保等の契約関係に影響はありません。P.51「②合併」と同様の事務対応をすることになります。金融機関所定の組織変更届出の提出を受け，預金者の名義を変更し，新旧会社の登記事項証明書（商登10），新会社の印鑑証明書を徴求します。抵当不動産の所有者・債務者の変更，保証人から新会社の保証債務も保証する旨の念書も必要となりましょう。

⑤　事業譲渡・営業譲渡

a　事業譲渡

　事業譲渡とは，①事業の全部の譲渡，②事業の重要な一部の譲渡（当該譲渡により譲り渡す資産の帳簿価額が当該株式会社の総資産額として法務省令で定める5分の1［これを下回る割合を定款で定めた場合にあっては，その割合］を超えないものを除く），③他の会社（外国会社その他の法人を含む）の事業の全部の譲受け，④事業の全部の賃貸，事業の全部の経営の委任，他人と事業上の損益の全部を共通にする契約その

他これらに準ずる契約の締結，変更または解約，⑤株式会社の成立後2年以内におけるその成立前から存在する財産であってその事業のために継続して使用するものの取得，をいいます（会社467①）。取締役会設置会社では，重要な財産の処分及び譲受けであるから（同法362④一），取締役会で事業譲渡の決議がなされます。その他の事業譲渡会社において，事業の全部譲渡や重要な一部の譲渡をするには株主総会の特別決議が必要です（同法467①一・二，309②十一）。事業譲受会社において，事業の全部の譲受けをするには株主総会の特別決議が必要です（同法467①三，309②十一）。

なお，会社の規模に比べて小規模な事業譲渡は，簡易事業譲渡として，株主総会の決議を省略できます（同法468）。株主総会決議の後，反対株主は，譲渡と同時に解散する場合を除いて株式買取請求権の行使が認められています（同法469,470）。

b　事業譲渡と金融機関の対応

融資先が譲渡会社の場合には，譲渡の理由，譲渡する事業の対価の妥当性，譲渡後の会社の事業・資産関係の変化を調査し，債権保全上の問題や債権回収についても考慮します。

事業を譲渡した会社は，競業の禁止義務が課せられます。つまり，事業を譲渡した会社は，当事者の別段の意思表示がない限り，同一の市町村の区域内及びこれに隣接する市町村の区域内においては，その事業を譲渡した日から20年間は，同一の事業を行ってはなりません（会社21①）。譲渡会社が同一の事業を行わない旨の特約をした場合には，その事業を譲渡した日から30年間の期間内に限り，その効力を有します（同条②）。これらの規定にかかわらず，譲渡会社は，不正の競争の目的をもって同一の事業を行ってはなりません（同条③）。

事業譲渡は，譲渡会社の経営に多大な影響を及ぼし，資産状態のより一層の劣化を招く恐れがあります。これに対して，融資先が譲受け会社

の場合には、それが事業の補充・拡大などの経営戦略が働いているかその妥当性、将来性、対価算定の妥当性、既存債権の保全のの検討、事業買取資金の調達にも目を配りましょう。いずれの取引先であっても、個々の債権債務について、債権譲渡や債務引受が必要であり、上記を検討し、対応します。金融機関に協力義務はなく、債権保全の必要上、銀行取引約定書等の基本取引約定書に基づき期限の利益を喪失させるため債権請求手続に入ることもありえましょう（銀取5②）。

c 営業譲渡

会社以外の商人の場合、会社法上の事業譲受に当たるものに商法上の営業譲渡があります。営業を譲渡した商人（譲渡人）は、事業譲渡会社と同様の競業の禁止義務が課せられます（商16）。営業を譲り受けた商人（譲受人）が譲渡人の商号を引き続き使用する場合には、その譲受人も、譲渡人の営業によって生じた債務を弁済する義務を負います（同法17）。ただし、営業を譲渡した後、遅滞なく、譲受人が譲渡人の債務を弁済する責任を負わない旨を登記した場合（同条②前段）、第三者に対してその旨の通知をした場合（同条同項後段）には適用しません。商号を使用しない場合でも、譲渡人が債務を引き受ける旨の広告をしたときは、弁済する責任を負います（同法18①）。

⑥ 減資・解散

a 減資

株式会社は、資本金の額を減少することができます（会社447①）。この場合においては、①減少する資本金の額、②減少する資本金の額の全部または一部を準備金とするときは、その旨及び準備金とする額、③資本金の額の減少がその効力を生じる日、を株主総会の決議によって、定めなければなりません（同条①）。

融資先の減資は金融機関にとって重大な関心事であり、賛同できないときは、会社法449条に規定する債権者の異議手続を活用します。異議

を申し出た債権者には，資本金の額の減少をしても当該債権者を害する
おそれがないときを除き，弁済・担保提供・相当の財産の信託のいずれ
かをしなければなりません。金融機関の対応は前掲 P.51「②合併」参照。

　なお，会社更生手続による更生計画で減資するときは，以上の手続に
よらず（会社更生212)，また，持分会社は，損失のてん補のために，
その資本の額を減少することができます（会社620 ①)。

　b　解散

　解散とは，法人や組合などが，その目的である本来の活動を止め，財
産関係の清算に入ることをいいます。会社が営業活動を止め，法人格の
消滅を来す原因となります。

　株式会社の解散事由は，①定款で定めた存続期間の満了，②定款で定
めた解散事由の発生，　③株主総会の決議，④合併（合併により当該会
社が消滅する場合に限る)，⑤破産手続開始の決定，⑥会社解散命令ま
たは会社解散判決です（会社471)。持分会社は，総社員の同意，社員
が欠けたこと，も解散事由となります（同法641 三・四)。また，株式
会社にあっては，登記が最後にあった日から12年を経過したみなし解
散の制度があります（同法472)。

　会社は，合併の場合を除き，解散によって直ちに消滅せず，既存の法
律関係の清算をする目的の範囲内において，清算が結了するまではなお
存続するものとみなします（同法476,645，破産35)。合併，解散を命
ずる裁判，休眠会社のみなし解散または破産の場合を除き，2週間以内
に，解散の登記をしなければなりません（会社926)。金融機関は，清
算手続に参加して債権の弁済を受けます。その際，清算人からの債務の
弁済に係る債権届出の催告に基づいて債権届出を行います（同法
499,503)。清算の遂行に著しい支障を来すべき事情があるとき，特別清
算手続に移行します（同法510)。持分会社についても同様です。

⑦　**第二会社と金融機関の対応**

a 第二会社とは

第二会社とは，戦時補償の打切りや海外資産の喪失によって経営難に陥った企業が，企業再建整備法（昭和21年10月19日法律第40号）に基づいて設立した会社をさします。転じて，ある会社が解散した後，その資産・営業などを承継して設立した新会社のことをいいます。業績が思わしくない会社の中には，債務の負担を逃れるため，第二会社を設立して，債務関係は旧会社に残したまま倒産させるケースもあります。

b 考えられる七つの対応策

そのような事態に遭遇した場合には，金融機関の対応としては，①まず，詐害行為取消権の行使があげられます。会社の営業財産を相当の対価を得ずに第二会社に移転させる行為は，債務者が債権者を害することを知ってした行為として詐害行為となり，その取消しを裁判所に請求することができます（民424）。②次に破産申立てです。資産を第二会社に移転させることにより，債務者がその債務につきその財産をもって完済することはできない状態つまり，債務超過にあるとして破産の申立てをし（破産16），破産管財人の否認権の行使に期待するものです（同法160）。③第三に役員個人責任の追及です。会社の役員等がその職務を行うについて悪意または重大な過失があったときは，これによって第三者に生じた損害を賠償する責任を負います（会社429①）。この責任を追及することができます。④第四に，法人格の否認です。旧会社と第二会社は登記記録上別個の法人として存在してはいますが，実質上同一法人として認められる場合には，第二会社の法人格が否認され，第二会社に請求することができます（最二小判昭48・10・26民集27-9-1240）。そのほか，⑤旧会社の資産をそのまま使用している場合には，仮差押えの申立て（民保47），⑥商号を続用している場合は譲受会社の責任追及（会社22），⑦持分会社の場合には，設立の取消しの訴えの提起（同法832二）などが考えられます。

(2)　個人（自然人）の場合

①　法人への変更（法人成り）

a　法人成りと法人格否認の法理

　実体は個人企業またはそれに近いものでありながら，形式上は法人企業になること，これ「法人成り」といいます。法人形態で事業を営むことは，個人企業に比べて一般に社会的信用が高く，また，株式会社や合同会社の形態をとれば有限責任の利益を受けることができるなどの理由によりますが，法人成りが広範囲に行われる理由は，税法上の利点にあると言われています。

　会社の所有と経営が分離していない会社に法人としての属性を認めると，ときに正義・衡平に反する場合が生じます。そこで，法人格を全面的に否定するのではなく，問題となっている法律関係に限って会社と支配社員とを同一視し，法人格がないのと同様の法的扱いをすることが考えられます。法人格否認の法理といい，判例もこの理を認めます（最一小判昭 44・2・27 民集 23-2-511）。個人融資先が法人へ変更した場合には，その点にも留意しなければなりません。

b　金融機関の対応

ア．一般的留意点

　法人成りによって，当然に個人経営時の債権債務が新設会社に承継されるものではありません。個人事業で使用しているものを新設会社に承継させるには，個々の財産について新設会社に現物出資するか（会社 34 ①），会社設立後に個人から法人に譲渡することになります。金融機関の貸出金は個人から会社に債務引受がなされます。債務引受が併存的か免責的かは事情によりますが，免責的債務引受（民 472）や更改（民 513）をすることによって担保権や保証債権を失わないように注意しましょう。なお，2020 年 4 月 1 日施行の現行民法により，債務引受に関する規定（同法 470 − 472 の 4）が新設されました。また担保権が全て

の債権を担保していることを確認するとともに、それらの契約について利益相反など会社法356条、365条の取締役会や株主総会の承認手続の必要なものはないかも確認しておきます。債務者によっては、法人成りを利用して個人債務の弁済を免れようとする向きもあり、その場合の対応は、P.61「⑦第二会社と金融機関の対応」参照。

イ．融資を承継する三つの方法

　法人成りした場合には、従前の個人に対する融資債権をそのまま個人に対する貸金のままにする方法もありますが、その融資債権を新会社のものにするのが大多数です。そうしなければ「法人成り」をする意味がないからです。新会社のものにする方法は、①個人に対する貸出金を回収して、新会社に同額を貸し付ける「新貸回収」、②個人、新会社及び金融機関の当事者間で更改契約を締結する「更改」、③当事者間で債務引受契約を締結する「債務引受」、の三つの方法があります。

　①の新貸回収では、旧個人に対する貸出金の担保・保証も消滅しますので、新会社に対する貸金の担保・保証として付け直さなければなりません。さらに新会社の業況不冴えなどにより新貸金が否認（破産160、民再127、会更86）や詐害行為（民424）として取り消されると、旧個人貸は復活するものの、担保物件がすでに第三者に移転するなど厄介な火種を残すことになりかねません。P.317「［事例11］倒産直前の担保の差替え」参照。②の更改についても、更改によって債務者を変更したときは、その債務は、更改によって消滅しますから（民法513①）、新貸回収と同様の問題が生じます。なお、2020年4月1日施行の改正民法（債権関係）は、更改の要件及び効果について改正しましたが（同法民513－518）、金融実務は従来と変わりありません。そこで③債務引受が浮上します。債務引受には免責的債務引受と併存的債務引受とがあり、前者の免責的債務引受では、従前の債務者である個人が債務を免れますから（民472①）、前記①新貸回収や②更改と同様な不都合が生じ

ます。

　一方後者の併存的債務引受によれば，従前の個人は債務関係に残りますから，旧個人の担保・保証の効力が残り，また，新会社の否認・詐害行為取消も旧個人の債権が残ることになり不都合は生じません。したがって，この併存的債務引受が債権保全を図るうえで最適となります。なお，2020 年 4 月 1 日施行の改正民法（債権関係）は，債務引受に関する規定を改正しましたが（同法民 470 − 472 の 4），金融実務は従来と変わりありません。

② 　**意思能力に関する規定の新設**

　2020 年 4 月 1 日施行の改正民法（債権関係）は，3 条の 2 を新設し，「法律行為の当者が意思表示をした時に意思能力を有しなかったときは，その法律行為は，無効とする」と規定します。これまでに実務に定着していた解釈を明文化したものです。

③ 　**行為能力の変動**

　a 　制限能力制度

　単独では完全な法律行為ができない者を，制限行為能力者（制限能力者）といいます。2000（平成 12）年 4 月 1 日施行された新たな成年後見制度は，従来の「禁治産」「準禁治産」の制度を抜本的に改めた「法定後見制度」と，新たに創設された「任意後見制度」からなっています。

　法定後見制度は，法律の定めに従って家庭裁判所が，精神上の障害により事理を弁識する能力を欠く常況にある者について成年後見人（民 7,8），その能力が著しく不十分である者について保佐人（同法 11,12），その能力が不十分である者について補助人（同法 15,16）を，それぞれ選任し，それらの者に一定の権限を付与するものです。これに対して任意後見制度は，契約によって本人が任意後見人を選任し，その者に事務を委託して権限を付与するものです。個人との取引にあたってはこのような行為能力の確認を避けて通ることはできません。来るべき高齢者時

代に備えて，とくに任意後見制度の利用が増加するものとみられますので，改めて解説しましょう（⇒「P.66 b 任意後見制度」参照）。制限能力者と貸出取引については，［資料7］制限能力者と貸出取引を参照。

［資料7］ 制限能力者と貸出取引

項番	区　分（民法条文）	取引の方法
1	未成年者（4,5,6,753）	①法定代理人（親権者・後見人）の同意が必要　②財産に関する法律行為は法定代理人の代理も可
2	成年被後見人（7,8,9）	①法定代理人（成年後見人）の代理
3	被保佐人（11,12,13）	①法定または裁判所の裁量による一定の重要な法律行為について保佐人の同意が必要　②審判による特定の法律行為については代理
4	被補助人（15,16,17）	①審判の申立において当事者が選択した特定の法律行為について補助人の同意が必要　②当事者が選択した特定の法律行為については代理
5	任意後見制度利用者	①任意後見人の代理（代理の範囲は本人が具体的に決定）

（注）　改正民法（成年年齢関係・平成30年法律59号）は，成年年齢を現行の20歳から18歳に引き下げます（改正民4）。「成年」と規定する他の法律も18歳に変更し，婚姻による成年擬制を定める現行民法753条は削除されます。2022年4月1日から施行されます。

b　任意後見制度

任意後見は，本人（委任者）が，任意後見人（受任者）に対し，精神上の障害により事理を弁識する能力が不十分な常況における自己の生活，療養看護及び財産の管理に関する事務の全部または一部を委託し，その委託に係る事務について代理権を付与する任意後見契約を締結する

ことから始まります（任意後見2一）。契約は公正証書によってしなければならず（同法3），登記もなされますが（後見登記に関する法律5），戸籍には記載されません。任意後見契約が登記されている場合において，精神上の障害により本人の事理を弁識する能力が不十分な常況にあるときは，家庭裁判所は，本人，配偶者，四親等内の親族または任意後見受任者の請求により，任意後見監督人を選任し，この者の監督のもとで任意後見の事務が開始されます（任意後見4）。今後，後見制度支援信託など制度設計が加速されることでしょう。

④　行方不明

　a　不在者の調査と民法の規定

ア．調査の方法

　融資先が行方不明となった場合の調査方法として，①郵便局への照会，②市役所等の役場での調査，③同業者・組合・取引先に対する照会，④保証人・担保提供者での調査，⑤電話帳・自動車免許の登録などの確認，そして，⑥住民票・戸籍の附票の徴求，などがあげられます。

イ．民法の規定－不在者の財産の管理と失踪の宣告

　民法は，不在者の財産の管理と失踪の宣告の制度を定めます。

　従来の住所または居所を去った者（「不在者」といいます）がその財産の管理人（「管理人」といいます）を置かなかったときは，家庭裁判所は，利害関係人または検察官の請求により，その財産の管理について必要な処分を命ずることができます（民25①）。管理人は，その管理すべき財産の目録を作成しなければなりません（同法27①）。管理人は，保存行為，物または権利の性質を変えない範囲内において，その利用または改良を目的とする行為のみをする権限を有し（同法103），それを超える行為を必要とすときは，家庭裁判所の許可を得て，その行為をすることができます（同法28）。

　不在者の生死が7年間明らかでないときは，家庭裁判所は，利害関係

人の請求により，失踪の宣告をすることができます（同法30①）。これを普通失踪といいます。戦地に臨んだ者，沈没した船舶の中に存った者その他死亡の原因となるべき危難に遭遇した者の生死が，それぞれ，戦争が止んだ後，船舶が沈没した後またはその他の危難が去った後1年間明らかでないときも同様とします（同条②）。これを特別失踪といいます。普通失踪の宣告を受けた者はその期間が満了した時に，特別失踪の宣告を受けた者はその危難が去った時に，死亡したものとみなします（同法31）。

　b　金融機関の対応
ア．みなし送達と相殺の遡及効

　銀行取引約定書等は，金融機関からなされた通知または送付された書類等が延着または到達しなかった場合には，通常到達すべき時に到達したものと規定します（銀取11②）。

　このみなし送達の規定は当事者間では有効ですが，第三者には対抗できません（東京高判平27・3・24金法2073-21，最三小決平28・7・5上告棄却・不受理決定・金法2073-25）。通知が必要な場合において，公示送達の手続を要します（民訴110）。もっとも相殺は，当事者の一方から相手方に対する意思表示によってしますが（民506①），この意思表示は，双方の債務が互いに相殺に適するようになった時にさかのぼってその効力を生じますから（同条②），行方不明であっても金融機関は相殺を実行し，後日預金の支払請求を受けた時に相殺通知をすればよいことになります。これを相殺の遡及効といい，重要な規定です。

　なお，2020年4月1日施行の改正民法（債権関係）は，意思表示の効力発生時期等に関して，「相手方が正当な理由なく意思表示の通知が到達することを妨げたときは，通常到達すべきであった時に到達したものとみなす」（民97②）との規定を追加しています。
イ．時効の完成猶予・更新には注意

　時効の完成猶予・更新には注意を要します。債務者が行方不明の場合には，債務承認を得ることができません（民 152）。裁判上の請求（民147 一, 149），差押え，強制執行（同法 148），仮差押えまたは仮処分（同法 149）等が必要となります。とくに不動産担保融資には注意が必要です。債務者所有不動産につき担保権実行としての競売手続の開始があったととき，競売申立書が裁判所に提出された時に（大決昭 13・6・27 民集17-14-1324），物上保証人の不動産については不動産競売開始決定正本が債務者に送達された時に（最二小判平 8・7・12 民集 50-7-1901），それぞれ消滅時効完成猶予の効力が生じます。なお，2020 年 4 月 1 日施行の改正民法（債権関係）は，消滅時効について，その起算点・期間等について改正していますので，注意しましょう。P.292「7 改正民法による消滅時効」参照。

⑤　死亡と相続対策

　死亡によって，相続が開始します（民 882）。相続人は，相続開始の時から，被相続人の財産に属した一切の権利義務を承継します（同法896）。相続人が数人あるときは，相続財産は，その共有に属します（同法 898）。

　そこで，融資先が死亡した場合には，①死亡事実の確認，②相続方法の確認，③相続人と相続分の確認，の手順で作業を進めます。「［資料 8］債務者死亡時の対応」参照。

[資料 8]　債務者死亡時の対応

確認事項	発生する事態	具 体 的 対 応	根　　拠
死亡事実 の確認	死亡 失踪	死亡診断書　除籍謄本 事故死　行方不明	民法 31 条
相続方法 の確認	①単純承認 ②限定承認 ③相続の放棄 ④財産の分離 ⑤相続人不存 在 ⑥遺言 ⑦遺産分割	無限に被相続人の権利義務を承継 積極財産の限度で相続債務を弁済 共同相続人全員の同意を要する 初めから相続人とならない 相続財産と相続人固有財産との分 離 3 箇月内に家裁に請求 相続財産は法人化，相続財産管理 人選任 遺言の方式に注意 第三者の権利を害することができな い	民法 920 条 民法 922 条 民法 923 条 民法 939 条 民法 941 条 民法 951 条 民法 960 条 民法 909 条
相続人と 相続分の 確認	①相続人なし ②相続人あり ③遺産の分割	相続人の不存在 相続人と相続分〔資料 9〕〔資料 10〕 第三者の権利を害することができ ない	民法 951 条 民法 900 条 民法 909 条

(注) 改正民法（相続関係・平成 30 年法律 72 号）により，財産目録について自筆
することを要しないなど，自筆証書遺言の方式が緩和され（民 968 ②③），2019
年 1 月 13 日施行されました。

a　死亡事実の確認

　死亡事実は死亡診断書，除籍謄本によって確認します。失踪宣告には
普通失踪と特別失踪とがあり，いずれも家庭裁判所が審判をします（家
事事件手続 39 別表第一 56 項）。失踪宣告の裁判が確定した場合において，
その裁判を請求した者は，裁判が確定した日から 10 日以内に裁判の決
定正本を添付してその旨を届け出なければならず，そこには死亡したと
みなされる日も記載されます（戸籍 94,63）。失踪宣告については，P.67

「④ a 不在者の調査と民法の規定」参照。

　b　**相続方法の確認（1）—単純承認・限定承認・放棄と相続人の不存在—**

　相続の方法は，無限に被相続人の権利義務を承継する単純承認（民920），相続によって得た財産の限度においてのみ被相続人の債務及び遺贈を弁済すべきことを留保して，相続の承認をする限定承認（同法922），その相続に関しては，初めから相続人とならなかったものとみなす相続の放棄（同法939）があります。相続人が数人あるときは，限定承認は，共同相続人の全員が共同してのみこれをすることができ（同法923），相続を放棄しようとする者は，その旨を家庭裁判所に申述しなければなりません（同法938）。前掲「［資料8］債務者死亡時の対応」参照。

　相続人のあることが明らかでないときは，相続財産は，法人とします（同法951）。相続人全員が相続の放棄をする（同法939）のがその例です。この場合には，相続財産は清算の目的上相続財産法人とされ，家庭裁判所は，利害関係人または検察官の請求によって，相続財産の管理人を選任しなければならず（同法952①），その相続財産管理人に債権債務の清算を行わせます。相続財産管理人は，選任の公告後2箇月以内に相続人のあることが明らかになったときは，遅滞なく，すべての相続債権者及び受遺者に対し，2箇月を下らない一定の期間内にその請求の申出をすべき旨を公告し，その期間内に申し出た債権者その他知れた債権者に，各々その債権額の割合に応じて弁済します（同法957以下）。期間内に権利を行使しないとその権利を行使することができませんから（同法958の2），注意しましょう。処分されなかった相続財産は，国庫に帰属します（同法959）。

　c　**相続方法の確認（2）—財産分離と遺言—**

　財産分離とは，相続が開始した場合に，相続債権者，受遺者または相続人固有の債権者が，相続財産または相続人の固有財産から優先的に弁済を受けられるように，両財産を分離して相続財産の清算を行う制度で

す（民941）。限定承認が相続人を保護するために財産の分離を図るのに対し，財産分離の制度は相続債権者と相続人の債権者との間の公平を図ることを目的とするものです。家庭裁判所の財産分離を命じる審判によって，相続財産について清算手続が開始されますので，それに従って作業を進めます。

遺言の有無も確認します。遺言は，一定の方式に従ってされる相手方のない一方的かつ単独の意思表示であり，遺言者の死後の法律関係を定める最終的意思の表示であって，その者の死亡によって法律効果を発生します（同法985）。

d 相続人と相続分の確認

相続人が単純承認に止る場合と遺産分割がある場合に分けて解説します。

ア．単純承認の場合

限定承認や相続の放棄が行われなかった単純承認のケースでの相続人と相続分は，後掲「［資料9］相続人と相続分（その1）」のとおりです。

被相続人の子は，相続人となります（民887①）。被相続人の子が，相続開始以前に死亡したとき，または第891条の相続人の欠格事由に該当し，若しくは廃除によって，その相続権を失ったときは，その者の子がこれを代襲して相続人となります（同条887②）。子及びその代襲者等がいない場合には，被相続人の直系尊属，被相続人の兄弟姉妹の順序で相続人となります（同法889①）。被相続人の配偶者は，常に相続人となります（同法890）。同順位の相続人が数人あるときは，その相続分は，①子及び配偶者が相続人であるときは，子の相続相続分及び配偶者の相続分は，各2分の1とする（同法900一），②配偶者及び直系尊属が相続人でありときは，配偶者の相続分は3分の2とし，直系尊属の相続分は3分1とする（同条二），③配偶者及び兄弟姉妹が相続人であるときは，配偶者の相続分は4分の3とし，兄弟姉妹の相続分は4分の

[資料9]　相続人と相続分（その1）

順位	相　　　　　続　　　　　人	相　　　続　　　分
	配偶者，直系卑属，直系尊属または兄弟姉妹のみの場合	全部
①	配偶者と子の場合（民法900条1号）	1／2　と　1／2
②	配偶者と直系尊属の場合（民法900条2号）	2／3　と　1／3
③	配偶者と兄弟姉妹の場合（民法900条3号）	3／4　と　1／4

（注）先順位があれば後順位は相続できない。同一順位に数人あるときは頭割りとなる。ただし，父母の一方のみを同じくする兄弟姉妹の場合は，他の同順位相続人の相続分の2分の1となる（民法900条4号）。

1とする（同条三），そして，④子，直系尊属または兄弟姉妹が数人あるときは，各自の相続分は相等しいものとし，ただし，父母の一方のみを同じくする兄弟姉妹の相続分は，父母の双方を同じくする兄弟姉妹の相続分の2分の1とします（同条四）。

　従来，民法900条4号但書き前段に「嫡出でない子の相続分は，嫡出である子の相続分の2分の1とし」とありましたが，最大決平25・09・04（民集67-6-1320）が「民法900条4号ただし書前段の規定は，遅くとも平成13年7月当時において，憲法14条1項に違反していた」と判示。そこで，2013（平成25）年12月5日民法の一部を改正し，その部分を削除，嫡出でない子の相続分が嫡出子の相続分と同等になりました。2013（平成25）年9月5日以降に開始した相続について適用しています。

　なお，代襲相続の規定は，直系尊属についていえることで，直系卑属には適用されません。被相続人の父方の祖父と祖母及び母方の祖父の3名が共同相続人であるときは，各自の相続分は3分の1です。⇒「［資料10］相続人と相続分（その2）」参照。

[資料10] 相続人と相続分（その2）

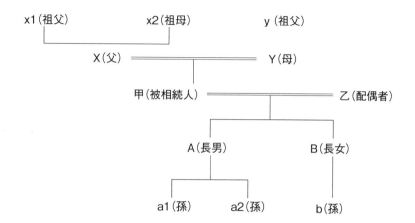

甲の相続財産が 120 とした場合において，

① 全員生存での相続

| 乙=60 | A=30 | B=30 | a1=0 | a2=0 | b=0 | X=0 | Y=0 | x1=0 | x2=0 | y=0 |

② 乙（配偶者）死亡後の相続

| 乙=－ | A=60 | B=60 | a1=0 | a2=0 | b=0 | X=0 | Y=0 | x1=0 | x2=0 | y=0 |

③ A（長男）死亡後の相続

| 乙=60 | A=－ | B=30 | a1=15 | a2=15 | b=0 | X=0 | Y=0 | x1=0 | x2=0 | y=0 |

④ B（長女）死亡後の相続

| 乙=60 | A=30 | B=－ | a1=0 | a2=0 | b=30 | X=0 | Y=0 | x1=0 | x2=0 | y=0 |

⑤ A（長男）・B（長女）とも死亡後の相続

| 乙=60 | A=－ | B=－ | a1=15 | a2=15 | b=30 | X=0 | Y=0 | x1=0 | x2=0 | y=0 |

⑥ 子a孫がいない相続

| 乙=80 | A=－ | B=－ | a1=－ | a2=－ | b=－ | X=20 | Y=20 | x1=0 | x2=0 | y=0 |

⑦　子・孫なくＸ死亡後の相続

乙＝80	A＝－	B＝－	a1＝－	a2＝－	b＝－	X＝－	Y＝40	x1＝0	x2＝0	y＝0

⑧　子・孫なくＹ死亡後の相続

乙80	A＝－	B＝－	a1＝－	a2＝－	b＝－	X＝40	Y＝－	x1＝0	x2＝0	y＝0

⑨　子・孫なくＸＹとも死亡後の相続

乙＝80	A＝－	B＝－	a1＝－	a2＝－	b＝－	X＝－	Y＝－	x1＝13	x2＝13	y 13＝

イ．遺産分割がある場合

　遺産分割とは，共同相続の場合に，一応共同相続人の共有となっている遺産を相続分に応じて分割して，各相続人の単独財産にすることです（民906）。遺産の共有は分割への過渡的形態にすぎません。分割の方法は，まず，被相続人は，遺言で，遺産の分割の方法を定め，若しくはこれを定めることを第三者に委託し，または相続開始の時から5年を超えない期間を定めて，遺産の分割を禁じることができます（同法908）。その定めがなければ，共同相続人は，被相続人が遺言で禁じた場合を除き，いつでも，その協議で，遺産の全部または一部の分割をすることができます（同法907①）。遺産の分割について，共同相続人間に協議が調わないとき，または協議することがはできないときは，各共同相続人は，その全部または一部の分割を家庭裁判所に請求することができます（同条②）。遺産の分割は，相続開始の時にさかのぼってその効力を生じますが，ただし，第三者の権利を害することはできません（同法909）。

　e　相続をめぐる新しい動き

ア．個人情報保護と情報開示の流れ

　相続人の一部の者から被相続人との取引に関する照会を受けることがあります。「生前の取引履歴が記載された取引明細表を提出して欲しい」との申出がその例です。申出の理由や具体的状況などの説明が納得でき

れば提出します。最一小判平 21・01・22（民集 63-1-228）は，預金者が死亡した場合，その共同相続人の一人は，預金債権の一部を相続により取得するにとどまりますが，これとは別に，共同相続人全員に帰属する預金契約上の地位に基づき，被相続人名義の預金口座についての取引経過の開示を求める権利を単独で行使することができる（民法 252 但書，264, 898）というべきであり，他の共同相続人全員の同意がないことは，上記権利行使を妨げる理由となるものではない，と判示しました。

イ．共同同相続預貯金の帰属

　さらに，最大決平 28・12・19（民集 70-8-2121）は，共同相続された普通預金債権，通常貯蓄債権及び定期預金債権は，いずれも，相続開始と同時に当然に相続分に応じて分割されることはなく，遺産分割の対象となる，と判示しました。

ウ．改正相続法に注意

　改正民法（相続関係・平成 30 年法律 72 号）の要諦は，①配偶者短期居住権（民 1037 － 1041）及び配偶者居住権（同法 1028 － 1036）の創設，②遺産の分割前における預貯金債権の行使の新設（同法 909 の 2），③自筆証書遺言の方式の緩和（同法 968），④遺留分制度の見直し（同法 1042 － 1049），⑤共同相続における権利の承継の対抗要件の新設（同法 899 の 2），⑥特別の寄与の創設（同法 1050）の 6 点。施行期日は，原則として，2019 年 7 月 1 日ですが，ただし，上記③は 2019 年 1 月 13 日，①は 2020 年 4 月 1 日です。

２．保証・担保の変動

（1）保証限度額の変更

　個人根保証契約は，極度額を定めなければ，その効力を生じませんが（民 465 の 2 ②），融資取引の継続中に保証極度額の変更をすることがあります。P.313「［事例 9］保証限度額の変更」で解説します。「［書式 3］

保証極度額変更契約書」参照。

［書式 3］保証極度額変更契約書

保　証　極　度　額　変　更　契　約　書
2020 年 10 月 10 日
東京都千代田区大手町 1 丁目 1 番 1 号
株式会社東西銀行南北支店　　御中　　　　　　　　　　　　印紙
東京都中央区丸の内 1 丁目 1 番 1 号
連帯保証人　株式会社　甲野商会
代表取締役　甲野太郎　印
　保証人は，東西銀行との 2008（平成 20）年 11 月 30 日付保証契約（契約
書別添）に基づき，債務者　乙山物産株式会社　のために負う保証債務の
極度額を，次のとおり変更し，引き続き債務者と連帯して保証します［注1］。
保　証　極　度　額
変　更　前　　　5 0,0 0 0,0 0 0 円
変　更　後　　　8 0,0 0 0,0 0 0 円　　　　　　以　上

［注 1］保証極度額を減額する場合には，他に保証人や担保提供者がいるときは，そ
の者の承諾を得ておく。債権者による担保の喪失等（民 504）を指摘されな
いようにするため。また，債務者の承諾もとって事実関係を明確にしておく。

(2)　個人根保証の確定

　2005 年（平成 17）年 4 月 1 日の改正民法は，貸金等根保証契約の概
念を創設しました。貸金等根保証契約の締結後は元本の確定，つまり，
元本確定期日の到来と元本確定事由の発生に留意します。そして，2020
年 4 月 1 日施行の改正民法（債権関係）は，「貸金等根保証契約」を「個
人根保証契約」と改正し（民 465 の 2 - 465 の 5），「事業に係る債務に
ついての特則」（同法 465 の 6 - 465 の 10）を追加します。P.78「(3)
2020 年施行改正民法と保証契約」参照。

①　元本確定期日の到来

　元本確定期日の到来により主たる債務の元本は確定します（民 465 の
3 ①）。元本確定期日とは，「主たる債務の元本の確定すべき期日」のこ

とで，根保証契約の保証人は極度額を上限として，元本確定期日に確定した元本とそれについて発生する利息・損害金について履行する責任を負い，元本確定期日以降に発生した主たる債務の元本については責任を負いません。元本確定期日は，その定めがあっても，個人根保証契約の締結の日から5年を経過する日より後の日と定められているときは，その元本確定期日の定めは，その効力を生じません（同条同項）。元本確定期日の定めがない場合または5年超の日を定めたため効力を生じない場合には，その元本確定期日は，貸金等根保証契約締結の日から3年を経過する日とします（同条②）。

極度額の定めと同様に，書面へ記載しなければその効力が否定されます（同法465の3④，446②）。元本確定期日を変更する場合，変更した日から5年を経過する日より後の日とするときは，その元本確定期日の変更は効力を生ぜず（同法465の3③），また，書面への記載等がない元本確定期日の変更はその効力を否定されます（同法465の3④，446②）。

② **元本確定事由の発生**

元本確定事由の制度を導入しました。個人根保証契約における主たる債務の元本が確定する事由は次の三つ（民465の4）。それは，①債権者が，主たる債務者または保証人の財産について，金銭の支払を目的とする債権について強制執行または担保権実行を申し立てたとき。ただし，強制執行または担保権の実行の手続の開始があったときに限ります（同条①一），②保証人が破産手続開始の決定を受けたとき（同条①二），③主たる債務者または保証人が死亡したとき（同条同項三），です。いずれも貸金等根保証契約の締結時には予想できなかった著しい事情変更に定型的に該当するからです。

(3) **2020年施行改正民法と保証契約**

保証契約に関して，2020年4月1日施行の改正民法（債権関係）は，

改正前の貸金等根保証契約（改正前民465の2－465の5）を，個人根保証契約（民465の2－465の5）と事業に係る債務についての保証契約の特則（民465の6－465の10）としました。主な改正点は次の3点です。

1.　極度額の定めのない個人根保証契約の無効。改正前の「貸金等根保証契約は，極度額を定めなければ，その効力を生じない」（改正前民465の2②）を，改正民法は，貸金債務が含まれない「個人根保証契約は，極度額を定めなければ，その効力を生じない」（民465の2②）とその適用範囲を拡大しました。

2.　公証人による保証意思確認手続の新設。事業債務個人保証人の保護のため「事業のために負担した貸金等債務を主たる債務とする保証契約または主たる債務の範囲に事業のために負担する貸金等債務が含まれる根保証契約は，その契約の締結に先立ち，その締結の日前1箇月以内に作成された公正証書で保証人になろうとする者が保証債務を履行する意思を表示しなければ，その効力を生じない」としたうえ（民465の6①），ただし，主たる債務者が法人である場合のその理事，取締役，執行役またはこれに準ずる者は適用しない（民465の9一）としました。

3.　保証人に対する情報提供義務の新設。まず，債権者である金融機関には，保証人に対して，主たる債務の履行状況に関する情報の提供義務（民458の2），主たる債務者が期限の利益を喪失した場合における情報の提供義務（民458の3），の二つの義務を負い一方，主債務者には，保証契約締結時に財産及び収支の状況などの情報の提供義務（民465の10①）を負います。そして，主たる債務者が情報を提供せずまたは事実と異なる情報を提供したことを債権者が知りまたは知ることができるたときは，法人でない保証人は，保証契約を取り消すことができる（民465の10②③）点に特に注意しなければなりません。

保証人加入及び脱退契約証書

　債権者　東西信用金庫，債務者　株式会社甲野商会，連帯保証人　甲野太郎，同乙山二郎，連帯保証人加入者　丙川三郎は，連帯保証人の加入及び脱退に関し，下記の契約を締結します。

第1条　丙川三郎は，債務者株式会社甲野商会が2008（平成20）年11月30日付金銭消費貸借契約証書（以下，「原契約書」といいます）に基づき，債権者東西信用金庫から借り入れた金10,000,000円の債務に対して，債務者と連帯して保証します。

　　　但し，現在負担している債務額は，金9,000,000円也

　　（内訳）　貸付決定番号　　12345

　　　　　　　残存元金　　　　　9,000,000円（うち延滞元金　0円）

第2条　乙山二郎は，原契約書に基づく株式会社甲野商会の債務につき，今後保証の責を免れ，債務関係から脱退します。

第3条　甲野太郎は，乙山二郎の脱退にかかわらず，引き続き保証人となり，株式会社甲野商会及び丙川三郎と連帯し，かつ，本人相互の間に連帯して保証の責めに任じます。

第4条　東西信用金庫と株式会社甲野商会は，前各条の行為を認諾します。

2020年10月10日

　　　　　　　　　　　債権者　　　東京都千代田区内幸町1丁目1番1号
　　　　　　　　　　　　　　　　　東西信用金庫
　　　　　　　　　　　債務者　　　東京都中央区丸の内1丁目1番1号
　　　　　　　　　　　　　　　　　株式会社甲野商会，
　　　　　　　　　　　　　　　　　代表取締役　甲　野　太　郎　　印
　　　　　　　　　　　連帯保証人　住　　　所
　　　　　　　　　　　　　　　　　甲　野　太　郎　　印
　　　　　　　　　　　同　　　　　住　　　所
　　　　　　　　　　　　　　　　　乙　山　二　郎　　印
　　　　　　　　　　　連帯保証人加入者　住　　　所
　　　　　　　　　　　　　　　　　丙　川　三　郎　　印

［注1］当事者の印鑑証明書を添付。

(4)　保証人の変更

　保証人の変更については，各金融機関において所定の手続が定められており，それに従います。その際，他の保証人の同意を得ておかなければなりません。「［書式4］保証人加入脱退契約証書」を徴求することになります。なお，保証人の死亡に伴う変更については，「(5) 保証人の死亡」で解説します。

(5)　保証人の死亡

　相続人は，相続開始の時から，被相続人の財産に属した一切の権利義務を承継します（民896）。保証債務もこれに含まれるのは言うまでもありません。中小企業取引においては，故代表取締役の妻あるいは長男など相続人の中の一人が代表取締役に就任し，かつ，保証債務を承継するのは，共同相続人間でその旨の遺産分割が行われたからです。遺産の分割は，相続開始の時にさかのぼってその効力を生じますが，ただし，第三者の権利を害することはできません（同法909）。

　そこで金融機関の権利が害されていないか，つまり，その者が本当に会社の経営に携わるのか，相応の財産も承継するのか等を先方に聴取するか，自宅の登記事項証明書を確認するなど検討したうえ，適当と判断したら手続に入ります。また，保証人であった故代表取締役の死亡により個人根保証契約における主たる債務の元本は確定します（同法465の4①三）。その確定債務をその者が相続するとともに，今後発生する債務についても保証する旨の「［書式5］保証人変更契約書」を徴求します。

　このほか，その相続に関しては，初めから相続人とならなかったとみなす相続の放棄（同法939），相続によって得た財産の限度においてのみ被相続人の債務及び遺贈を弁済すべきことを留保して，相続の承認をする限定承認（同法922）があり，いずれも自己のために相続の開始があったことを知った時から3ヵ月以内に家庭裁判所に届け出なければなりません（同法915①）。「［事例10］保証人である代表取締役の死亡」

で解説します。なお，前掲「P.76 ウ. 改正相続法に注意」参照。

[書式5] 保証人変更契約書

保証人変更契約書
2020 年 10 月 10 日
東京都千代田区内幸町 1 丁目 1 番 1 号
株式会社東西銀行南北支店　　御中　　　　　　　　　　　　印紙
　　　　　　　　東京都中央区丸の内 1 丁目 1 番 1 号
　　　　　　　　債務者　株式会社　甲野商会
　　　　　　　　　　代表取締役　甲野一郎　印
　　　　新保証人　東京都中央区丸の内 1 丁目 1 番 1 号
　　　　　　　　　　　甲　野　一　郎　　印
　貴行と債務者との間で締結した 1998（平成 10）年 10 月 1 日付金銭消費
貸借契約証書（金銭消費貸借契約証書写別添,以下原契約書という）により，
債務者が貴行に対して負担する債務の保証人　甲野太郎　が 2020 年 9 月
20 日死亡しましたので，各相続人が相続したその保証債務を免除し，新た
に　甲野一郎　が保証人となります。
　つきましては，新保証人は，原契約書の各条項を承認のうえ貴行に対し
て債務者が現在及び将来負担するいっさいの債務について，債務者と連帯
して保証債務を負います。

以　　上

（6）　担保の差換え

　担保の差換えについても各金融機関に所定の手続があります。差換え
によって担保価値が劣化してはならないのは言うまでもありません。法
的側面からみて，担保の差換えについて注意しなければならないのは否
認の 2 文字です。P.317「[事例 11] 倒産直前の担保の差替え」で解説
します。

第2章

業態悪化先への
緊急対応策

1. 私的整理ガイドラインによる経営改善計画提出先の破綻

Point

私的整理ガイドラインは，債権者と債務者との合意によって金融債務の一部猶予や減免によって経営困難に陥った会社を再生させることにあります。通常の私的整理と異なる特徴，利用できる要件，その整理手続の流れ，再建計画案の要件等について理解しましょう。そして，私的整理ガイドラインによる企業再生が不能と判断したときの対応も避けて通れません。

1. 私的整理ガイドライン

私的整理ガイドラインの特徴，それが利用できる要件，その整理手続の流れ，再建計画案の要件，及び，個人債務者のガイドライン等について，P.45「3 私的整理ガイドラインによる経営改善計画先へのモニタリング」で解説しました。

2. 経営改善計画提出先の破綻

私的整理ガイドラインによる再建計画，つまり，経営改善計画は，①原則3年以内の実質債務超過の解消，②3年以内の経常黒字化，を要します（私的整理ガイドライン第7項（2）（3））。これらを達成できない私的整理手続はそのまま維持することは好ましくありません。債権者として，法的整理手続に移行すべく決断が求められるのです。

法的整理手続のうち，破産手続開始の申立てをするか，民事再生手続開始の申立てをするのが大多数です。清算型の倒産手続の基本となるの

が破産手続であり，中堅・中小企業にとっての再建型の代表が民事再生手続だからです。債務者の総財産を対象として全債権者のために公平に清算し，あるいは，企業の再建を図りつつ公平に弁済する制度，それが法的整理手続です。

2. 緊急時における対応

Point

　まず緊急時とは「何か」「何時か」，その状況を確認しなければなりません。次にそれに対する対応で，期限前償還請求の実務，本部・保証機関等への連絡，債務者・保証人との折衝，そして，営業店内部における実務について理解しましょう。

1. 緊急時とは

　金融機関の融資取引における緊急時とは，おおむね「貸出先が不渡りを出すなど具体的信用不安が発生するか，または，貸出金が延滞し相当の期間が経過する状態」です。しかし，それぞれの金融機関が独自にその内容を定めており，統一された定義はみられません。そこで，本書では緊急時を「［資料12］緊急時の対応一覧」として解説します。

2. 緊急時の対応

　緊急時の具体的対応は，後掲「［資料12］緊急時の対応一覧」のとおりです。緊急時には，本部へ報告し対応を協議します。期限前償還請求を決定したときは，信用保証協会や代理貸付委託機関などの関係機関への報告と僚店への連絡を行います。営業店内部においては，期限前償還請求書の発信，当座勘定の処理，与信内容の調査，債務者・保証人等の預金・担保の内容調査，約定書・手形現物などの事務上の点検，登記や仮差押えを含む債権保全を進めます。一方，対外交渉面では，状況把握のため債務者との面談，代位弁済交渉のため保証人・担保提供者との面談，売掛先などの第三者との面談を進めます。

[資料11]　緊急時に該当する場合

項番	該　　当　　事　　由
1	手形交換所において取引停止処分を受けたとき。
2	支払を停止したとき。 (注)「支払停止」とは，支払不能を外部に表示する債務者の行為。「支払不能」とは，債務者が支払能力を欠くためにその債務のうち弁済期にあるものにつき，一般的かつ継続的に弁済することができない状態をいう（破産2⑪）。
3	死亡，失踪その他の事由により，取引の継続に支障があると認められるとき。 (注)「その他の事由」には次のようなケースが該当する。 　①債務者または保証人の預貯金，不渡異議申立提供金預託金に第三者から（仮）差押があった。 　②担保物件に対して第三者から差押，仮差押があったとき。あるいは第三者申立による競売開始決定があったとき。 　③債務者は営業中だが業況の回復が困難で貸付金の延滞解消が見込めない。
4	大口不良債権の発生等により倒産の懸念が生じたとき。
5	金利減免・棚上げまたは元本の返済猶予をしたとき。
6	6箇月以上の延滞が発生したとき（金融機関によっては3カ月または1回でも）。
7	破産法の規定による破産手続開始の申立があったとき。 なお民事再生法の規定による民事再生手続開始の申立があったとき，会社更生法の規定による会社更生手続開始の申立があったとき，会社法の規定による特別清算手続開始の申立があったとき，も同様。 2006（平成18）年5月1日施行の会社法は会社整理手続（旧商法381条以下）を廃止した。
8	内整理に入ったとき。

[資料12]　緊急時の対応一覧

```
          本      部            営業店              保証機関

（融資部）←← 報告 ←←  （支店長）→→ 報告 →→（信用保証協会）
（審査部）→→ 指示 →→    ↑ ↑                      （保証会社）
 関係店 ←← 連絡依頼 ←←（担当者）→→ 報告 →→   委託金融機関
```

[内部での実務]　　　　　　　　[外部での実務]

①期限前償還請求　②当座勘定の処理　①債務者との面談　②保証人との面談
③与信状況の確認　④事務取扱の点検　③担保提供者と面談　④商手支払人と面談
⑤債権の保全　　　⑥償却の検討　　　⑤第三者と面談　　　⑥保証の履行

3．期限の利益喪失と期限前償還請求

Point

　債権回収は，融資先の期限の利益を喪失することから始まります。そこで，①期限の利益の喪失とは何か，②期限の利益の喪失事由，そして，③金融機関の具体的対応，について解説しましょう。

1．期限の利益とその喪失

(1)　期限，期限の利益，期限の利益喪失

　期限の利益の喪失を理解するには，期限，期限の利益，期限の利益喪失について順次明らかにされなければなりません。

　融資取引はすべて何時から何時までと始期と終期とを明示して行われます。「期限」とは，債務を弁済しなければならない時，つまり弁済期限をいい，貸付債権の終期のことです。債務者・借入人は借入債務の期限までは，通常，弁済請求を受けることはなく，また，債権者の金融機関も，通常，期限まで弁済を請求することができません。このように，債務者が期限が到来するまで債務の弁済を要しないこと，これを「期限の利益」といいます。換言すれば，期限が存在することによって当事者が受ける利益のことで，融資取引における期限の利益は債務者・借入人に認められる利益のことで，民法も，「期限は，債務者の利益のために定めたものと推定する」としています（民136①）。そして，「期限の利益の喪失」とは，債務者に期限の利益を主張させないこと，つまり，債務者をしてただちに弁済しなければならない状態におくことをいい，民法もこれを認めます（同法137）。

(2)　期限の利益喪失の必要性とその効果

期限の利益は債務者のためにありますから，債権者は貸付債権の期限が到来しないと債務者・借入人に弁済請求することができないのはさきにみたとおりです。しかし，いついかなる場合でも，債権者金融機関は債務者・借入人に請求できないとすることの当否が問題となります。債務者の信用がなくなった場合など一定の要件に合致した場合は，当初定めた期限にかかわらず，債権者は弁済請求することができるようにすべきでしょう。要するに，債務者の信用が全くなくなり，債権者をしてなお期限の到来まで請求を猶予させることは甚だしく不当だからです。

　期限の利益を喪失すると，債務者はいっさいの債務を弁済する義務が生じ，債権者は弁済請求することができます。その結果債権者である金融機関は，融資取引の解除，担保権や商事留置権を行使することができるようになります。したがって，借入人の信用不安を察知した場合などの緊急時の債権回収は，通常，この「期限の利益の喪失」が出発点となります。なお，債務者が期限の利益を喪失すると，債権者金融機関は権利を行使することができるのですから，貸付債権の消滅時効が進行を始めることに注意しなければなりません（民166①）。P.293「7．改正民法による消滅時効」参照。

２．期限の利益の喪失事由

　では，債務者は「いつ」「いかなるとき」に期限の利益を喪失するのでしょうか。期限の利益の喪失事由は何かの問題が浮上します。

（1）　二つある期限の利益の喪失

　期限の利益の喪失に該当する事由を「期限の利益の喪失事由」といいます。それには，その事由が発生すると債務者は当然に期限の利益を喪失する期限の利益の「当然喪失事由」と，その事由が発生すると債権者からの請求によって，債務者が期限の利益を喪失する期限の利益の「請求喪失事由」とがあります。また，期限の利益の喪失事由には，民法に

基づくものと，約定に基づくものとがあります。

(2)　民法上の期限の利益の喪失事由

　民法は，次に掲げる場合には，債務者は，期限の利益を主張すること
ができないとし（民137），それは，①債務者が破産手続開始の決定を
受けたとき（同法同条一，破産30・103③），②債務者が担保を滅失させ，
損傷させ，または減少させたとき（民137二），③債務者が担保を供す
る義務を負う場合において，これを供しないとき（同法同条三），です。
①は期限の利益の当然喪失事由に，②③は期限の利益の請求喪失事由に
それぞれ該当します。しかし，民法の規定する期限の利益の喪失事由で
は融資取引を行うにあたっては不十分であり，そこで当事者の特約で法
定の事由以外の事由によっても期限の利益を失う旨を定めています。期
限の利益の喪失約款と呼ばれるものです。銀行取引約定書等の基本取引
約定書その他各種約款により期限の利益の喪失事由の拡張が図られてい
るのは周知のとおりです。そこで，節を改めて，銀行取引約定書等の基
本取引約定書上の期限の利益の喪失条項についてみていきましょう。な
お，銀行取引約定書，信用金庫取引約定書，信用組合取引約定書，農協
取引約定書等を基本取引約定書と総称します。

(3)　約款による期限の利益喪失事由の拡張

　金融取引における期限の利益喪失条項は，後掲「[資料13] 期限の利
益の喪失事由のまとめ」のとおり，期限の利益の当然喪失事由と期限の
利益の請求喪失事由とからなります。

[資料13] 期限の利益の喪失事由のまとめ

項番	請求債権	当然喪失事由	請求喪失事由
1	貸金債権等	銀行取引約定書５条１項 ①支払の停止，法的整理申立 ②取引停止処分 ③債務者・保証人の預金等の差押等 ④背信的行方不明	銀行取引約定書５条２項 ①債務の一部の履行遅滞 ②担保物件の差押・競売開始 ③取引約定違反 ④保証人が本条に該当 ⑤債権保全を必要な相当事由
2	割引手形の買戻請求権	銀行取引約定書６条１項 ①割引依頼人が上記に該当→すべての割引手形 ②手形債務者が不払い，または上記に該当→その手形	銀行取引約定書６条２項 ①割引手形について債権保全を必要とする相当事由
3	当座貸越の即時支払請求権	当座勘定貸越約定書５条１項 期限の利益の当然喪失事由	当座勘定貸越約定書５条２項 期限の利益の請求喪失事由
4	事前求償権	支払承諾約定書８条１項 期限の利益の当然喪失事由	支払承諾約定書８条２項 期限の利益の請求喪失事由

① 期限の利益の当然喪失事由に該当する場合

　銀行取引約定書等の基本取引約定書は，融資取引の内容に従い，下記の４種類の期限の利益の当然喪失事由を約定します。

　a　銀行取引約定書等の基本約定書５条１項に基づく当然喪失事由

ア．四つの事由

　債務者について次の各号の事由が一つでも生じた場合には，金融機関から通知催告等がなくても金融機関に対するいっさいの債務について当然期限の利益を失い，直ちに債務を弁済しなければなりません。それは，①支払の停止または破産手続開始，民事再生手続開始，会社更生手続開始もしくは特別清算手続開始の申立があったとき，②手形交換所の取引停止処分を受けたとき，③債務者または保証人の預金その他の金融機関に対する債権について仮差押，保全差押または差押の命令，通知が発送

されたとき，④住所変更の届出を怠るなど債務者の責めに帰すべき事由によって，金融機関に債務者の所在が不明となったとき，です。

イ．補足説明

ここに，①の「支払の停止」とは，支払不能である旨を表示する債務者の行為をいいます。支払不能とは，債務者が支払能力を欠くために，その債務のうち弁済期にあるものにつき，一般的かつ継続的に弁済することができない状態をいいます（破産2⑪）。債務者が支払を停止したときは，破産手続開始の原因である支払不能にあるものと推定します（同法15②）。したがって，債務の大部分について支払ができない状態をいい，一時的に回収が遅れたため支払えず，若干日数がたてば支払が可能な場合は支払停止とはいえません。具体的には，支払不能である旨の店頭への掲示・広告・債権者への回状，債権者の請求に対する書面等による支払拒絶，廃業・閉店・逃亡，債務免除・期限猶予・財産整理の動き，手形の不渡（一回目の不渡のときは大量の枚数や金額の多額のときに限定すべき）のような事実をさします。③の「保全差押」は，税務署長が国税徴収法159条に基づいて行う保全処分の一種，そして，「その他の金融機関に対する債権」は不渡異議申立提供金預託金があげられます。

b　銀行取引約定書等の基本取引約定書6条1項に基づく割引手形の当然買戻事由

手形割引先について，基本取引約定書5条1項各号の事由（期限の利益の当然喪失事由）が一つでも生じたときは全部の手形について，また手形の主債務者が期日に支払わなかったときもしくは手形の主債務者について基本取引約定書5条1項各号の事由（期限の利益の当然喪失事由）が一つでも生じたときはその者が主債務となっている手形について，金融機関からの通知催告等がなくても当然手形面記載の金額の買戻債務を負い，直ちに弁済しなければなりません。

基本取引約定書は，判例・学説の動向及び各界の意見を斟酌して，手

形割引を手形の売買と構成したため割引手形の「買戻」といいます。割引先つまり割引依頼人のみならず手形主債務者である約束手形振出人・為替手形引受人にも触れている点に注意しましょう。したがって，割引手形が不渡になった場合には，割引依頼人に対して，その手形主債務者が振出または引受した手形について期日未到来分を含めて，買戻請求できるのです。

c　当座勘定貸越約定書5条1項に基づく当然即時支払事由

当座貸越先について，基本取引約定書5条1項各号の事由（期限の利益の当然喪失事由）が一つでも生じた場合には，金融機関からの通知催告等がなくても直ちに貸越元利金を支払わなければなりません。

d　支払承諾約定書8条1項に基づく事前求償権の当然発生事由

支払承諾取引先について，基本取引約定書5条1項各号の事由（期限の利益の当然喪失事由）が一つでも生じた場合には，金融機関からの通知催告等がなくても当然金融機関が保証している金額または保証限度額について金融機関に対しあらかじめ求償債務を負い，直ちに弁済しなければなりません。

② 期限の利益の請求喪失事由に該当する場合

銀行取引約定書等の基本取引約定書は，融資取引の内容に従い，下記の5種類の期限の利益の請求喪失事由を約定します。

a　銀行取引約定書等の基本取引約定書5条2項に基づく請求喪失事由

ア．五つの事由

次の各場合には，金融機関の請求によって金融機関に対するいっさいの債務の期限の利益を失い，直ちに弁済しなければなりません。それは，①債務者が債務の一部での履行を遅滞したとき，②担保の目的物について差押，または競売手続の開始があったとき，③債務者が金融機関との取引約定に違反したとき，④保証人が前項（期限の利益の当然喪失事由）または本項の各号の一にでも該当したとき，⑤前各号のほか債権保全を

必要とする相当の事由が生じたとき，です。

イ．補足説明

　①は分割弁済が滞ったときです。②は担保不動産の競売申立がその例です。なお，預金等の債権に対する差押えは期限の利益の当然喪失事由に該当します。③は条件どおり完成した建物の担保差入れをしない（民法137三違反でもあります），名称・代表者・住所等の変更届出をしない（このため所在不明は期限の利益の当然喪失事由），義務に反して業況を報告しない，担保物件の無断取壊し・無断譲渡・無断担保差入れ，抵当建物に付保しない，登記に協力しない，などがその例です。⑤の例として，第一回不渡発生し今後倒産の恐れがある，大口販売先の倒産により連鎖倒産の恐れがある，会社の内紛に依り営業継続に支障が生じている，債務者の死亡に伴い相続人が限定承認をしたとき，会社が清算に入ったとき，担保物に仮差押えがあったとき，があげられます。

　b　銀行取引約定書等の基本取引約定書6条2項に基づく割引手形の請求買戻事由

　割引手形について，債権保全を必要とする相当の事由が生じた場合には，基本取引約定書6条1項（割引手形の当然買戻事由）以外のときでも，金融機関の請求によって手形面記載の金額の買戻債務を負い，直ちに弁済しなければなりません。

　割引手形が不渡になった場合において，割引依頼人に連鎖倒産のおそれがあるときは，請求によって割引手形全部を買戻させることができます。その他債権保全を必要とする相当の事由が発生した例として，割引依頼人が期限の利益の請求喪失事由に該当したとき，保証人が期限の利益の当然喪失事由または期限の利益の請求喪失事由に該当したとき，手形の主債務者に債権保全を必要とする相当の事由が生じたとき，中間裏書人や為替手形の振出人に信用異常が生じ，債権保全が必要と認められるとき，などがあげられます。

c　当座勘定貸越約定書５条２項に基づく請求即時支払事由

　基本取引約定書５条２項各号（期限の利益の請求喪失事由）の場合には，金融機関からの請求ありしだい直ちに貸越元利金を支払わなければなりません。

　d　支払承諾約定書８条２項に基づく事前求償権の請求発生事由

　基本取引約定書５条２項各号（期限の利益の請求喪失事由）の場合には，金融機関からの請求によって，あらかじめ求償債務を負い，直ちに弁済しなければなりません。

3．金融機関の具体的対応

(1)　期限の利益の当然喪失事由等に該当する場合の金融機関の対応

①　債務者の実態把握

　債務者に期限の利益の当然喪失事由に該当する事実があったとしても，金融機関は取引を打ち切り，弁済をせまり，債権回収に入るかどうかは金融機関の裁量にまかされています。そこで金融機関は，まず債務者が期限の利益の当然喪失事由のどれに該当しているかを見極め，次いで債務者の現況はどうか，本当に支払不能の状態なのかを確認します。支払不能に陥ったか，またはそうなる懸念が大きいと判断した場合には，債権回収に着手します。とくに債務者や保証人の預金，不渡異議申立提供金預託金などに他の金融機関から差押・仮差押があったときは（銀取旧ひな型５①三），債務者である預金者に支払能力がないために差押え等があったかどうかよく見極める必要があります。

②　償還請求書の発信

　債権回収の方針を決定した場合には，債務者宛に期限前償還請求書を発信します。⇒「［書式６］償還請求書（債務者宛－当然喪失・当然買戻・当然即時支払・事前求償権の当然発生事由）」参照。当然喪失事由におけるこの償還請求書は，銀行取引約定書等の基本取引約定書の規定から

も分かるように，必ず発信しなければならないものではありませんが，督促上の効果がある場合には，確認の意味で発信します。債務者が期限の利益を喪失すると，連帯保証人もまた期限の利益を喪失します。保証人は，主たる債務者がその債務を履行しないときに，その履行をする責任を負う（民446①）ものだからです。保証人宛に償還請求書を発信するのは，債務者宛に償還請求書を発信した旨の通知と，代位弁済請求を兼ねて行うものです。したがって，償還請求書も必ず発信しなければならないものではありません。また，発信は後日でも支障ありません。⇒「［書式7］償還請求書（保証人宛－当然喪失・当然買戻・当然即時支払・事前求償権の当然発生事由）」参照。

［書式6］　償還請求書（債務者宛－当然喪失・当然買戻・当然即時支払・事前求償権の当然発生事由）

償　還　請　求　書［注1］

東京都中央区丸の内1丁目1番1号　　　　　　　　　　　2020年10月10日
株式会社　甲野商会　殿　　　　　　東京都千代田区内幸町1丁目1番1号
　　　　　　　　　　　　　　　　　　　株式会社　東西銀行南北支店
　　　　　　　　　　　　　　　　　　　支店長　東西南北　印
　当行の貴社に対する下記債権は，銀行取引約定書第5条第1項，同第6条第1項［注2］，当座勘定貸越約定書第5条第1項及び支払承諾約定書第8条第1項［注3］の約旨（　　　　の事由）［注4］によって，すべて弁済期が到来いたしましたから，ただちにお支払いくだされたく請求いたします。
　　　　　　　　　　　　　　　　　記
(1)　手形貸付債権　　　　　　　10,000,000円
　　　ただし，貴社振出の約束手形5通による手形貸付金の合計額。
(2)　証書貸付債権　　　　　　　20,000,000円
　　　ただし，00年00月00日付金銭消費貸借契約による。
(3)　割引手形買戻請求権　　　　30,000,000円

　　　　　　　　ただし，手形 10 通の合計金額（00 年 00 月 00 日現在）
（4）　当座貸越債権　　　　　４０，０００，０００円
　　　　ただし，00 年 00 月 00 日現在
（5）　支払承諾事前求償権　　５０，０００，０００円［注 5］
　　　　ただし，00 年 00 月 00 日付支払承諾委託により貴社の○○生命借
　　　入債務に対する支払保証に伴う事前求償権
　　　　　　　　　　　　　　　　　　　　　　　　　　　　　以　　上

［注 1］「催告書」としても可。急ぐときは持参のうえ受領書を徴求。
［注 2］割引手形のみの先は，「‥‥ 銀行取引約定書第 6 条第 1 項の約旨（　の事由）
　　　　によって貴社において買戻債務が発生しましたから，ただちにお支払い ‥‥」
　　　　と記載。
［注 3］支払承諾のみの先は，「‥‥ 支払承諾約定書第 8 条第 1 項の約旨（　の事由）
　　　　によって，当行の保証履行前ではありますが，貴社において償還債務が発生し
　　　　ましたから，あらかじめ償還されたく請求いたします」と記載。
［注 4］記入する必要はないが，記入する場合には，「支払の停止」「破産手続開始の
　　　　申立」の例による。信用保証協会保証付貸出金がある場合には，期限の利益の
　　　　喪失日と喪失事由の記載を要するか否かを協会に確認する。
［注 5］代理貸付による事前求償権の請求は代理貸付の残高を記入する。

[書式 7]　償還請求書（保証人宛－当然喪失・当然買戻・当然即時支払・事
　　　　　前求償権の当然発生事由）

　　　　　　　　償　　還　　請　　求　　書［注 1］
東京都中央区丸の内 1 丁目 1 番 1 号　　　　　　　2020 年 10 月 10 日
　甲　野　太　郎　殿　　　　　東京都千代田区内幸町 1 丁目 1 番 1 号
　　　　　　　　　　　　　　　　株式会社　東西銀行南北支店
　　　　　　　　　　　　　　　　支店長　東西南北　印

　当行の債務者株式会社甲野商会殿に対する下記債権は，銀行取引約定書
第 5 条第 1 項，同第 6 条第 1 項，当座勘定貸越約定書第 5 条第 1 項及び支
払承諾約定書第 8 条第 1 項の約旨（　　　　の事由）によって，すべて弁済
期が到来いたしましたから，連帯保証人である貴殿に対しても［注 2］た
だちにお支払いくだされたく請求いたします。

記［注3］
― ［書式6］参照 ―

［注1］本償還請求書の記載上の注意点については，下記［注2］［注3］のほか，［書式6］の例による。

［注2］極度額のある限定保証人に対しては，「金〇〇〇円也を限度にただちにお支払いくだされたく請求いたします」と記載。

［注3］特定債務保証人に対して発信する場合には，その保証人が保証している債権のみを記載。

③　発信にあたっての留意点

　期限前償還請求書を発信する場合には，次の点に注意します。消費者ローンなど基本取引約定書を徴求していない場合には，個々の金銭消費貸借契約証書等に記載されている期限の利益の喪失条項にあたって対応します。償還請求書の文面も企業向けのものよりも分かり易い平易な内容とする例が多いようです。信用保証協会保証付貸出がある場合には，保証協会と協議のうえ発信することです。日本政策金融公庫代理貸付の金銭消費貸借契約証書上の繰上償還条項（期限の利益の喪失と同じ意味）は，すべて請求によることとなっていますので，期限前に債権全額を繰上償還させるためには，必ず償還請求書を発信しなければなりません。

(2)　期限の利益の請求喪失事由等に該当する場合の金融機関の対応

①　債務者の実態把握

　債務者に期限の利益の請求喪失事由に該当する事実が発生した場合において，金融機関は，債務者の期限の利益を常に喪失させるとは限りません。例えば複数の貸出金のうちの1件について1回だけ延滞した場合，直ちに請求によってすべての債権について期限の利益を喪失させることは，社会通念上も違和感があり，問題ともなりかねません。また，保証人の業績が悪化しても（銀取旧ひな型5②四），債務者本人が正常であれば，保証人の交替が先決となりましょう。債務者・保証人の実情と誠

意を見極めたうえで請求による期限の利益の喪失の可否を決することになるのです。

② 償還請求書の発信と送達

期限の利益を喪失するのが適当と判断したときは，債務者宛に期限前償還請求書（後掲［書式8］償還請求書（債務者宛－請求喪失・請求買戻・請求即時支払・事前求償権の請求発生事由））を，また，保証人宛に期限前償還請求請求書（後掲［書式9］償還請求書（保証人宛－請求喪失・請求買戻・請求即時支払・事前求償権の請求発生事由））を，発信するか，持参しなければなりません。保証人宛の期限前償還請求書の意味は，債務者宛に請求書を発信した旨の通知と，代位弁済請求を兼ねて行うのは当然喪失におけるのと同様です

ただ，この償還請求書が債務者に到達しなければ，期限の利益の喪失の効果は発生しません（民97①）。預金の払戻防止，相殺の早期実行など緊急を要するときは，償還請求書を持参のうえ受領書を徴求しておきます。期限の利益の当然喪失事由か期限の利益の請求喪失事由かの判断が困難な場合，例えば「支払の停止」に該当するか否かの判断が困難なときには，発信あるいは持参します。なお，2020年4月1日施行の現行民法は，「相手方が正当な理由なく意思表示の通知が到達することを妨げたときは，その通知は，通常到達すべきであった時に到達したものとみなす」（同法同条②）と規定しました。

［書式8］ 償還請求書（債務者宛－請求喪失・請求買戻・請求即時支払・事前求償権の請求発生事由）

償 還 請 求 書［注1］
東京都中央区丸の内1丁目1番1号　　　　　　　　　　2020年10月10日 　株式会社　甲野商会　殿　　　　　東京都千代田区内幸町1丁目1番1号 　　　　　　　　　　　　　　　株式会社　東西銀行南北支店支店長　東西南北　印

　当行の貴社に対する下記債権は，銀行取引約定書第5条第2項，同第6条第2項［注2］，当座勘定貸越約定書第5条第2項及び支払承諾約定書第8条第2項［注3］の約旨（　　　の事由）［注4］によって，この請求の到達次第すべて弁済期が到来することになりますので，ただちにお支払いくだされたく請求いたします。

記

(1)　手形貸付債権　　　　　10,000,000円
　　　　ただし，貴社振出の約束手形5通による手形貸付金の合計額。
(2)　証書貸付債権　　　　　20,000,000円
　　　　ただし，00年00月00日付金銭消費貸借契約による。
(3)　割引手形買戻請求権　　30,000,000円
　　　　ただし，手形10通の合計金額（00年00月00日現在）
(4)　当座貸越債権　　　　　40,000,000円
　　　　ただし，00年00月00日現在
(5)　支払承諾事前求償権　　50,000,000円［注5］
　　　　ただし，00年00月00日付支払承諾委託により貴社の○○生命借入債務に対する支払保証に伴う事前求償権

以　　上

［注1］「催告書」としても可。急ぐときは持参のうえ受領書を徴求。
［注2］割引手形のみの先は，「‥‥銀行取引約定書第6条第2項の約旨（　の事由）によって，この請求の到達次第貴社において買戻債務が発生することになりますので，ただちにお支払いくだされたく請求いたします」と記載。
［注3］支払承諾のみの先は，「‥‥支払承諾約定書第8条第2項の約旨（　の事由）によって，当行の保証履行前ではありますが，この請求の到達次第貴社において償還債務が発生することになりますので，あらかじめ償還されたく請求いたします」と記載。
［注4］記入する必要はないが，記入する場合には，「担保目的物に対する差押え」「債務不履行」の例による。信用保証協会保証付貸出金がある場合には，期限の利益の喪失日と喪失事由の記載を要するか否かを協会に確認する。
［注5］代理貸付による事前求償権の請求は代理貸付の残高を記載。

[書式9] 償還請求書（保証人宛－請求喪失・請求買戻・請求即時支払・事
前求償権の請求発生事由）

償　還　請　求　書［注1］

東京都中央区丸の内1丁目1番1号　　　　　　　　2020年10月10日
　甲　野　太　郎　　殿　　　　　東京都千代田区内幸町1丁目1番1号
　　　　　　　　　　　　　　　　　株式会社　東西銀行南北支店
　　　　　　　　　　　　　　　　　支店長　東西南北　印
　今般，当行は，銀行取引約定書第5条第2項，同第6条第2項，当座勘
定貸越約定書第5条第2項及び支払承諾約定書第8条第2項の約旨（
　の事由）に基づき，当行の債務者株式会社甲野商会殿に対する下記債権
について同社あて全部償還の請求をいたしましたので，連帯保証人である
貴殿に対しても［注2］ただちにお支払いくだされたく請求いたします。
記［注3］
―　［書式8］参照　―

［注1］本償還請求書の記載上の注意点については，下記［注2］［注3］のほか，［書
　　　式8］の例による。
［注2］極度額のある限定保証人に対しては，「金０００円也を限度にただちにお支
　　　払いくだされたく請求いたします」と記載。
［注3］特定債務保証人に対して発信する場合には，その保証人が保証している債権
　　　のみを記載。

③　発信・送達にあたっての留意点

　消費者ローンなど基本取引約定書を徴求していない場合には，個々の
金銭消費貸借契約証書等に記載されている期限の利益の喪失条項にあた
って対応します。信用保証協会保証付貸出がある場合には，保証協会と
協議のうえ発信することです。日本政策金融公庫代理貸付の金銭消費貸
借契約証書上の繰上償還条項（期限の利益の喪失と同じ意味）は，すべ
て請求喪失事由となっていますので，注意してください。

(3)　請求喪失における期限前償還請求書の意義

　期限の利益の請求喪失における期限前償還請求書は，債務者の期限の

利益を喪失させる積極的な意味を持ちます。当然喪失か請求喪失か判断に迷う場合には，請求喪失事由として対応するのが堅実です。

　期限前償還請求によって期限の利益を喪失させることにより，相殺権が発生するため預金払戻を防止でき，また爾後は遅延損害金が発生するため，金利の計算が容易になるなど，債権管理・回収上大きなメリットがあります。反面，同時に貸付債権の消滅時効も進行を開始しますので注意します（民 166 ①）。なお，2020 年 4 月 1 日施行の改正民法（債権関係）による，債権消滅時効の改正については，P.292「7 改正民法による消滅時効」参照。期限前償還請求書を発信した場合に債務者が期限の利益を喪失するのは，それが相手方に送達された時です（同法 97 ①）。発信した時点ではありません。期限前償還請求は口頭によることも可能ですが，金融実務は文書によります。したがって，期限の利益の喪失を急ぐ場合には，期限前償還請求書を債務者のもとに持参し，債務者から受取書を徴求することになります。なお，2020 年 4 月 1 日施行の現行民法は，「相手方が正当な理由なく意思表示の通知が到達することを妨げたときは，その通知は，通常到達すべきであった時に到達したものとみなす」（同法同条②）と規定しました。

(4)　買戻請求権と事前求償権について

　割引手形の主債務者が期日に支払わなかったとき，または手形の主債務者について期限の利益の当然喪失事由が一つでも生じたときは，確認的な意味で，割引依頼人宛に買戻請求書（後掲「[書式 10] 買戻請求書（手形の主債務者の期日不渡等）」参照）を発信します。銀行取引約定書等の基本取引約定書 6 条 1 項による債務を履行するまでは，金融機関は手形所持人としていっさいの権利を行使できます（銀取旧ひな型 6 ③）。

　支払承諾約定書の特約により，金融機関が求償権を行使する場合には，債務者は，民法 461 条（主たる債務者が保証人に対して償還する場合）に基づく抗弁権を行使することはできません。原債務または求償債務に

ついて担保がある場合も同様とするとされています。ただし，支払承諾取引先が求償債務を履行した場合には，金融機関は，遅滞なく，その保証債務を履行しなければなりません（支払承諾約定書8）。

[書式10]　買戻請求書（手形の主債務者の期日不渡等）

買　戻　請　求　書

東京都中央区丸の内1丁目1番1号　　　　　　　　2020年10月11日
株式会社　甲野商会　殿　　　　　東京都千代田区内幸町1丁目1番1号
　　　　　　　　　　　　　　　　　　株式会社　東西銀行南北支店
　　　　　　　　　　　　　　　　　　支店長　東西南北　印

　貴社のご依頼により割り引きました下記商業手形は満期日の2020年10月10日に支払のため呈示しましたところ，資金不足［注1］の理由で不渡返還されました［注2］。
　つきましては，1998年10月10日付銀行取引約定書第6条第1項に基づき［注3］貴社において，ただちに買い戻していただきたくご請求申し上げます。

記

割引手形買戻請求権　　　　1，234，567円
　　　　　　　　　約束（または為替）手形の表示
　　　　　　　　　記号番号　　　Ａ12345
　　　　　　　　　手形金額　　　1，234，567円
　　　　　　　　　支払期日　　　2020年10月10日
　　　　　　　　　振　出　地　　東京都中央区
　　　　　　　　　支　払　地　　東京都中央区
　　　　　　　　　支払場所　　　株式会社　○○銀行▽▽支店
　　　　　　　　　振　出　日　　2020年8月11日
　　　　　　　　　振　出　人　　株式会社乙山物産
　　　　　　　　　引　受　人　　（為替手形の場合に限る）
　　　　　　　　　保　証　人　　（手形保証人がいる場合に限る）
　　　　　　　　　第一裏書人　　株式会社甲野商会
　　　　　　　　　第二裏書人　　株式会社　東西銀行南北支店
　　　　　　　　　支払呈示日　　2020年10月10日

以　　上

［注1］不渡理由を記入，「資金不足」「取引なし」の例による。

［注2］期日未到来であっても手形の主債務者が銀行取引約定書第5条第1項の期限の利益の当然喪失事由に該当したため，買戻請求をする場合には，「‥‥下記商業手形は満期日の‥‥不渡返却されました」の部分を，「振出人（為替手形は引受人）が00年00月00日手形交換所において取引停止処分（破産手続開始申立など）を受けました」と記載。

［注3］不渡手形以外にも同一の主たる債務者となっている手形を併せて請求する場合には，「不渡手形及び当該不渡手形と同一の主たる債務者となっている割引手形全部について」を挿入。

4. 当座勘定の処理

Point

　緊急時にあたっても，当座勘定の処理を避けて通ることはできません。それには，まず，当座勘定契約は，金融機関の支払義務を伴う委任契約であることを理解し，次に，当座勘定契約の解約処理手続を正確に身につけることです。

1. 当座勘定に注目するのは

(1) 委任契約と当座勘定規定

　当座勘定に注目するのは，手形・小切手支払委託契約に基づく金融機関の支払義務が，債権回収上支障になることがあるか否かを確認しなければならないからです。当座勘定取引契約は，当座預金に関する契約のほかに，手形・小切手の支払委託に関する契約が含まれています。受任者として金融機関は，委任の本旨に従い，善良な管理者の注意をもって，委任事務を処理する義務を負います（民644）。当座預金に支払資金がある場合には，適法に呈示された手形・小切手を決済しなければなりません。支払資金を超えて，数通の手形・小切手が呈示された場合には，決済できる範囲で決済しなければなりません。当座預金者からとくに指示がない以上，同時に呈示された数通の手形・小切手の全部を決済できなくても，できる範囲でそのいずれかを決済すれば足ります。支払の選択として，「同日に数通の手形，小切手等の支払をする場合にその総額が当座勘定の支払資金を超えるときは，そのいずれを支払うかは当行の任意とします」と定めているからです（当座勘定規定10）。ただし，手形・小切手の券面額の一部を支払う必要はありません。「呈示された手形，

［資料14］　手形・小切手の不渡事由

番	不　　渡　　事　　由
1	ア．０号不渡事　＝　不適法呈示等であることを事由とする不渡事由 　　Ａ．手形法・小切手法による事由→「形式不備」「裏書不備」「呈示期間経過」など 　　Ｂ．破産法等による不渡事由 　　　→法的整理手続の申立に伴い保全処分が出た時点での不渡事由 　　　「破産法（第28条）による財産保全処分中」など 　　　→法的整理手続の開始決定の時点での不渡事由 　　　「破産手続開始決定（破産法第30条）」など 　　Ｃ．案内未着等による事由　→　「案内未着」「依頼返却」「振出人等死亡」「再交換禁止」 　　Ｄ．その他による事由→上記ＡＢＣに準ずる事由
2	イ．１号不渡事由→「資金不足」「取引なし」
3	ウ．２号不渡事由→「契約不履行」「詐取」「紛失」「盗難」「印鑑相違」「偽造」等

小切手等の金額が当座勘定の支払資金を超える場合には，当行は，その支払義務を負いません。手形，小切手の金額の一部支払はしません」と定めています（当座勘定規定9）。

(2)　手形・小切手の不渡事由，その重複と異議申立制度

①　手形・小切手の不渡事由

　手形・小切手の不渡事由は，上掲「［資料14］手形・小切手の不渡事由」のとおりです。０号不渡事由に該当するときは，不渡届の提出を要しません。この不渡事由のときは，振出人等は不渡処分を受けることはありません。１号不渡事由に該当するときは，不渡届の提出を要します。この事由について異議申立は認められません。２号不渡事由に該当するときも，不渡届の提出を要しますが，この事由について異議申立が認められます。

② 不渡事由の重複

　不渡事由の重複については，①０号不渡事由と１・２号不渡事由が重複する場合には，０号不渡事由が優先し，②１号不渡事由と２号不渡事由が重複する場合には，１号不渡事由が優先します。③ただし，１号不渡事由と２号不渡事由のうちの「偽造」「変造」が重複する場合には，「偽造」「変造」が優先します。

③ 異議申立の制度

　２号不渡届に対しては，支払銀行は異議を申し立てることができます。振出人等への不渡処分は猶予され，不渡報告・取引停止報告へ掲載されません。異議申立は，交換日の翌々日の営業時限までに行うことを要し，これが行われないと交換日から４営業日に不渡処分がなされます。異議申立に際しては，支払銀行は，原則として，手形金相当額の金員を手形交換所に提供することを要します。その見合いに支払銀行は，振出人等から同額の金員の預託を受けます。ここに，銀行が手形交換所に提供する金員を不渡異議申立提供金といい，振出人等が銀行に預託する金員を不渡異議申立提供金預託金といいます。

２．二つある当座勘定の処理方法

　債権回収を図る金融機関が当座預金を相殺の受働債権とするために，当座勘定の処理方法には，当座勘定契約を解約する方法と，当座預金と相殺する方法とがあります。

（1）当座勘定契約を解約する方法

　当座勘定契約を解約する方法は，①当座勘定の解約通知の発信→②当座勘定解約代り金の別段預金への振替→③手形・小切手の不渡返還→④普通預金の開設，の手順を辿ります。

① 当座勘定解約通知書の発信

　後掲「[書式11] 当座勘定解約通知書」，「[書式12] 当座勘定契約及

び貸越契約解約通知書」を配達証明付内容証明郵便で発信するか，急を要する場合には持参し受取書を徴求します。

　当座勘定契約は委任を主体とする契約ですから，各当事者がいつでもその解除をすることができます（民651①）。当事者の一方が相手方に不利な時期に委任の解除をしたときは，その当事者の一方は，相手方の損害を賠償しなければなりません。ただし，やむを得ない事由があったときは，この限りではありません（同法同条②一）。ただ，意思表示は，その通知が相手方に到達した時からその効力を生じます（同法97①）。これを受けて，当座勘定規定は，「この取引は，当事者の一方の都合でいつでも解約することができます。ただし，当行に対する解約の通知は書面によるものとします（当座勘定規定23①）。当行が解約の通知を届出の住所にあてて発信した場合に，その通知が延着しまたは到達しなかったときは，通常到達すべき時に到達したものとみなします（同条②）。手形交換の取引停止処分を受けたために，当行が解約する場合には，到達のいかんにかかわらず，その通知を発信した時に解約されたものとします（同条③）」と規定します。そして，2020年4月1日施行の現行民法は，「相手方が正当な理由なく意思表示の通知が到達することを妨げたときは，その通知は，通常到達すべきであった時に到達したものとみなす」（民97②）と規定しました。なお，解約処理に当たっては未使用の手形・小切手の用紙を回収することを忘れてはなりません。

[書式11]　当座勘定解約通知書

```
                  通　　　知　　　書

東京都中央区丸の内1丁目1番1号          2020年10月10日
株式会社　甲野商会　殿　　東京都千代田区内幸町1丁目1番1号
                        東西信用金庫南北支店
                        支店長　東西南北　　印
```

拝啓　毎度お引き当てにあずかり厚く御礼申し上げます。

さて，今般，都合により［注１］，当座勘定規定第２３条の規定に基づき，2020年10月10日限りにて［注２］当座勘定取引を解約させていただきましたので悪しからずご了承のほどお願い申し上げます。

なお，未使用の小切手用紙及び手形用紙はただちにご返却いただきたく，また解約残金は金１，２３４，５６７円となっておりますが，これは貴社に対する債権の返済金として当庫において充当させていただく予定であります。
　　　　　　　　　　　　　　　　　　　　　　　　　　　　敬　具

［注１］当座勘定契約は金融機関の都合でいつでも解約できるが，そのためには，当座取引先に解約の通知をし，かつその通知が先方に到達しなければならない。本通知書は，解約を急ぐので，持参し手渡しする例。受領書を徴求しておく。その他例えば「銀行取引停止処分により」の例で記入。

［注２］急がない場合には，「本状到達次第」と記載。

［書式12］　当座勘定契約及び貸越契約解約通知書

通　　知　　書　［注１］

東京都中央区丸の内１丁目１番１号　　　　　　　2020年10月11日
　株式会社　甲野商会　殿　　　　東京都千代田区内幸町１丁目１番１号
　　　　　　　　　　　　　　　　　株式会社　東西銀行南北支店
　　　　　　　　　　　　　　　　　支店長　東西南北　印

貴社において2020年10月10日破産手続開始の申立がありましたので，1998（平成10）年10月10日付当座勘定貸越契約約定書及び当座勘定規定の約旨に基づき，右両契約を2020年10月10日付にて解約いたしましたから，後記貸越債務及び利息をただちにお支払いください［注２］。なお，未使用の小切手用紙及び手形用紙はただちにご返却願います。
記
　当座貸越債務　　１，２３４，５６７円
　及び上記債務支払済にいたるまでの１４％の割合による利息債務。

［注１］当座勘定契約と貸越契約とを同時に解約する場合に使用。

［注２］当座貸越以外にも債権があって，別途償還請求書を発信する場合には，記入不要。

② 当座解約代り金の別段預金への振替

　当座解約代り金を別段預金（当座預金解約口）へ振り替えて，後日の相殺に備えます。その手順は，各金融機関の預金事務手続に従います。なお，仮受金で処理するのは好ましくありません。当座解約代り金は当座勘定取引先にその返還請求権があり，金融機関の所有に属する仮受金とはその性質を異にするからです。

③ 手形・小切手の不渡返還

　交換呈示された手形・小切手は不渡返還します。不渡事由は「取引なし」（東京手形交換所規則施行細則77二第1号不渡事由）。前掲「［資料14］手形・小切手の不渡事由」参照。

④ 普通預金の開設

　当座勘定契約を解約した先に普通預金がない場合には，普通預金口座を開設してもらい，後日，振込入金等の受入口座とします。当座勘定解約後に当座預金を指定した振込入金であっても，普通預金口座があれば，それに入金するのを原則とします。

　当座勘定解約後，普通預金口座もない場合には，振込金は仕向金融機関に返戻するのを原則とします。振込金が決済資金などの後払い代金なら別段預金（一時預り口）へ入金しても振込人に損害が生じることはないでしょうが，例えばそれが建築工事請負代金の前払金であり，しかも工事着工にいたらなかったときなどに，預金口座がないのに受け入れると，後日振込人から損害賠償責任を追求される懸念大につき注意してください。慎重な対応が望まれるのです。

(2) 当座預金と相殺する方法

　当座預金と相殺する方法は，①当座取引先の期限の利益の喪失→②相殺の実行→③相殺通知書の発送→④手形・小切手の不渡返還，の手順を辿ります。

① 期限の利益の喪失

当座預金を受働債権とする相殺をするには，相殺適状にならなければなりません。貸出金債権と当座預金債権は同種の金銭債務であり，当座預金は常に弁済期にありますが，問題なのは貸出金債権の弁済期です。貸出金債権の弁済期が未到来であり，かつ，当座勘定取引先に期限の利益の喪失事由がなければ，金融機関は請求によって期限の利益を喪失させなければなりません。具体的な事由が見出せなければ，銀行取引約定書等の基本取引約定書5条2項5号の「債権保全を必要とする相当の事由」」に基づいて，請求によって期限の利益を喪失させることになります。P.94「a 銀行取引約定書等の基本取引約定書5条2項に基づく請求喪失事由」参照。その方法はさきに触れたとおり「P.99（2）期限の利益の請求喪失事由等に該当する場合の金融機関の対応」参照。

② **相殺の実行**

　a　**適状時に相殺が原則**

相殺の実行つまり相殺の計算は，極力早期に，期限の利益の喪失の当日中に実行・処理するように心掛けます。相殺の意思表示は，双方の債務が互いに相殺に適するようになった時にさかのぼってその効力を生じ（民506②），判例も，相殺の計算は，相殺適状の生じた時期を標準として，なされるべきである（最二小判昭53・7・17集民124-407）とします。相殺の遡及効といいます。もちろん金融取引では，計算実行の日まで利息等を相殺できる旨の特約がなされていますが（銀取7③），このような特約に頼らなくてもすむように相殺の実行は適状時に速やかに行うよう心掛けましょう。とくに債務者が民事再生手続や会社更生手続に入ると，その債権届出期間の満了前に限り相殺することができると定められていますので（民再92①，会更48①），遅れることのないよう注意しなければなりません。

　b　**当座勘定を残したままでの相殺**

ところで当座預金のまま相殺が可能でしょうか。当座勘定契約を残し

たまま，当座預金と相殺することができるに異論はありません。相殺を実行せずに，決済可能な当座預金残高を一部でも残したままにすると，支払委託契約に反するのかが問題とされることがあります。この件について，債権の回収にあてるため当座預金を別段預金に振り替えた銀行の債務不履行責任を否定した判例があります（最一小判昭57・11・4金法906-3）。しかし，別段預金，仮受金への振替は避け，解約処理が堅実で好ましいのは言うまでもありません。「［事例12］自店での不渡発生と当座預金の処理」でもう一度見てみましょう。

c　相殺通知書の発信

相殺は，当事者の一方から相手方に対する意思表示によってします（民506①）。意思表示は法律上は口頭でも電話でもメールでも構いませんが，相殺通知書（債務者宛）を作成し，債務者である預金者に配達証明付内容証明郵便で郵送するのが金融実務です。相殺通知が相手方に到達した時からその効力を生じますが（同法97①），ただし，その意思表示は，双方の債務が互いに相殺に適するようになった時に遡ってその効力を生じます（同法506②）。相殺通知書の持参までは要しませんが，送付するのは，相殺の意思表示を書面で行い，その事実を明確に記録に残すためです。P.207「（2）①相殺通知の必要性」参照。

d　手形・小切手の不渡返還

相殺後の当座預金残高が交換呈示された手形・小切手の金額に満たない場合には，手形・小切手が呈示されたときにおいて，当座勘定取引はあるが，その支払資金が不足する場合にあたり，不渡事由「資金不足」で返還します（東京手形交換所規則施行細則77二第1号不渡事由）。P.107「［資料14］手形・小切手の不渡事由」参照。

5. 事務取扱状況の点検

Point

　約定書類や現物等は，緊急時だからこそ，十分点検し，不備事項の補完に努めます。回収が進むにつれ補完に困難が伴うことを忘れてはなりません。具体的には，①約定書・契約書の点検，②担保の点検・確認，③保証の点検・確認，④信用保証協会保証付貸出に特有な問題，⑤仮差押・差押えを受けている預金等の管理，について順次検討します。

1．約定書・契約書の点検・確認

　約定書・契約書に共通する確認事項は，次の３点。

　まず，貸出申請書や取引内容と約定書・契約書の一致を確認します。それは，融資実行時に取引内容に応じた約定書・契約書が備わっているだけではなく，貸出条件の変更，保証・担保の変更に伴う変更契約書が完備していることも確認しなければなりません。第二に，融資先から徴求した約定書・契約書の署名・記名・押印に不備はないかを確認します。印鑑証明書，住民票，登記事項証明書，登記事項概要証明書と照合して一致しているか，住所，商号，法人名，代表者の変更届出が適正になされているのかの確認も欠かせません。そして第三は，未完扱補完帳によって補完しなければならない約定書・契約書や印鑑証明書等で未補完のものがないことの確認です。約定書・契約書の点検にあたっては，「[事例13] 記名・捺印」参照。

　なお，2020年4月1日施行の改正民法（債権関係）により新設される「契約上の地位の移転」と「定型約款」については，P.35「4 改正民

法による「契約上の地位の移転」と「定型約款」」参照。

２．担保の点検・確認
（1）　担保に特有な問題

　担保関係で点検・確認すべき点は次の６点。

　まず第１に，貸出申請どおり担保権設定契約が締結されているか，とくに不動産担保のうち，所有権移転前の日付の抵当権は有効だが，建物完成前の抵当権は無効です。このことは，すでに解説しました。P.27「第１章（1）①融資契約の要物性の緩和と書面による消費貸借の新設」並びに［事例2］及び［事例3］を参照してください。第２に，担保提供意思確認記録書が正しく記載されているか。この点の確認については，P.34「（3）意思確認と説明義務」及び［事例7］を参照してください。第３に担保に変更があった場合に，変更契約が締結されているかという点です。担保の解除，根抵当権極度額の減額等があった場合に，他の保証人・物上保証人の同意を取っているかの確認は重要です。とくに信用保証協会保証付貸出があるときは協会の同意は不可欠です。書式はP.80「［書式4］保証人加入脱退契約証書」。

　ついで第４に，預金・有価証券・商品などの担保の現物は差入証書どおり現存するかの確認，第５に対抗要件は正しく具備しているか，不動産の登記，有価証券の現物占有，株式譲渡・質入れの記載または記録，債権担保の確定日付・債権譲渡の登記，動産譲渡登記などです。最後第６に，火災保険の付保状況の調査・確認です。

（2）　対抗要件に関する法改正

　2005（平成17）年10月1日施行の「動産及び債権の譲渡の対抗要件に関する民法の特例等に関する法律（法律第148号）」により，法人が動産を譲渡した場合に，動産譲渡の登記制度が導入されました（動産債権譲渡特例3）。

また，2009（平成21）年1月5日から株券電子化が完全実施され，株式を担保に差し入れる場合には，金融機関口座への振替株式の譲渡の記載または記録（社債株式等振替140），または，振替株式の質入れの記載または記録（同法141）をすることにより，その効力が生じ，かつ，対抗要件を充足することとなりました。

3．保証の点検・確認

(1)　保証に特有な問題

　保証に特有な問題は，次の3点。

　まず，貸出申請書や保証内容と保証契約書類とが一致しているか，その後に変更があった場合に所定の変更契約がなされているか，の確認です。次に，保証意思確認記録が正しく記録されているかの確認，そして第3に，保証人の一部脱退があった場合に，他の保証人・担保提供者などの利害関係人の同意書を取っているか，の確認です。

(2)　改正民法と保証契約

　2005（平成17）年4月1日施行の民法の一部を改正する法律（法律第147号）は保証制度の改正を行い，①保証契約は書面でしなければ効力を生じない（民446②），②個人の貸金等債務を保証する貸金等根保証契約は極度額を定めなければならず（同法465の2②），③貸金等根保証契約に確定の制度を導入し（同法465の3，465の4），そして，④法人の根保証について求償権を制限します（同法465の5）。

　そして，2020年4月1日施行の改正民法（債権関係）は，従来の貸金等根保証契約（民465の2－465の5）を，個人根保証契約（改正民465の2－465の5）と事業に係る債務についての保証契約の特則（同法465の6－465の10）とします。

(3)　保証の変更に関する三つの契約書式

　保証人の変更に関する書式は，P.77「〔書式3〕保証極度額変更契約書」，

P.80「［書式4］保証人加入脱退契約証書」，及び，P.82「［書式5］保証人変更契約書」参照。

4．手形現物の点検・確認

　手形貸付の単名手形，割り引いた商業手形，担保に預かっている商業手形は，次の3点を確認します。

　まず，手形現物の残高・銘柄が貸出申請書及び手形預り元帳と一致しているか，確認します。次に，手形要件が完備しているか，の確認です。白地手形は，白地部分が補充されているか，とくに「振出日」「受取人」の補充に注意します。振出日の記載を欠く確定日払手形は無効です（手形1七，75六）。なお，「［事例5］振出日白地の手形」参照。そして第3に，支払期日に支払呈示していない手形のないこと，を確認します。

5．信用保証協会保証付貸出に特有な問題

　信用保証協会保証付貸出金は，短期に回収が確実視される債権ですが，その前提として，信用保証協会の保証が有効に成立し，かつ保証免責事由に該当しないことが要求されます。以下，①保証債務の不成立または消滅，②保証免責，そして，③免責になり得る事由について解説します。

（1）　保証債務の不成立または消滅

　保証債務の不成立または消滅となるのは，①保証日前に貸付や割引を行う「事前貸出」，②保証日の翌日から起算して30日を経過して貸付または割引を行う「信用保証書の有効期間経過後の貸出」，及び，③期限の利益の喪失日を含む期限後2年を経過した場合の「代位弁済請求権の消滅」の三つの場合です。

（2）　保証免責

　保証免責には次のものがあります。

①　1号免責—旧債償還　　信用保証協会保証付貸出金によって，金融

機関の既存の貸出金を弁済等消滅させた場合で，既存の貸出金には信用保証協会保証付貸出金も含みます。ただし，旧債振替金融機関と信用保証協会との信用保証取引約定書における旧債振替禁止条項に金融機関が違反した場合，その違反部分についてだけ保証債務は免責されます（最二小判平9・10.31民集51-9-4004）。

② 2号免責—保証条件違反　信用保証書に記載された条件と異なった内容の貸出を行った場合で，例えば，①貸出個別保証の場合に，保証金額を数回にわけて貸出を実行する「分割貸出」，②不動産その他の担保または連帯保証人を徴求する条件があるのに，その担保または保証人を徴求しなかったり，徴求方法に不備がある「担保・保証の不備」，③手形貸付で，期限を超えた期日の手形を徴求したり，期限の利益の喪失日を含む期限経過後に手形を書き替えた「手形期日の期限超過」，④貸出根保証または割引手形根保証の場合に，保証極度額を超えて貸出または割引をしたもの，があげられます。

③ 3号免責—故意または重過失による回収不能　貸出金等の債権の保全・管理に故意または重過失があり，それによって信用保証協会保証付貸出金の回収が不能となった場合で，例えば，①債務者または保証人等が破産，民事再生，会社更生，特別清算等の法的整理手続に入ったのに所定の債権届出を怠り，信用保証協会付債権を失権させた「債権届出洩れ」，②信用保証協会保証の条件となってはいないものの，金融機関が固有の債権を有しないか，または全額回収した場合に，保証付債権が残っているにもかかわらず，保証条件以外の担保を解除する「保証条件以外の担保の解除」，があげられます。

(3) 免責となり得る六つの事例

　免責になり得る事例を六つ紹介します。①担保手形または割引手形が不渡となった場合に，手形の決済，差替または買戻しをしないまま，根保証の枠空きを利用して新たな貸出または割引を行う「手形不渡後の根

保証の利用」，②既存の債権に延滞が発生しているのに，根保証の枠空きを利用して新たな貸出または割引を行う「延滞発生後の根保証の利用」，③貸出根保証の担保手形または手形割引保証の割引手形が契約不履行などの事由で不渡となり，支払金融機関に不渡異議申立提供金預託金が預託されたのに，それに仮差押をしない場合。ただし，支払金融機関の反対債権で相殺されることが明らかであるなど，信用保証協会が仮差押を不要と認めたときはその必要はない。④商業手形担保貸出の根保証または手形割引保証で，貸出実行の時点で，手形が融通手形であることを知りながら，担保徴求または割引を行う「融通手形の担保徴求または割引」，⑤根保証の担保手形または手形割引保証の割引手形の支払期日に支払呈示を怠る「担保手形・割引手形の未呈示」，⑥預金相殺にあたって，支払人口債権を信用保証協会保証付債権より優先させて自働債権として相殺を行う「支払人口債権と預金の相殺」，などがあげられます。ただし，②③⑥では，信用保証協会と協議し，特別の事情があるものとして信用保証協会がとくに認めた場合には，免責とはなりません。

　なお，これらのケースは，信用保証協会保証付きでないプロパー債権の管理にあたっても参考となるでしょう。

6. 仮差押・差押を受けている預金の管理

　債務者倒産の前後には，他の債権者から融資先の預金に仮差押・差押通知の送達を受けることがあります。その場合には，①仮差押・差押の対象となる預金を正しく特定すること，②陳述の催告がある場合には，2週間以内に陳述書を裁判所に提出すること（民執147，民保50⑤），③相殺または相殺予定の預金はその旨を陳述書に明記すること，に留意します。なお，（根）抵当不動産に対して差押があった場合の対応は，P.239「［資料27］競売手続図解」参照。

6. 債務関係人との面談と関係機関への連絡

Point

　債務関係人である債務者・保証人・物上保証人との面談にあたっては，①融資先の実態把握，②再建計画による弁済計画，及び，③担保差入れ交渉，に主眼を置きます。関係機関への連絡にあたっては，信用保証協会等の保証機関との折衝，及び，支払承諾取引における代位弁済手続を厳格に進めることが求められます。

1. 債務者との面談

(1) 一般的注意事項

　債務者との面談にあたっての一般的注意事項として，①できるだけ最高責任者を相手方とする，②金融機関は複数であたる，③融資先の実態把握，再建計画による弁済予定，及び，担保差入れ交渉に主眼を置く，④交渉記録を残す，があげられます。

　③融資先の実態把握，再建計画による弁済予定，及び，担保差入れ交渉については，節を改めて解説します。

(2) 融資先の実態把握

　融資先の実態把握のために聞き出すのは，次の6点。

　①業態悪化の原因　単に「売上不振」では不十分。いつから，どの商品が，なぜ，売上不振になったかと一歩踏み込んだ実態把握に努めます。その際，資金使途を究明することも業態悪化原因の解明に繋げる有力な武器となります。業態悪化原因の把握は，債権者としての金融機関にとって，今後の倒産予知・倒産時の対応を適格に進めていくためにも重要

な位置を占めます。

　②**資産・負債の状況**　提出された決算書から実態バランスを聞き出し，過去の決算書との照合を行います。資産勘定は時価に引き直して算出するとともに，その中に担保徴求・仮差押の対象となる資産の有無も念頭におきます。これは，償却や貸倒引当勘定に繰り入れる場合にも必要となることです。

　③**他の債権者の動向**　企業の再建には，債権者，主要な仕入先，販売先などの協力が鍵を握ります。融資先の業種も考慮し，再建の可能性を探るためにも，他の金融機関や信用保証協会との連携は一層重要な課題となっています。

　④**法的整理への移行の見通し**　融資先が破産等の法的整理手続に移行すると，倒産後はもちろんのこと，倒産前であっても担保提供行為が否認されることがあります（破産162①二）。その場合，担保の徴求は融資先以外の保証人などの財産を対象とせざるを得ません。また弁済そのものも否認の対象となります。法的整理手続への移行の有無は債権者にとって重大な関心事なのです。

　⑤**連鎖倒産の懸念**

　⑥**行方不明対策**　法人の代表者あるいは個人の貸出先が行方不明のときは，住民票を取るとともに，隣人・家主・アパート管理人・勤務先・家族・親戚などにあたり，所在を確かめます。行方不明に伴う不在者の調査と民法の規定，及び，金融機関の対応については，P.67「④行方不明」で解説しました。

(3)　再建計画による弁済予定

　弁済計画はマネーフローの面から，弁済が可能かどうかをチェックします。資金繰り計画を含んだ再建計画を聴取するとともに，担保処分についても，任意処分の意思の有無，その時期を聞き出します。事業価値があり（技術・ブランド・商圏・人材などの事業基盤があり，その事業

に収益性や将来性があること）, 重要な事業部門で営業収益を計上して
いるなども再建の可能性の判断にあたって役立つことです。そして出さ
れた再建計画の見通しを判断するにあたっては, 私的整理ガイドライン
のいう, ①原則3年以内の実質債務超過の解消, ②3年以内の経常黒字
化, ③増減資による株主責任の追求, ④モラルハザード防止のための経
営責任の追求, ⑤平等と衡平を旨とし, ⑥債権者にとっての経済的合理
性の確保, が参考になりましょう。

（4） 担保差入れ交渉

　債権回収に懸念があるときは, 担保差入れ交渉をしなければなりませ
ん。既存の担保に不備があるときは完全なものに補完します。具体的に
は次の3点に注意します。

　まず, ①売掛金等の債権担保は, 対抗要件を備えた債権譲渡を受けて
おきます。代理受領や振込指定では, 他の差押債権者等に対抗できませ
ん。②既存の不動産担保に余力があるときは, 根抵当権極度増額を交渉
します。登記留保扱いのもの, 仮登記のものは本登記に必要な書類を徴
求します。仮登記のままでは, 競売の申立てができず（民執181①三），
受けるべき配当金は供託される（同法91①五）からです。③家族名義
の資産があれば, 担保差入れを交渉するか, 保証人に徴求するよう折衝
します。

2．保証人・物上保証人との面談

　保証や担保提供意思を確認するためにも必ず面談し, 面談後は交渉記
録を残しておきます。保証人は連帯保証人が大多数で, その場合, 催告
の抗弁（民452）も検索の抗弁（同法453）もありません（同法454）。
直ちに責任全額を代位弁済するよう請求します。またその際, 保証人の
資産・負債を調査し, 担保差入れ交渉も忘れてはなりません。物上保証
人に対しては, 責任額について担保処分するとか, 別途資金によって早

期に代位弁済するよう請求します。

3．関係機関への報告・連絡と保証の代位弁済

（1）　関係機関への報告・連絡

　関係機関への報告・連絡も忘れてはなりません。どの段階で関係機関へ報告するかは倒産時の状況により異なります。実損が見込まれる場合には，関係機関への報告・連絡より，債務者との面談や債権保全を優先させるのは言うまでもありません。留意するのは，次の5点。前掲 P.88「［資料12］緊急時の対応一覧」参照。

　①営業店内部での連絡　債務者の業態悪化を察知したら，融資担当者は，課長や支店長へ報告しなければなりません。そのほか，融資課以外の他の課へ連絡します。とくに当座勘定の処理が急を要する課題となります。各種預金の支払停止措置をとらなければならないので預金課への連絡は不可欠です。支店長自ら陣頭指揮をとり営業店一丸となって対応する場面もありましょう。

　②本部への報告　倒産の事実を本部へ報告します。制定の業態悪化報告書を設けている金融機関が大多数でしょう。そこには，①会社内容等の債務者の概要，②取引開始の経緯，③業態悪化の原因，④再建計画と他の債権者の動向，⑤実態ベースでの資産負債の状況，⑥破産等の法的整理手続への移行の見通し，⑦連鎖倒産発生の懸念，⑧弁済計画，⑨与信額と担保・預金額との対比による実損発生の有無，⑩債権保全策，などを簡潔に記載します。

　③僚店への連絡　僚店に関係があることが判明した場合には，直ちに連絡しなければばりません。規模の大きい倒産では，本部から全営業店に連絡するのが普通であり，連絡するのは，①現在僚店で割引中の倒産会社振出の手形残高とその明細の報告依頼，及び今後僚店で倒産会社振出の手形を割り引くことのないよう注意喚起，②預金等があれば支払人口

債権として同行（庫・組）相殺の依頼　です。

　④**保証機関への連絡**　信用保証協会保証付貸出金がある場合には，信用保証協会宛「事故報告書」を提出します。住宅ローンのように保証会社の保証があるときは，保証会社宛てに報告します。

　⑤**委託金融機関等**　日本政策金融公庫代理貸付などがある場合には，日本政策金融公庫，その他の事業団宛に報告します。逆に金融機関が保証している先があれば，そこにも報告します。

（2）　支払承諾取引における保証の代位弁済

　金融機関が保証している取引，すなわち支払承諾取引がある場合には，金融機関は保証先に対して代位弁済をしなければなりません。代位弁済の時期や方法は，保証先と協議しながら進めますが，代位弁済にあたって金融機関は，事前に行うべき調査を尽くすとともに，代位弁済の手続を厳格に進めるよう心がけなければなりません。以下，解説します。

①　代位弁済にあたって調査すべき事項

　代位弁済にあたって調査すべきは，次の3点。

a. **保証先の相殺対象債務の有無**　まず，保証先の相殺対象債務の有無について調査します。つまり金融機関が保証した保証先がその債務者（＝金融機関の取引先）に対して債務を負担していないか調査します。負担しているときは，保証先に対して相殺するよう依頼します。その分代位弁済額が減縮します。

b. **担保等の有無**　次に担保の有無を調査します。つまり金融機関が保証した保証先が設定を受けている担保があるか調査します。普通抵当権のように被保証債務だけを担保している特定担保権はもちろん，根抵当権のような根担保でも，保証履行に伴う代位弁済によって担保の移転を受けることができるからです。ただし，根抵当権については，代位弁済前に確定していることが必要であり（民398の7①），保証履行に応じた後，速やかに代位の付記登記を行います（不登4②）。

c.　保証人の有無　そして，保証人の有無の調査です。金融機関が保証した保証先の債権を被保証債務とする保証人の有無を調査します。その保証人が自行（庫・組）の保証人とはなっていなくても，保証を履行した金融機関はその保証人に対して求償権を持つからです（民456）。もっとも，その保証人に求償できる範囲は，代位弁済額のうちの自己の負担部分を超える金額に限られます（同法465）。

②　代位弁済手続手続を厳格に

a.　代位弁済の手続　保証履行に伴う代位弁済手続に遺漏のないよう，手続は厳格に進めます。具体的には，次の①ないし④の手順を踏みます。①代位弁済と引換えに，保証先が所持している債権証書を受領するとともに（民487，503），代位弁済金の受取書を徴求します（同法486）。→②保証先に差入れてある保証書を回収する。→③保証先に担保がある場合には，担保の移転を受ける（同法503），その際（根）抵当権について代位弁済を原因とする移転登記を失念しないこと。→④債務者への通知。

b.　必要な債務者への通知　民法は，保証人は代位弁済に伴い債務者に対して，代位弁済する旨の事前と事後の通知を求めます（民463，443）。このうち，代位弁済する旨の事前の通知は（同法443①，463），支払承諾約定書ではしなくてもよいことになっています（支払承諾約定書6）。約定書を徴求していない先には，代位弁済の事前の通知をしなければなりません。代位弁済の事後の通知は，支払承諾約定書の徴求の有無にかかわらず，必ず行わなければなりません（民443②，463）。

　なお，2020年4月1日施行の改正民法（債権関係）463条は，通知を怠った保証人の求償の制限等に関して規定しましたが，金融実務は従来と変わりありません。

7. 債権の保全

Point

　融資先・保証人以外の第三者から回収ができれば，保全にゆとり
が生じます。そこで，担保・保証等による回収ができないときに備
えて，売掛金の追求，商手支払人の追求と，追求手段としての仮差
押えと仮処分について解説します。

1. 売掛金の追求

　商品売買契約に基づく売掛代金債権のほかに，建築工事請負契約に基
づく請負代金債権を含む，いわゆる売掛金の追求は，債権回収の有力な
手段の一つです。早い者勝ちともなりかねないので迅速に対応します。
また債務者及び第三債務者（売掛先）の協力が得られるかどうかによっ
て対応が異なる点にも留意します。ここでは，売掛金の調査・特定とそ
の追求方法とに分けてみていきましょう。

(1) 売掛金の調査と特定

① 調査の必要性－売掛金の問題点

　売掛金を追求することは融資先の営業収入から債権回収を図ることと
なり望ましいことですが，①売掛金は日々の営業活動から生じるもので
あるから変動が激しく，債権の特定が困難であること，②売買（民
555），請負（同法632）などの双務契約から生じるものであるから，売
掛金債権に同時履行の抗弁（同法533），相殺（同法505）等の各種抗弁
権が付着していることが多く，不安定な債権であること，③売掛先であ
る第三債務者の支払能力がその価値を左右すること，そして，④譲渡禁
止の特約がなされている場合があること（同法466③）などの問題を含

んでいます。したがって，売掛金の追求にあたっては，これらの点を調査し明らかにすることから始めなければなりません。

　なお，2020年4月1日施行の改正民法（債権関係）は，譲渡制限の特約ある債権が譲渡されたとき，債務者にその債権の全額を供託することを認め（民466の2），そして，譲渡制限の特約は「譲渡制限の意思表示がされた債権に対する強制執行をした差押債権者に対しては，適用しない」と規定しました（同法466の4）。

② **調査の手法**

　売掛金の発生源である契約書を確認するのが最善の策です。契約書等によって売掛金の金額・支払時期・支払方法とくに手形が振り出されているかなどを調査し，あわせて契約の履行状況も確認します。債権執行の差押命令あるいは仮差押命令の申立書には，第三債務者の氏名または名称及び住所を記載するほか，差し押さえるべき債権の種類及び額その他の債権を特定するに足りる事項を明らかにしなければなりません（民執規133，民保規19）。このことは担保に取る場合も同様であり，少なくとも，売掛先名，売掛金の具体的内容，売掛金額が特定されていなければなりません。⇒P.128「[資料15] 売掛金の記載例」参照。

　これらを融資先から聴取できない場合には，①同業者，販売先，仕入先から情報を集める，②当座勘定元超，伝票，割引手形明細表，決算報告書，を調査することになりましょう。売掛先が自行（庫・組）の取引先なら，取引店を通じて売掛金の内容を把握していくことも可能でしょう。

[資料 15]　売掛金の記載例

項番	記　　　　載　　　　例
例 1	2020 年 10 月 10 日現在株式会社乙山商店に対して有する建築資材売掛金債権金　10,000,000 円
例 2	株式会社乙山商店に対して有する 2020 年 10 月 1 日から同年 12 月 31 日までに売り渡したパーソナルコンピューター売掛金 10,000,000 円

(2)　売掛金追求の方法

　売掛金追求方法には，債務者あるいは第三債務者の協力度合いによって，①承諾方式による譲渡担保または質，②代理受領・振込指定，③通知方式による譲渡担保または質，④債権譲渡の登記，⑤債権者代位権の行使，及び，⑥仮差押・差押えの六つがあります。

[資料 16]　売掛金追求の方法

項番	債務者の協力	第三債務者の協力	追求方法	根　　拠
1	得られる	得られる	承諾方式譲渡担保または質	民 364，467
2	々	々	代理受領・振込指定	民 643，判例
3	々	得られない	通知方式譲渡担保または質	民 364，467
4	々	々	債権譲渡登記	譲渡特例 4
5	得られない	得られる	債権者代位権の行使	民 423
6	々	得られない	仮差押えまたは差押え	民 執 143，民 保 50

[資料17]　「承諾」方式譲渡担保

```
金 融 機 関←―←―←―←―売掛金譲渡契約→→→→→→→貸 出 先
（債 権 者）                                （債 務 者）
  ↑←―←―←承 諾←―←―←支 払 人　　売掛金債権
                    （第三債務者）
```

① 「承諾」方式譲渡担保または質

　a　承諾方式の譲渡担保

ア　担保取得の手順

　売掛金を承諾方式で譲渡担保にとるには，債務者と第三債務者双方の協力が必要です。担保権設定契約の当事者と承諾の関係は，前掲「[資料17]「承諾」方式譲渡担保」を参照。

担保取得の手順は，債務者融資先から売掛代金債権担保差入証書［書式13］を徴求することにより売掛金譲渡契約を締結するとともに，あわせて徴求した債権譲渡承諾依頼書［書式14］に第三債務者支払人の債権譲渡についての承諾を求め（同法467①），かつ，承諾書に確定日付を徴し第三債務者対抗要件を備えます（同条②）。

イ．承諾方式の利点

　承諾方式譲渡担保が後掲「通知方式譲渡担保」よりすぐれているのは，第三債務者支払人の承諾は，①売掛金の存在とその特定を確認するための最善の手段であり，②第三債務者支払人からの相殺等による売掛金消滅の抗弁を封じる手段ともなり，そして，③債務者融資先と第三債務者支払人との間に譲渡禁止特約がある場合に（民466②），その特約を解除する意味となっている，からです。

　なお，2020年4月1日施行の改正民法（債権関係）は，「異議をとどめない承諾の制度」（改正前民法468①）を廃止しました。この結果，債務者から抗弁権放棄の意思表示を得ない限り，譲受人は，譲渡人に対

売掛代金債権担保差入証書

2020 年 10 月 10 日

株式会社　東西銀行　殿

債務者　　　東京都中央区丸の内 1 丁目 1 番 1 号
担保権設定者　株式会社　甲野商会
代表取締役　甲野太郎　印

担保権設定者

（物上保証人）

　担保権設定者（以下，「設定者」という）は，債務者が別に差し入れた銀行取引約定書第 1 条に規定する取引によって貴行に対して現在及び将来負担するいっさいの債務の根担保として，前記銀行取引約定書の各条項のほか，下記の約定を承認のうえ，設定者が乙山物産株式会社に対して有する下記売掛代金債権を貴行に譲渡しました。[注 1]

売掛代金債権の表示

2020 年 10 月 10 日現在のパーソナルコンピューター売掛代金債権

金 1，234，567 円

１．貴行において，上記代金債権取立のうえは，債務者の債務の期限のいかんにかかわらず，ただちに債務の弁済に充当されても異議ありません。

２．上記代金債権取立については貴行に協力し，取立てに要した費用はいっさい設定者が負担します。

３．納入物品について不良品または検査不合格，その他により上記受領代金に不足の生じるおそれのあるときは，ただちに貴行に通知し，その指示に従い，代り金または追加担保を差し入れます。

[注 1] 特定債務の場合には，次の例にならって適宜修正。「担保権設定者（以下，「設定者」という）は，債務者が 00 年 00 月 00 日付金銭消費貸借契約に基づき貴行に対して負担する債務金 1,234,567 円及びそれに附帯するいっさいの債務の担保として，債務者が別に差し入れた銀行取引約定書及び上記金銭消費貸借契約証書の各条項のほかに下記の約定を承認のうえ，設定者が乙山物産株式会社に対して有する下記売掛代金債権を貴行に譲渡しました。」

[書式 14]　債権譲渡承諾依頼書

債　権　譲　渡　承　諾　依　頼　書

2020 年 10 月 10 日

債務者　乙山物産株式会社殿　　　　　東京都中央区丸の内 1 丁目 1 番 1 号

譲渡人　株式会社　甲野商会

代表取締役　甲野太郎　印

東京都千代田区内幸町 1 丁目 1 番 1 号

譲受人　株式会社　東西銀行南北支店

支店長　東西南北　印

　譲渡人は，譲受人株式会社東西銀行に対して現在及び将来負担するいっさいの債務を担保するため［注 1］，貴社に対して有する下記代金債権を 2020 年 10 月 10 日譲受人に譲渡いたしましたのでご承諾ください。ついては，今後，下記債権についてはすべて，株式会社東西銀行南北支店へ直接お支払いくださるよう，連署をもってご依頼いたします。

代金債権の表示

2020 年 10 月 10 日現在のパーソナルコンピューター売掛代金債権

金１，２３４，５６７円

　上記債権譲渡を異議なく承諾します。

2020 年 10 月 10 日　　　　　　　東京都港区六本木 1 丁目 1 番 1 号

　　確定　　　　　　　　　　　　　乙山物産　株式会社

　　日付　　　　　　　　　　　　　代表取締役　乙山二郎　印

［注 1］特定債務用の場合には，「譲渡人は，債務者株式会社甲野商会が譲受人株式会社東西銀行に別に差し入れた 00 年 00 月 00 日付金銭消費貸借契約証書に基づき負担する債務金 1,234,567 円及びそれに附帯するいっさいの債務を担保するため」と適宜修正。

抗し得る事由（抗弁）を対抗されることになりました。

　b　質権に特有な問題

　売掛金を譲渡担保の方式で担保に取っている場合には，金融機関はす

でに売掛金の債権者ですから，売掛金債権を直接取り立てることができます。一方，質権設定の方式でも，金融機関は，質権の目的である売掛金債権を直接に取り立てることができますが（民366①），ただ，その債権額に対応する部分に限り，これを取り立てることができ（同条②），かつ，売掛金債権の弁済期が貸付債権の弁済期前に到来したときは，第三債務者にその弁済すべき金額を供託させることができるにとどまります（同条③）。しかし，この規定は任意規定と解されていますから，質権方式を取る場合には，①債権の残高いかんにかかわらず金融機関は直接受領できること，及び，②債権の弁済期到来前でも直接受領できること，の2点を担保差入証に明記し，かつ，質権設定承諾請求書にもその旨を付記しておくのが実務に適した対応です。具体的には，「貴行（庫・組）において，上記債権を取立てのうえは，債務者の期限のいかんにかかわらず，ただちに債務の弁済に充当されても異議ありません」の規定を置くことになりましょう。その他の点は，対抗要件を含めて，譲渡担保によるのと同様です（同法364，467）。

② 代理受領と振込指定

a 代理受領

ア．代理受領の意義

　代理受領とは，①債務者融資先が第三債務者支払人に対して有する売掛金債権につき，債権者金融機関が代わって取立・受領する旨を合意し，②第三債務者支払人はその合意につき承諾を与え，債権者金融機関に弁済すれば，③債権者金融機関はそれを債務者融資先に対する債権の回収にあてる，という形式の担保です。官公庁取引にみられるように，目的債権に当初から譲渡・質入禁止の特約がある場合や，第三債務者が取引の相手方の変更を望まない場合などに利用されています。

イ．代理受領の効力

　代理受領の効力について判例は，債権担保としての意義を有する代理

受領を承認した第三債務者が，その債務を本来の債務者に支払った場合には，第三債務者に対してその債権自体の侵害による不法行為責任を追求することはできる（民709）といいます（最一小判昭61・11・20集民149-141）。

ウ．代理受領の方式

　代理受領には，債務者融資先と第三債務者支払人双方の協力が必要であり，代理受領の委任状には，それが達成しようとする目的は債権の担保であることを明記するとともに，あわせて①債権者金融機関の同意なくして解除できないこと，②弁済の受領は債権者金融機関だけが行うこと，③重ねて第三者に委任しないこと，が約定されています。

　後掲「［書式15］代理受領委任状」及び「［書式16］代理受領第三債務者の承諾書」参照。

[書式15] 代理受領委任状

委　任　状

2020 年 10 月 10 日

株式会社　東西銀行　殿

東京都中央区丸の内 1 丁目 1 番 1 号
株式会社　甲野商会
代表取締役　甲野太郎　印

　株式会社甲野商会（以下「委任者」という）は，株式会社東西銀行南北支店支店長東西南北（以下「受任者」という）を代理人と定め，次の件を委任します。

1．委任者が乙山物産株式会社に対して有する後記記載債権について，その請求，弁済の受領［注 1］に関する一切の件

2．復代理人選任の件

債　権　の　表　示

　2020 年 10 月 10 日現在のパーソナルコンピューター売掛代金債権
金 1，2 3 4，5 6 7 円

［注 1］ただちに取り立てることができない債権について代理受領方式をとる場合には，第三債務者の承諾を徴すること。

［書式16］　代理受領第三債務者の承諾書

委　任　状

2020年10月10日

乙山物産株式会社　殿

東京都中央区丸の内1丁目1番1号
株式会社　甲野商会
代表取締役　甲野太郎　印
東京都千代田区内幸町1丁目1番1号
株式会社　東西銀行南北支店
支店長　東西南北　印

　株式会社甲野商会（以下「委任者」という）は，株式会社東西銀行南北支店支店長東西南北（以下「受任者」という）を代理人と定め，次の件を委任します。
1．委任者が　乙山物産株式会社に対して有する下記売掛代金債権について，その請求，弁済の受領［注1］に関する一切の件
2．復代理人選任の件
　なお，本件委任は，委任者が別に差し入れた銀行取引約定書第1条に規定する取引によって受任者に対し現在及び将来負担するいっさいの債務［注2］を担保するためであるので，あわせて次の事項を特約しています。
(1)　委任者は受任者の同意なしに，本件委任を解除しないこと。
(2)　弁済の受領は受任者だけが行い，委任者は受領しないこと。
(3)　本件委任の事項を受任者以外の者に重ねて委任しないこと。
売掛代金債権の表示
2020年10月10日現在のパーソナルコンピューター売掛代金債権
　　　　金1,234,567円
　上記委任をご承認のうえ，代金の支払は受任者に対してのみお支払いくださるよう，連署をもってお願いします。［注3］
　上記の件，異議なく承諾します。
　2020年10月10日
　確定
　日付

東京都港区六本木1丁目1番1号
乙山物産　株式会社
代表取締役　乙山二郎　印

［注1］代理受領対象債権の支払方法が手形・小切手の場合は，この箇所に「当該債権が手形・小切手で支払われるときは，その取立権限も含めて」の文言を追加

する。

［注2］特定債務用の場合には，「‥‥ 委任者が00年00月00日付金銭消費貸借契約証書に基づき，貴行に対して負担する債務金1,000,000円及びそれに附帯するいっさいの債務 ‥‥」と適宜修正。

［注3］代理受領対象債権の支払方法が振込指定の場合は，この箇所に「なお，お振込の際は株式会社東西銀行南北支店支店長宛直接お振込みくださいますようお願いいたします」の文言を追加する。

エ．代理受領の限界

ただ弁済受領前に，対象売掛金が第三者から差し押さえられると差押債権者に対抗できないのではないか，債務者融資先が法的整理手続に移行すると相殺禁止の規定に抵触するのではないか（破産71，民再93の2，会更49の2，会社518），との懸念がもたれます。また，代理受領対象の売掛金を債務者融資先の運転資金等に充てる場合であっても，一度債権者金融機関が受領したうえで解放することとし，直接債務者融資先に受け取らせてはなりません（最一小判昭43・6・20金法522-27）。

　b　振込指定に特有な問題

振込指定は，債務者（融資先）が第三債務者（支払人）に対して有する金銭債権の支払方法を債権者（金融機関）の本支店にある債務者の預金口座への振込に限定し，金融機関がその振込金を受働債権として貸付債権を自働債権とする相殺により債権保全を図ろうとするものです。代理受領とは異なり，債権者金融機関が積極的に取立権を行使するものではありませんが，担保目的であることを明示のうえ，対象債権の履行方法を限定することについて第三債務者の承認を得て行う点で代理受領と極めて類似しています。判例には，振込指定の変更には金融機関の承諾を得るなどの一定の要件を満たす振込指定は，代理受領と同等の効果を認めようとするものがあります（最一小判昭58・4・14金融商事判例699-30）。

③　「通知」方式譲渡担保または質

　売掛金の譲渡について債務者の協力は得られるが，第三債務者の協力が得られないときに利用されます。債務者融資先から売掛金譲渡担保差入証書を徴求することにより売掛金譲渡契約を締結するとともに，第三債務者の承諾に代えて，債務者貸出先から第三債務者支払人に対して内容証明郵便で債権譲渡通知を発信することにより第三者対抗要件を備えておきます（民467①②）。その後金融機関は第三債務者に代金支払を請求します。担保権設定契約の当事者と通知の関係は，「［資料18］「通知」方式譲渡担保」の通りです。承諾方式譲渡担保より劣る点については「①ａイ承諾方式の利点」を，また通知方式質については「①ｂ質権に特有な問題」を参照してください。

［資料18］　「通知」方式譲渡担保

```
金　融　機　関←←←←←←売掛金譲渡契約→→→→→→→→→貸　出　先
（債　権　者）                                    （債　務　者）
              支　払　人←←←←通　　知←←←←↓
              （第三債務者）
```

④　債権譲渡の登記

　債権譲渡登記は法人がする金銭債権の譲渡につき（動産債権譲渡特例4①），民法の定める対抗要件のほかに，登記による対抗要件を備える制度で，その骨子は次の3点。

ａ　登記申請と登記事項の開示方法

　債権譲渡登記は，譲渡人と譲受人の申請により，債権譲渡登記ファイルに，動産債権譲渡特例法8条2項に定める，①譲渡人・譲受人の商号または名称及び本店または主たる事務所，外国にあるときは日本の営業所，譲受人が個人のときは氏名と住所，登記番号，登記年月日，②債権譲渡登記の登記原因及びその日付，③既に発生した債権のみを対象とするときは譲渡債権の総額（将来の債権が含まれると，債権総額は登記事項

ではない点に注意），④譲渡債権の特定に必要な事項で法務省令で定めるもの（将来債権の譲渡は債務者が特定しなくても登記できる），⑤債権譲渡登記の存続期間，その期間は，譲渡債権の債務者のすべてが特定している場合は50年（同法8③一），それ以外の場合は10年（同条同項二）を超えることができない，の各事項を記録することにより行います。

　債権譲渡登記ファイルに記録されている登記事項の概要を証明した「登記事項概要証明書」の交付は誰でも請求できますが（同法11①），ファイルに登記されている事項を証明した「登記事項証明書」の交付は，譲渡人とその使用人または譲受人及び譲渡債権の債務者等の利害関係人に限って請求できます（同条②）。

b　譲受人相互の優劣

　債権譲渡登記ファイルに譲渡の登記がされたときは，当該債権の債務者以外の第三者については，民法467条の規定による確定日付のある証書による通知があったものとみなし，この場合当該登記の日付をもって確定日付としました（動産債権譲渡特例4①）。指名債権が二重に譲渡された場合，譲受人相互の優劣は確定日付のある通知が債務者に到達した日時または確定日付ある債務者の承諾の日時の先後によって決すべきであり，この理は，債権の譲受人と同一債権に対し仮差押命令の執行をした者との間でも異なることはありません（最二小判昭49·3·7民28-2-174）。そこで，登記年月日にくわえて「登記の時刻」が債権譲渡登記ファイルに記載され（同法規則9①六），登記事項概要証明書及び登記事項事項証明書にも記載されるので（同法11①②），債権譲渡登記が競合した場合でも優劣関係を判断できるのです。

c　債務者保護規定

　債務者は，対抗要件具備時までに譲渡人に対して生じた事由をもって譲受人に対抗することができます（民468①）。そこで債権譲渡登記に

おいても，譲渡人または譲受人が当該債権の債務者に登記事項証明書を交付して通知をし，または債務者が承諾したときに限り，民法第468条第1項を適用し，債務者はこの通知を受けるまでに譲渡人に対して生じた事由を譲受人に対抗することができるとしました（動産債権譲渡特例4②③）。

⑤　**債権者代位権**

　売掛金の譲渡について第三債務者の協力は得られるが，債務者の協力が得られないときに利用されます。債権者は，自己の債権を保全するため，必要があるときは，債務者に属する権利を行使することができます（民423①）。これを債権者代位権といい，債権者金融機関はこの権利を行使して，直接に第三債務者支払人から売掛金を受領しようとするものです。具体的には，①債権者代位権の依頼書［書式17］により第三債務者支払人の協力を依頼する，②第三債務者支払人が支払ったときは，売掛金を受領する，③受領後は債務者融資先に対する債権を自働債権とし，融資先に対する売掛金返還債務を受働債権とする相殺により債権を回収します。なお相殺通知書の受働債権としては「当行（庫・組）が債権者代位権の行使により丙川商事株式会社から受領した金員の返還債務」と記載します。

　対象売掛金が第三者から差し押さえられると差押債権者に対抗できないのではないか，債務者融資先が法的整理手続に移行すると相殺禁止の規定に抵触するのではないか（破産71，民再93の2，会更49の2，会社518），との懸念がもたれるのは，代理受領におけるのと同様です。P.136「エ代理受領の限界」参照。

[書式 17]　債権者代位権による売掛金追求のための依頼書

依　　頼　　書

2020 年 10 月 10 日

乙山物産株式会社　殿

東京都千代田区内幸町 1 丁目 1 番 1 号
株式会社　東西銀行南北支店
支店長　東西南北　印

　当行は，株式会社甲野商会　に対し，すでに弁済期が到来している金10,000,000 円の債権を有しておりますので，貴社が同社に対して現在負担している下記債務について，民法第４２３条の定める債権者代位権を行使したいと存じます。

　つきましては，下記債務全額を当行に直接お支払いくださいますよう，お願い申し上げます。

　なお，本件に関して後日同社または第三者から異議が出ました場合には，当行が責任をもって善処し，貴社にはご迷惑をおかけしないことを確約いたします。

記

2020 年 10 月 10 日現在のパーソナルコンピューター売掛代金債権

金１，２３４，５６７円

⑥　仮差押

　債務者の協力が得られず，かつ，第三債務者の協力も得られないとき。売掛金債権の仮差押えにより保全を図ります。「P.149 3 仮差押・仮処分による保全」で解説。

（3）　特殊な代金債権担保とその問題点

　売掛金のうち売買代金や建築工事請負代金など，一般的な代金債権について説明しましたが，ここで特殊な売掛金について解説します。それは①入居保証金・建設協力金，②ゴルフ会員権，及び，③診療報酬債権の三つ。

①　入居保証金・建設協力金

　a　調査・確認すべき 3 点

　譲渡担保とすることも可能ですが，一般に質権設定の方法がとられています。担保取得に特殊な点は次の3点。

　第一は，入居保証金・建設協力金の弁済期が長期に渡る点で，ビル所有者と入居者間の賃貸借契約の内容，とくに入居者の退去時期と退去理由とを確認します。第二に，質権者金融機関の取立可能金額を明確にする点で，入居保証金・建設協力金から一般に差し引かれるものとしては，延滞賃料・未払共益費用・撤去費用・原状回復費用・違約金等があげられ，質権設定額から差し引かれる金額が賃貸借契約どおりであることを確認しなければなりません。第三は，ビル所有権が第三者に移転した場合であり，新所有者に入居保証金・建設協力金の返還を請求することができるかが問題となります。

b　ビル所有権の移転

　この点について判例は，そのビル所有権を取得した新賃貸人は旧賃貸人の上記保証金返還債務を承継しない，としました（最一小判昭51・3・4民集30-2-25）。すると，ビル入居者が，入居保証金の対象ビルの区分所有権に入居保証金返還請求権を被担保債権とする抵当権の設定を受け，そのうえで，入居保証金に質権または譲渡担保権を取得した金融機関が，その抵当権に転抵当権の設定を受けて（民376①）保全を図ることになりましょう。

②　ゴルフクラブ会員権

a　担保取得と担保権実行の方法

　ゴルフクラブ会員権の制度には，社員会員制，株主会員制，預託会員制の三つがありますが，預託会員制が大多数です。預託会員制ゴルフクラブ会員権は，預託金返還請求権とゴルフ場施設の優先利用権・会費納入義務等が包含されたゴルフ会社と会員との契約上の地位であり（最三小判昭50・7・25民集29-6-1147），発行される預託金証書は単なる証拠証券として扱われています。担保取得の方法は，譲渡担保が一般的であり，

担保権の実行方法は，あらかじめ取っておいた名義書替に必要な書類を使って会員権を第三者に売却する方法によります。

　b　担保権実行をめぐる問題点

　担保権の実行に際しては名義書替料等の手数料に気をつけなければなりません。譲渡担保権の実行により第三者に直接名義書替ができればよいのですが，とりあえず金融機関に名義を移し，その後第三者に譲渡・売却すると，再び名義書替料等の手数料が必要となるからです。とくに，金融機関にする旨の債務名義に基づいてゴルフクラブ会員権を差し押さえる場合には，このような事態になるのを回避できるようゴルフ場の理解を求めるのが適当です。

　なお，会則に定めた預託金の据置期間が到来しその返還請求を巡るトラブルが散見されますが，判例は，いわゆる預託金会員の組織であるゴルフクラブは権利義務の主体となる社団としての実績を有しないから，ゴルフクラブの会則に基づいて理事会の決議により会員とゴルフ場を経営する会社との間の契約で定められた預託金の据置期間を延長することはできない，と理事会による据置期間延長の効力を否定します（最一小判昭 61・9・11 集民 148・481）。

③　診療報酬債権

　a　診療報酬債権とは

　診療報酬債権とは，医師が不特定多数の患者に対して診察した場合に，診療報酬支払義務者である患者に代わって支払を担当する社会保険診療報酬支払基金または国民保険団体連合会（以下，「基金等」という）から支払を受ける社会保険診療報酬債権，つまり，基金等から毎月末までに支払われる前々月に診察した分の診療報酬債権をさします。安定した診療を継続していれば，月々に基金等から支払われる報酬も安定しており，基金等の支払能力に問題もないので，医師との金融取引に適した優良な担保といえましょう。この診療報酬債権は，医師の基金等に対する

指名債権であり，かつ，将来の債権である点に特色を持ちます。

　b　担保取得

　担保取得の方法として，従来，代理受領または振込指定によっていたのですが，1978（昭和53）年12月，最高裁判所は将来の診療報酬債権の譲渡を認めました（最二小判昭53・12・15集民125-839）。さらに，1999（平成11）年1月最高裁判（最三小判平11・1・29集民53-1-151）は，将来8年3箇月（ただし，争いになったのは契約から6年8箇月）にわたって発生すべき医師の診療報酬債権の譲渡の有効性を認めた画期的なものです。このことは売掛金についてもいえることで，ある部分の売掛金について，将来相当長期間にわたって発生する売掛金を担保とすることも可能となりました。

　なお，2020年4月1日施行の改正民法（債権関係）は，「債権の譲渡は，その意思表示の時に債権が現に発生していることを要しない」と将来債権の譲渡を認め（民466の6①），その効果として，「債権が譲渡された場合において，その意思表示の時に債権が現に発生していないときは，譲受人は，発生した債権を当然に取得する」（同条②）と規定します。医師の診療報酬などの担保に取るのがその例であるのは言うまでもありません。

2．商手支払人の追求

　商手の振出人・引受人等の支払人や裏書人に対しても，債務者に対するのと同様に追求しなければなりません。

(1)　商手・担保商手が不渡になった場合

　商手・担保商手が不渡になった場合には，①支払拒絶通知の手続，②「契約不履行」による不渡，及び，③「財産保全中」による不渡，の3点に留意します。

　まず，商手・担保商手が不渡になった場合には，直ちに支払人に対し

て支払を督促します。中間裏書人・為替手形の引受人に対しても，手形期日に次ぐ4取引日以内に文書で支払拒絶の通知をします（手45①，77①四）。この通知を怠り生じた損害，例えば不渡を知らずに振出人がさらに信用を与えたなどがあるときは，手形金額の範囲内で賠償責任を負うことになるからです（手45⑥，77①四）。あわせて支払人，裏書人等の資産調査も不可欠です。

　商手・担保商手が「契約不履行」で不渡になった場合には，手形支払金融機関に預託されている不渡異議申立提供金預託金が有力な回収財源となります。その際，まず，和解による回収をめざします。商手・担保商手の支払人と交渉し，善意の第三者である割引金融機関等には対抗できないことを説得します。場合によっては手形訴訟・強制執行も辞さないとの対応も忘れてはなりません。和解できない場合には，仮差押えを検討します。とくに信用保証協会保証付貸出金があるときは，原則として，仮差押えをしなければならないので注意します。「P.118（3）免責となり得る六つの事例」参照。そして，破産等の法的整理手続に伴う「財産保全中」で不渡になった場合には，債権届出期日までに債権届出を行い，法的整理手続による回収を図ります。商手・担保商手の支払人のみならず，中間裏書人も法的整理手続に入った場合には，支払人のみならず裏書人に対しても債権届出を行い，手形金額に満つるまで両者から配当を受けることができます（破産104）。

（2）　手形のジャンプ

①　割引依頼人・商手担保提供者との関係

　商手・担保商手の振出人等から手形の分割払い，つまり手形ジャンプの申出があっても，割引依頼人や商手担保提供者に買戻能力があれば，割引依頼人等に買戻しをさせたうえ，あとは割引依頼人等と振出人等との間で解決すればよいことになります。割引金融機関が関与することではありません。しかし，①割引依頼人が倒産し，買戻能力がなく，その

手形が決済されないと，金融機関に実損が出る「割引依頼人の倒産」，②担保不動産が見合いとなっていて，実損は免れるものの担保処分に時間と労力がかかる「回収長期化」，そして，③割引依頼人や担保商手提供者が破産等の法的整理手続に入って，買戻しをすると否認される懸念がある，このようなケースでは関与せざるを得ません。振出人等から回収を図らざるを得ないことになります。

②　実務の流れ

　振出人等からの手形ジャンプに応じると決した場合には，次の５段階の手続を踏みます。

ａ．**金融機関内部での申請手続とその承認**　手形ジャンプは新たな貸出ではありませんが，与信行為に準じて自行（庫・組）内での申請手続とその承認を必要とする例が多いでしょう。

ｂ．**債務承認及び分割弁済契約証書の締結**　振出人，保証人，割引依頼人及び連帯保証人などと「[書式18]債務承認及び分割弁済契約証書」を締結します。そこには，①手形債務の承認，②手形の依頼返却，③分割弁済に関する事項，④期限の利益の喪失に関する事項，などを記載します。③には，金利に関する事項が含まれます。

[書式18]　債務承認及び分割弁済契約証書

債務承認及び分割弁済契約証書

2020年10月10日

株式会社　東西銀行　殿

　　　　　　　　　　　　住所

　　　　　　　　　　　　　　　手形振出人（甲）株式会社　○　○

　　　　　　　　　　　　　　　　　代表取締役　○○○○　㊞

　　　　　　　　　　　　住所

　　　　　　　　　　　　　　　保　証　人（乙）株式会社　○　○

　　　　　　　　　　　　　　　　　代表取締役　○○○○　㊞

```
                                住所
                        割引依頼人（丙）株式会社　○　○
                              代表取締役　○○○○　印
                                住所
                        連帯保証人（丁）株式会社　○　○
                              代表取締役　○○○○　印
```

第1条（承認）
　　甲は，下記約束手形を丙宛振出し交付し，かつ，本手形は裏書により貴行に譲渡せられ，貴行が本手形の所持人であることを認める。

記

```
        約束手形の表示
            額　　　面　　　金　○○○○円
            満　期　日　　○年○月○日
            支　払　地　　東京都○○区
            支払場所　　　○○銀行○○支店
            振　出　日　　○年○月○日
            振　出　地　　東京都○○区
            振　出　人　　株式会社　○　○
            受取人兼第一裏書人　　　株式会社　○　○
            被裏書人　　　株式会社　東西銀行
```

第2条（依頼返却）
　前条手形は，甲において満期日にこれを決済すべきところ，甲の資金繰り上の都合により，貴行において満期日にいったんこれを支払呈示したうえ，依頼返却の手続をとるよう依頼する。

第3条
　　乙は，甲の第1条手形債務に保証加入し，同条の手形面に保証の署名を行う［注1］。

第4条（弁済）
　　第2条により貴行が第1条の手形を依頼返却されたうえは，甲は本手形債務を次の方法により支払う。

①　元　金
　○年○月○日より○年○月まで，毎月末日限り金○○○円宛分割して支払う。

② 利息金

前①による割賦弁済のつど，その弁済日まで年〇％の割合で計算した既経過利息金を支払う。

第5条（支払手段としての手形振出）

甲は，本契約成立と同時に，前条による支払の手段として，同条①②による弁済日を満期日とし，その弁済日に弁済すべき元金及び利息金の合計額を額面金額とする約束手形〇通を振出し，乙がこれに保証の署名をなしたうえ［注2］，これを貴行に交付する。

第6条（期限の利益喪失）

甲乙のいずれかについて下記各号の一つにでも該当したときは，貴行の通知・催告を要せず当然に期限の利益を失い，第1条の手形債務の残額全部を即時一括して貴行に支払う。

① 甲乙ガ第4条の弁済を期日に履行しないとき。

② 支払の停止，破産手続開始，民事再生手続開始，会社更生手続開始，特別清算手続開始の申立てがあったとき。

③ 手形交換所の取引停止処分を受けたとき。

④ 仮差押・差押もしくは競売手続開始があったとき，または保全差押があったとき。

⑤ 背信的な行方不明があったとき。

第7条（損害金）

甲乙が期限の利益を喪失したときは，弁済すべき元金に対する年〇％の割合による損害金を支払う。

第8条（手形の交付）

甲は第1条の手形債務を甲以外の第三者が弁済したとき，同手形及び第5条の手形をその第三者に交付されても異議の申立てをしない。

第9条（割引依頼人，保証人の責任）

第1条の手形買戻債務者丙，及びその連帯保証人丁は，本契約の各条項を異議なく認め，別に差し入れた〇年〇月〇日付銀行取引約定書に基づき貴行に対し負担するいっさいの債務について，甲乙による本契約債務履行の有無にかかわらず，貴行の請求ありしだい即時一括して弁済する義務があることを認める。　　　　　　　　　　　　　　　　　　　　　以　上

［注1］保証人（乙）を徴求しない場合には，第3条は不要。以下各条の乙は不要。

［注2］保証人（乙）を徴求しない場合には，この部分を削除する。

ｃ．分割弁済手形の徴求　いわゆる子手形の徴求です。

ｄ．割引手形の処理　割り引いた手形いわゆる親手形は「依頼返却」とし，裏書人等への遡求通知を発信します。なお，返却された手形は留め置きます。

ｅ．債権保全の検討　振出人等から担保を徴求するなどの債権保全を検討します。手形ジャンプは手形法に規定はなく，各当事者の利害関係を調整するものです。分割手形や担保の徴求ができないこともありますが，割引金融機関の置かれた立場で最善の策を講じることです。

③　手形ジャンプの三つの方法

　手形ジャンプには，①手形の期日そのもを変更する，②手形期日を変更した新しい手形を徴求する，③手形外で延期契約を締結する，の三つの方法が考えられます。，①手形期日の変更は，手形関係人全員の同意を要する点に問題があります。同意をしなかった者との関係では手形の変造になり，その者に対しては変更の効力を生じません（手69,77①七）。一般に取られているのが②と③とを併せた方法です。それは，「債務承認及び分割弁済契約証書」と分割弁済の手段，あるいは，担保となる「手形」を徴求することです。ところで，②手形ジャンプ契約の締結に際し，割引依頼人・保証人の同意を得ておかなければなりません。同意なしでした場合に，割引依頼人・保証人に対する手形の買戻しを認めると，買戻しに応じた割引依頼人・保証人は直ちに振出人等に手形金額の支払を請求することになり，この結果，振出人等からすれば手形ジャンプをした実益がなくなってしまうからです。また振出人等から金融機関に対して契約違反の責任を追求してくることもあり得ましょう。

④　ジャンプ手形の処理

　ジャンプに応じた商手・担保商手は，依頼返却したうえ，金融機関に留めおきます。そして，次の点に留意します。

ａ．依頼返却による遡求権の保全　振出人等から手形ジャンプの申出があ

るのは，不渡処分を免れるためです。一方，割引金融機関は遡求権を保全するため手形の呈示が必要です（手38，77①三）。そこで一般には，金融機関は手形を交換呈示したうえ依頼返却を行います。依頼返却により遡求権が保全されるのは判例も認めるところです（最二小判昭32・7・19民集11-7-1297）。

ｂ．手形の留め置き　分割弁済の子手形を徴求しても，割り引いた親手形を返却してはなりません。子手形が決済されるまでの間，両手形を併存させ，支払の担保として親手形を保持しなければなりません。親手形を返却すると，新旧手形の同一性が失われると主張される余地があり，後日，法的整理手続に入ると，新手形による相殺禁止，根抵当権が確定しているとして新手形が担保されない，との主張がなされる懸念が残るからです。

⑤　手形ジャンプの留意点

　最後に，手形ジャンプに応じる際に留意する点をまとめると，次の６点となりましょう。それは，①振出人等に分割弁済ができる体力があるかどうかを判断する，②期間を短期に，かつ初回が多額になるような分割弁済に努める，③振出人等から担保・保証を徴求するよう努める，④分割手形を徴求する，⑤利息を徴求する，そして，⑥割引依頼人・保証人の同意を得る，の６点です。

３．仮差押・仮処分による保全
（1）　保全処分とは

　保全処分とは，強制執行するまでの間に債務者が財産の隠匿・逃亡・頻雑な転居などにより強制執行を困難にし，あるいは，不能にすることを防ぐ目的でつくられた制度で，一時的に債務者の財産を確保する手続（保全措置）です。このような保全措置には民事保全法に規定されている仮差押と仮処分とがあり，両者を総称して保全処分といいます。

(2) 仮差押による保全措置

仮差押命令は，金銭の支払を目的とする債権について，強制執行をすることができなくなるおそれがあるとき，または強制執行をするのに著しい困難を生じるおそれがあるときに発することができ（民保20①），また，この債権が条件付または期限付である場合においても，発することができます（同条②）。

① 仮差押の意義・効力・目的物

判決等の債務名義を取得し強制執行に着手するまでの間に，債務者等の財産隠匿・逃亡・頻雑な転居などにより，せっかく債務名義を得ても，執行不能または著しく困難ににするおそれが生じる場合，一時債務者等の財産を確保して，こうした危険を予防し，強制執行を可能にしようとする制度です。これは，仮差押命令を発する仮差押訴訟手続と仮差押命令を債務名義として行う仮差押執行手続とに分かれますが，ともに民事保全法（平成1年法91号）に規定されています。

仮差押の効力は担保権と異なり，先に仮差押をした債権者に優先弁済権が与えられるものではありませんが，ただ仮差押をした後の担保権の設定や所有権の移転は，仮差押債権者に対抗することはできませんので，その意味では抵当権より強い効力を持つともいえましょう。また督促の一手段として用い，金融機関の強い意思を示す目的で利用されることもあります。仮差押の目的物件には，不動産，動産，債権があり，動産には船舶，自動車，建設機械，航空機など動産でありながら登記・登録の制度のあるものを含みます。このほか，無体財産権・鉱業権・漁業権・採掘権と手形・小切手・倉荷証券・株券などの有価証券があります。

② 仮差押の申立にあたって検討すべき事項

仮差押の申立てにあたって検討すべきは，融資先の法的整理手続に入る懸念はないか，及び，仮差押の請求債権額をいくらにするか，つまり，仮差押の実効性の2点。

　融資先が破産等の法的整理手続に移行すると，仮差押の手続は中止命令の対象となり，その仮差押は失効します（破産 42，民再 39，会更 50，会社 515）。融資先が法的整理手続に入る可能性が高いときは，保証人の資産が仮差押の対象となります。

　仮差押請求債権の額は，金融機関のポジション割れの額と仮差押対象物件の回収見込額から割り出します。過大な請求権は費用倒れとなります。裁判費用，弁護士報酬，仮差押えに続く債務名義取得のための訴訟の提起，取得した債務名義に基づく強制執行申立費用も勘案しなければなりません。回収見込額についてですが，不動産仮差押は（民保 47）その価値・権利付着状況からみて余力があること，動産仮差押は（同法 49）その種類・保管場所・価値からみて仮差押に適すること，債権仮差押えは（同法 50）仮差押債権の特定，第三債務者の支払能力，かつ，第三債務者から相殺等の抗弁の有無を検討することになりましょう。

③　仮差押の手続

　仮差押は，仮差押命令を発する仮差押申請手続（民保 20）と，仮差押命令を受けて行う仮差押の執行手続（同法 47）とからなります。

a　仮差押の申立

　仮差押の申立は，金融機関の代理人である弁護士が（注）仮差押申請書等の書類を，仮差押を執行する物が存在する場所を管轄する地方裁判所または本案を管轄する裁判所に提出します。その際，裁判所の定めた金額（保証金）を供託する必要があります（民保 14 ①）。また，その対象が債権のときには第三債務者に対する陳述の催告を申し立てます（同法 50 ⑤，民執 147）。

（注）民事執行法第 2 章第 2 節第 4 款第 2 目の規定による少額債権執行の手続であって，請求の価額が裁判所法第 33 条第 1 項第 1 号に定める額（140 万円）を超えないものについては，司法書士でも仮差押の申請をすることができます。

b　準備する書面等

仮差押を申し立てるにあたって準備する書類等は，次のとおり。

ア．債務者，保証人，手形支払人等仮差押をすべき相手方である仮差押債務者の登記事項証明書（商登10，法人の場合）または住民票（個人の場合）　1通

イ．第三債務者がある場合には，その登記事項証明書（商登10，法人の場合）または住民票（個人の場合）　1通

ウ．不動産の仮差押の場合には，その不動産登記事項証明書（不登119）及び固定資産税課税台帳登録証明書（評価証明書）　各1通

エ．弁護士宛委任状　　2通（仮差押用と供託用）

オ．金融機関の商業登記事項証明書　　2通（仮差押用と供託用）

カ．請求債権証書原本

キ．報告書（仮差押が必要である旨を記載した報告書で，担当者から営業店長宛のものが一般的）

c　仮差押の裁判

仮差押の申請の裁判は，仮差押決定に異議が申し立てられたときなどを除き，口頭弁論は開かれません。仮差押命令の申請書には，請求被保全権利の表示と金額及び仮差押の理由となる事実（必要性を基礎づける事実の表示）を記載します。被保全権利の存在の疎明方法は，債権証書，手形等であり，仮差押えの必要性の疎明は，仮差押債権者である金融機関の行（庫・組）員，あるいは，第三者の報告書が利用されています。

d　保証金の供託

仮差押命令申請事件は，債務者を審尋しないで発するのが大多数です。その反面，債権者に保証を立てさせて不正防止の担保としています（民保4）。

(3)　不動産に対する仮差押

①　不動産の仮差押

　不動産に対する仮差押は，不動産の所有権の処分を禁止する仮差押の登記をする方法と，不動産の収益を確保する強制管理の方法による仮差押，これらを併用する方法がありますが（民保47①），一般には，不動産の所有権の処分を禁止するだけの仮差押が多く利用されています。

　不動産に対する仮差押は，仮差押の登記をする方法により行いますから（民保47①②③），まず対象不動産を特定しなければなりません。不動産とは土地及びその定着物をいい（民86①），土地の定着物に建物が含まれます。このほか，民事保全法上，不動産とみなされるものに地上権，永小作権とこれらの共有持分権があり，その他，工場財団，鉱業財団，漁業財団，道路交通財団，観光施設財団，港湾運送事業財団などがあります。

② **不動産仮差押の登記**

　仮差押命令が発せられると，仮差押命令を発した裁判所書記官は，直ちに不動産の所在地を管轄する登記所に対し，仮差押決定正本及び登記嘱託書を送付して，仮差押命令を登記記録に記入することを嘱託します（民保47③）。仮差押の登記には，受付番号・登記原因・債権者の表示がなされるのみで，債権額の表示はありません。未登記の不動産については，登記官はまず表示登記をし，次に登記用紙の権利部に所有者の氏名・住所・嘱託登記であることの記載をします。不動産の仮差押の効力については，「［事例14］相続の放棄と相続財産の仮差押の効力」で解説します。

(4)　債権に対する仮差押

① **債権の仮差押**

　債権に対する仮差押も不動産仮差押と基本的に異なるものではありません。仮差押の実効性を検討するにあたっては，とくに第三債務者の支払能力，及び，第三債務者による反対債権によって相殺される可能性の有無を考慮する必要があります。申立手続，必要書類と保証金などは，

不動産仮差押とほぼ同様です。140万円を超えない少額債権執行手続は，司法書士も仮差押の申請ができるのも不動産におけるのと同様です。

　ただ，債権仮差押の場合には，第三債務者の登記事項証明書（商登10，法人の場合）または住民票（個人の場合）が必要となります。そして，債権仮差押の執行は，第三債務者に対して債権者（金融機関の債務者）への弁済を禁止する命令を発する方法により行います（民保50①）。債権の仮差押命令申請には，執行の申立てとなる債権を特定しますので，仮差押命令の申請を受けた裁判所は，第三債務者を審尋しないで仮差押命令を発すると同時に，職権で仮差押命令を第三債務者及び債務者に送付します。

②　第三債務者の陳述義務

　債権の仮差押を申請した場合には，仮差押債権者は，仮差押の目的となっている債権の存否を確認するために，第三債務者に仮差押命令が送達した時より2週間内に書面で陳述をさせるよう執行裁判所に申し立てることができます（民保50⑤，民執147①）。陳述させる内容は，①仮差押に係る債権の存否，並びにその債権が存在するときはその種類及び額（金銭債権以外の債権にあっては，その内容），②弁済意思の有無及び弁済する範囲または弁済しない理由，③当該債権について仮差押債権者に優先する権利を有する者があるときは，その者の氏名または名称及び住所並びにその権利の種類及び優先する範囲，④当該債権に対する他の差押または仮差押の有無，これらの執行されているときは，その事件の表示・債権者の氏名または名称及び住所，送達年月日並びにこれらの執行がされた範囲，⑤当該債権に対する滞納処分による差押の有無，並びに差押がされているときは，当該差押をした徴収職員等の属する庁その他の事務所の名称及び所在，債権差押通知書の送達の年月日並びに差押がされた範囲，です（民執規135）。裁判所からこの債権認否の陳述の催告を受けた第三債務者が，仮差押命令の送達した時より2週間以内

に債権存否の陳述を怠ったり，不実の陳述をしたときは，これによって生じた損害につき賠償の責任を負います（民保50⑤，民執147②）。

(5) 動産に対する仮差押

仮差押の対象となる動産は，土地及びその定着物以外の物，及び，無記名債権です（民86②）。なお，2020年4月1日施行の改正民法（債権関係）は，「無記名債権は，動産とみなす」との改正前民法86条3項を削除し，「不動産以外の物は，すべて動産とする」（民86②）と改正しました。仮差押命令は，特定の物について発しなければなりませんが，ただし，動産の仮差押命令は，目的物を特定しないで発することができます（民保21但書）。可動性があり個々に特定することが難しいからですが，実務では保全の必要性の判断の際にも必要な事項であることから，ある程度特定を要求することが多いようです。債務者が占有する有体動産は，すべて債務者所有の動産とみなされ，差押禁止動産を除くすべての動産が執行の対象となります。仮差押は，これらの動産を執行官が占有することによって効力を生じます。緊急売却の制度があるのは後掲「[事例15]動産仮差押と緊急売却・季節商品の仮差押え」参照。動産仮差押の申立てにあたっても，その実効性を検討すること，裁判所の管轄，申立ての方法，必要書類，保証金などは不動産仮差押えとほぼ同様です。

(6) 仮差押の取下げ

仮差押の段階で相手方との折合いがつくのはもとより債権者の望むところです。先方から仮差押の取下げの依頼があったときは，①申出弁済額，②仮差押取下げの時期，及び，③保証金の取戻し，について順次検討することになります。

まず，弁済額の妥当性については，売掛金等の代金債権仮差押えの取下げの場合には，仮差押対象金額と第三債務者の反対債権からみた弁済金額の妥当性を，動産・不動産の仮差押の取下げの場合には，時価と先

順位担保権からみた弁済金額の妥当性を，それぞれ検討します。次に，仮差押の取下げの時期については，弁済金額受領後の取下げであれば問題ありません。預金・売掛金等の仮差押では，取下げの先行を余儀なくされることがあります。その際は，債務者と第三債務者（支払人等）の支払意思を確実に確認するか，または対象債権の譲渡を受けておくなどの配慮が必要となります。

　最後第三に，仮差押申立てに際し供託した保証金を取り戻さなければなりません。そのためには仮差押債務者の同意を得たうえで取下げることになります。

(7)　仮処分による保全措置

　仮処分は，直接の請求権のない者の資産に対して行われることが多いが，それは債務者融資先，保証人，手形支払人等の資産に対しては仮差押えが可能であり，仮処分をする必要がないからです。金融取引で利用される仮処分はおおむね次の三つ。

①　処分禁止の仮処分

　不動産に対する権利についての登記（仮登記を除く）を請求する権利（「登記請求権」という）を保全するための処分禁止の仮処分の執行は，処分禁止の登記をする方法により行い（民保53①），不動産に関する所有権以外の権利の保存，設定または変更についての登記請求権を保全するための処分禁止の仮処分の執行は，前項の処分禁止の登記とともに，仮処分による仮登記（「保全仮登記」という）をする方法により行います(同条②)。例えば，不動産に抵当権を設定する契約をしておきながら，設定登記手続に協力しない場合に，抵当権の効力と順位を保全するために行われるもので，抵当権の順位保全の仮処分といわれています。また，倒産直前の債務者が自宅を第三者に贈与した場合などに，債権者金融機関が詐害行為取消訴訟（民424）を起こす前提として，その第三者に対してこの処分禁止の仮処分を行う例などがあげられます。

②　仮登記仮処分

　裁判所は，仮登記の登記権利者の申立てにより，仮登記を命じる処分をすることができます（不登108①）。金融機関がこの申立てをするときは，仮登記の原因となる事実を疎明しなければならず（同条②），この申立事件は，不動産の所在地を管轄する地方裁判所に専属します（同条③）。例えば，①目的不動産が特定されていて，②仮登記原因が明確にされている契約書があり，③印鑑証明書がある，などの疎明方法が整っている場合に，この仮処分により抵当権の順位を保全することができます。

③　売却のための保全処分

　債務者または不動産の占有者が，不動産の価格を減少させる行為をするとき，またはそのおそれがあるときに，これらの行為を禁止させるための仮処分です（民執55）。建物の所有者が，抵当権者の承諾を得ずに，建物を取り壊し，新しい建物を建築する行為は，不動産の価格を減少させる行為としてこの保全処分の対象となるのがその例です。この仮処分は，競売の申立てをした差押債権者に認められるものです。従来は対象が「債務者」ないし「不動産の占有者」と限られていましたが，2004（平成16）年4月1日施行の民事執行法の改正により，相手方を特定することを困難とする特別の事情があるときは，執行裁判所は，相手方を特定しないで，これを発することができることとなりました（同法55の2）。

4．物上代位権に基づく賃料の差押

　民法304条1項は，「先取特権は，その目的物の売却，賃貸，滅失又は損傷によって債務者が受けるべき金銭その他の物に対しても，行使することができる。ただし，先取特権者は，その払渡しまたは引渡しの前に差押えをしなければならない。」と規定しており，この規定は抵当権に準用されており（民372），これを抵当権による物上代位による差押

といいます。テナントビルに抵当権の設定を受けている債権者は，ビル所有者である債務者が延滞に陥った場合，テナントビルについて抵当権の実行としての競売の申立てをすることができるのは当然ですが，あわせて，抵当権による物上代位に基づいて，このテナント賃料の差押をすることができます。

　そこで，ビル所有者である債務者は，賃料債権を他に譲渡し，あるいは，ビルそのものを他に譲渡して，物上代位権の行使を排除しようとする動きが出てきました。これに対する二つの最高裁判所の判例を紹介します。まず，抵当権者の物上代位権の行使と目的債権の譲渡について，「抵当権者は，物上代位の目的である債権が第三者に譲渡され，その対抗要件が備えられた後であっても，自らその債権を差し押さえて物上代位権を行使することができる」といい（最二小判平10・1・30民集52-1-1)，次に，建物の賃料差押後の建物譲受人について，「建物の賃料債権の差押の効力が発生した後に，建物が譲渡され賃貸人の地位が譲受人に移転したとしても，譲受人は，建物の賃料債権を取得したことを差押債権者に対抗することはできない」としました（最三小判平10・3・24民集52-2-399)。

8．貸出債権等の調査と分類

Point

　　緊急時の最後には，貸出債権等を再度調査し，貸出債権の分類を行います。これで対応は概ね終了となります。なお, 融資先が突然, 破産等の法的整理手続の申立てを行うこともあります。その対応は，「第3章3法的整理手続への対応」を参照してください。

1．貸出債権等の調査

　貸出債権預金等の調査の具体的手法は，①自行（庫・組）債権の調査，②預金等の調査，③担保の再評価，④占有物の調査，及び，⑤保証履行の請求，の手順を踏みます。

（1）　自行（庫・組）債権の調査

　自行（庫・組）債権の調査にあたっては，①計理科目別に洩れなく与信残高の調査，②破綻した融資先が保証人または手形支払人となっている自行（庫・組）債権の有無と金額，③支払承諾先の延滞利息を含む債権額，④元本だけでなく利息，割引料，手数料，立替費用，当座過振利息，遅延損害金の有無と金額，⑤債務者だけでなく保証人，関係会社，役員，家族，従業員等への貸出金の有無と金額，を調査します。

　この調査は全店規模で行います。僚店が破綻先の振り出した約束手形を割り引いている場合には，その手形債権も自行（庫・組）債権です。僚店の割引により取得した債権を手形支払人口債権といい，相殺の自働債権となるのは言うまでもありません。⇒ P.225「（10）相殺権の濫用」参照。

（2）　預金等の調査

債権回収にあたって，まず手をつけるのは相殺であり，それには預金，不渡異議申立提供金預託金などの自行（庫・組）債務の調査は欠かせません。具体的には，①融資先及び保証人の預金を計理科目別に洩れなく調査しますが，その際，工場，支店，営業店などの預金が僚店に存在するかの有無と金額（僚店預金は同行相殺の有力な原資です），②別段預金，仮受金の内容の調査，③預金の成立時点の調査と，支払停止後に預入された預金の選別，④不渡異議申立提供金預託金の有無と金額，⑤家族名義預金のうち，真の預金者が融資先であるものはないか，そして，⑥該当する預金等に「注意コード」を設定して，支払禁止の処理をします。なお，③について，預金者が破産等の法的整理手続に移行すると，支払停止または破産等の申立てを知った後に預入された預金との相殺は，原則として禁止となります（破産71など）。

(3)　担保の再評価

①　担保共通

　緊急時に担保を再評価する目的は，担保物件を処分することを前提として，処分が即可能な状態にあるか，現存での処分価格はいくらになるかを調査し確認することにあります。それは具体的には，①貸出申請書記載の担保価値が維持されているか，現時点での評価額，②対抗要件の具備と，順位の保全，③担保権を否認されることはないか，④担保提供意思確認に疎漏はないか，の4点を調査確認します。

②　不動産担保

　不動産担保の再評価は，最終的な回収見込担保価格を算出することを目的とするもので，そのためには，①登記事項証明書，②対象不動産の現況，及び，③対象不動産の利用状況，の調査を行わなければなりません。

a　登記事項証明書の調査

　最新の登記事項証明書を調査し（不登119），担保権の種類と額，そ

の順位が正しく登記されているのを確認します。

　登記留保扱いや仮登記の抵当権（根抵当権を含む。以下本節で同じ）は，直ちに本登記に持ち込まなければなりません。前者は，対抗要件を備えておらず，第三者に抵当権の効力を主張できません。後者の仮登記は，順位保全の効力はありますが（同法106），そのままでは競売の申立てができず（民執181①三），また，受け取るべき配当金は供託されます（同法91①五）。

　順位については，先順位のみならず，後順位の担保権付着状況の調査も欠かせません。後順位に高利業者などの巨額な担保権が付着することによって，債務者の再建が困難なことが判明するケースもあるからです。詳細は「P.25（3）資産内容の調査−不動産登記は信用調査の宝庫」及び「［事例1］新規取引時の所有不動産調査の重要性」で解説。なお，税債権の差押えがあるときは，自行（庫・組）対抗要件具備の日が法定納期等に遅れると，担保権が劣後します。なお，同日のときは，担保権が優先します（国税徴収15，16）

　b　対象不動産の所有状況など現況調査

　抵当不動産の所有権が第三者に移転した場合には，第三取得者からの抵当権消滅請求に留意します（民379）。2004（平成16年4月1日施行の改正民法で滌除に代わるものとして導入されたもので，抵当権消滅請求できる者は抵当不動産につき所有権を取得した第三者に限定するとともに（同法379），抵当権消滅請求できるのは抵当権実行としての競売による差押えの効力発生前に限るとし（同法382），そして，抵当権者はあらかじめ第三取得者に抵当権実行を通知することなく抵当権を実行することができ（旧民381廃止），また第三取得者から抵当権消滅請求を受けたときでも，増加競売ではなく通常の競売申立ができることとなりました。

　担保物件の現況を調査し，それが担保権設定契約時のものと同一であ

ることを確認します。年月の経過により多少の変化は避けられませんが，例えば，更地であったところに建物が建てられたり，担保に取っていた建物が取り壊されたり，増改築がなされたりしていないかを調査します。原型を留めない大掛かりな増築がなされると抵当権の効力は及びません。

c 対象不動産の利用状況

担保不動産の利用者が当初契約時と同じであることを確認します。第三者に占拠されたり，賃借権の登記がなされていないかも確認しましょう。借地上の建物を担保に取っている場合には，地代の支払状況を確認することも重要です。万一，それが支払われていない場合には，直ちに担保権者である金融機関が担保提供者に代わって支払い，不動産競売申立を行うと同時に，地代の代払いの許可を申し立てることを検討します（民執 56）。

その他の不動産再評価・処分時の留意点は，後掲「［資料 19］不動産評価時の留意点」を参照してください。

[資料19]　不動産評価時の留意点

項番	評　価　時　の　留　意　点
1	評価に際して不動産鑑定が必要なのは　→　無税償却する場合
2	更地に抵当権の設定を受けた後，そこに第三者名義の建物が建てられた ①土地の抵当権は建物に及ばない　　　　　　　　　　民法370条 ②土地とともに建物の競売申立はできるが，配当は土地のみ 　　　　　　　　　　　　　　　　　　　　　　　　　民法389条 ③法定地上権は成立せず，土地買受人は建物の撤去を請求できる 　　　　　　　　　　　　　　　　　　　　　　　　　民法388条
3	土地とともに徴求した建物が取り壊された ①建物の抵当権は消滅 ⑥建物が再築されない限り法定地上権は成立しない　　民法388条
4	抵当建物の増改築　→　増築部分に及ぶが改築部分に及ばず　　判例
5	区分所有建物の隔壁除去　不動産登記法49条 →　抵当権は消滅せず，旧2棟の価値の割合に応じた持分を目的として存続
6	借地上の建物の担保取得と地代の滞納 ①借地契約を解除されたら古材価格 ④地代代払いの制度　　　　　　　　　　　　　　　民事執行法56条
7	仮登記抵当権を本登記しないと ①競売申立ができない　　　　　　　　　民事執行法181条①三 ⑥競売配当金は供託　　　　　　　　　　民事執行法　91条①五
8	土地と建物を共同担保としていたところ，他の債権者が建物だけ競売申立 ①底地が残る ⑦底地について競売申立を検討する
9	競売開始決定と根抵当権の関係 ①2週間が経過すると確定　　　　　　　398条の20①三 ②自ら申立をしたときは即時確定　　　　398条の20①一

(4)　占有物の調査

①　商事留置権と銀取４条

　貸出債権が弁済期にある場合において，債務者所有の有価証券などを金融機関が占有しているときは，金融機関は商法の定める商事留置権を主張することができ（商521），銀行取引約定書等の基本取引約定書に基づいて取立てや処分をすることができます（銀取４④）。どのような占有物があるか，それは何時資金化するかなどを調査・確認します。金融機関が占有するのは，代金取立手形・小切手，貸金庫の内容物，保護者預り債券，開封保護預りとして寄託された動産などがあります。代金取立手形と貸金庫の内容物の取扱いについて検討しましょう。

②　代金取立手形

　代金取立手形の取扱いについては，債務者に破産申立があった場合でも，代金取立手形の取立代り金は，手形期日が破産手続開始決定後のものも含めて貸出金に充当できることとなりました。再生手続においても同様です。⇒「P.219（8）法的整理手続と相殺」参照。

③　貸金庫の内容物

　貸金庫の内容物について，金融機関が商事留置権を主張することができるかについては，従来は，利用者が単独で占有しており，金融機関に占有はないと解するのが多数説で，金融機関は商事留置権を主張することができないと解されていました。ところが，最二小判平11・11・29（民集53-8-1926）が「貸金庫契約上の内容物引渡請求権を差し押さえる方法により，強制執行をすることができる。貸金庫契約上の内容物引渡請求権についての取立訴訟においては，差押債権者は，貸金庫を特定して貸金庫契約が締結されていることを立証すれば足り，貸金庫内の個々の動産を特定してその存在を立証する必要はない」としました。このため金融機関は，貸金庫の内容物についても商事留置権を主張することがで

きるのではないかが新たな問題となっています。この問題は，いまだ議論が尽くされておらず，今後の判例・学説の集積が待たれます。

(5)　保証履行の請求

　保証人別に資力・信用を調査し，代位弁済可能な金額を確認するとともに，信用保証協会や有力企業に対しては，直ちに保証履行を求めるよう行動を開始します。

2.　自行（庫・組）債権の分類

(1)　貸出債権の分類

　与信・受信の両面の調査を終えたら，貸出金等の債権を分類します。金融機関の自己責任により資産内容の実態を反映した財務諸表を作成するにあたって，企業会計原則などに基づいた適正な償却や引当をするための準備作業として行うものです。それは，回収可能金額や回収不能金額を把握し，今後の回収業務を進めるうえでの展望を持つためであるのは言うまでもありません。自己査定である以上，金融機関によって手法等に異なる部分があるので，自行（庫・組）の分類基準をよく確認しておいてください。

　貸出金の分類方法は，①債務者の財務状況，資金繰り，収益力等により返済能力を判定して，債務者について，その状況等により区分を行い，②次に資金使途等の内容を個別に検討し，③さらに担保や保証等の状況を勘案のうえ，分類を行うものとする，とされています。

(2)　債務者区分

　具体的には，まずすべての与信先を信用力に対応して「正常先」「要注意先」「破綻懸念先」「実質破綻先」及び「破綻先」の五つの段階に区分します。この五つの区分を債務者区分といいます。「［資料20］貸出債権の分類基準－債務者区分」参照。

[資料20]　貸出先の分類基準－債務者区分

項番	債務者区分	債 務 者 の 状 態
1	正常先	業況が良好であり，かつ，業務内容にも特段の問題がない先。
2	要注意先 ［要管理先］	金利減免・棚上げを行っているなど貸出条件に問題ある債務者。［３カ月以上延滞債権，貸出条件緩和債権］
3	破綻懸念先	経営難の状態にあり，今後，経営破綻に陥る可能性が大きい先。
4	実質破綻先	法的・形式的な経営破綻の事実は発生していないが，実質破綻先。
5	破綻先	法的・形式的な経営破綻の事実が発生している先。

(3)　分類区分

　次に正常先以外の与信先への債権について，個々の債権の回収可能性，価値の毀損の危険性の度合いに応じて非分類，Ⅱ～Ⅳ分類の四つの段階に区分します。その内容は「［資料21］自己査定の分類区分」のとおり。

[資料21]　自己査定の分類区分

項番	分類区分	債 権 の 内 容
1	第Ⅰ分類	確実で全然問題のない先。
2	第Ⅱ分類	債権保全上の諸条件が満足に満たされていないため，あるいは信用上疑義が存在する等の理由により，その回収について通常の度合いを超えていると判定されるその他の資産。
3	第Ⅲ分類	最終の回収または価値について重大な危険があり，従って損失の発生が見込まれるが，現在その損失額が確定しえない債権。
4	第Ⅳ分類	回収不能または無価値な資産。

督促・回収・整理の実務

第3章

1. 督促の実務

Point

督促の実務については，督促の相手方，督促の方法，及び，督促手段としての法的手続の利用，の順で解説を進めます。

1. 督促の相手方

貸付債権の事故は延滞によって表面化します。延滞が発生したら直ちに督促しなければなりません。そのためには，まず誰に督促するか督促の相手方を決めます。債務の弁済は第三者もすることができます（民474①）。主たる債務者のほか保証人，連帯債務者がいればそれらの者にも請求でき，割引手形や担保手形があれば手形関係人にも請求できます。契約の当事者でなくても，会社の役員としての責任，使用者責任，第二会社としての責任など，法律によって一定の責任を負担している者もいます。督促の相手方はできるだけ広くすることが必要です。融資先からの回収のみに専念し，他の者への請求を失念し，後回しにすることのないよう留意します。相手方は，「［資料22］督促の相手方」を参照してください。

[資料22]　督促の相手方

項番	相　　手　　方	根　　拠
1	債務関係人 ①債務者 ②保証人 ②手形振出人・裏書人・引受人 ④物上保証人	民法 414,415 条 民 446 手形 32 条 手形 9,15,28 条 民 342,351,369 条
2	法律による履行責任者 （会社役員） ①役員等の第三者に対する損害賠償責任 ②役員等の株式会社に対する損害賠償責任 ③責任追求等の訴（役員等の株主に対する損 　害賠償責任 ④持分会社の社員の責任 ⑤理事 （商号の譲渡・許諾に伴う責任） ①自己の商号の使用を他人に許諾した会社の 　責任（名板貸） ③譲渡会社の商号を使用した譲受会社の責任 （商号の続用） ④譲受会社による債務の引き受け（引受の広 　告）	会社法 429 条 会社法 423 条 会社法 847 条 会社法 580 条 一般法人 78 条 会社法 9 条 会社法 22 条 会社法 23 条
3	使用者責任	民法 715 条
4	法人格の否認	判　　例
5	詐害行為の受益者・転得者	民法 424 条
6	保険制度	保険法

（1）　債務関係人

①　債務者（＝融資先）

　債権者（金融機関）に直接に金銭その他の債務を負う者を債務者とい

います。融資先のことです。証書貸付・手形貸付の借受人，商手の割引依頼人，当座勘定借越先，支払承諾取引先などで，特殊の例として連帯債務者があります。重畳的債務引受があった場合，原債務者と債務引受人との間に連帯債務関係が生じ（最一小判昭 41·12·20 民集 20-10-2139），債権者は連帯債務者の一人に対し，または同時に若しくは順次にすべての連帯債務者に対し，全部または一部の履行を請求をすることができます（民 436）。ただ，債権の種類により請求の方法に多少の相違があり，また，支払承諾取引先に対する債権は保証人としての求償権（同法 459）ないし事前求償権（同法 460）です。

　なお，2020 年 4 月 1 日施行の改正民法（債権関係）は，連帯債権（民 432 − 435 の 2）と連帯債務（同法 436 − 445）について規定を設け，債務の引受け（同法 470 − 472 の 4）を新設しましたが，金融実務に変わりはありません。

② **保証人**

　主たる債務者がその債務を履行しないときに，その履行をする責任を負う者（民 446 ①）。保証債務は，主たる債務に関する利息，違約金，損害賠償その他その債務に従たるすべてのものを包含しますが（同法 447 ①），保証人の負担が債務の目的または態様において主たる債務より重いときは，これを主たる債務の限度に減縮します（同法 448 ①）。

　a　**個人根保証契約**

　2005（平成 17）年 4 月施行の改正民法（平成 16 年法律第 147 号）は，保証契約は書面でしなければその効力を生じないとするとともに（民 446 ②），新たに貸金等根保証の制度を導入しました（同法 465 の 2）。金融機関の中小企業融資の個人保証がこの典型なのは言うまでもありません。

　貸金等根保証契約は，保証人の責任が過度にならないようにするため，①極度額，②元本確定期日，及び，③元本確定事由の制度を定めます。

極度額を定めなければ貸金等根保証契約はその効力を生じず（同条②），極度額を定めた書面でしなければ，その効力を生じません（同条③）。元本確定期日と元本確定事由は，P.77「(2) 個人根保証の確定」で解説しました。

　そして，2020 年 4 月 1 日施行の改正民法（債権関係）は，「貸金等根保証契約」を「個人根保証契約」とし（改正民 465 の 2 - 465 の 5），「事業に係る債務についての保証契約の特則」（同法 465 の 6 - 465 の 10）を追加しました。詳細は，P.78「(3) 2020 年施行改正民法と保証契約」で解説しました。

　b　連帯保証

　融資取引における保証人は連帯保証人でなければなりません（民 458，商 511）。それはこの保証人は，債権者からの履行請求に対して「まず主たる債務者に催告すべき旨を請求する」催告の抗弁も（民 452），また「まず主たる債務者の財産について執行せよ」との検索の抗弁（同法 453）も共になく（同法 454），金融機関は保証人に対しても，その順番にとらわれることなく，同時に若しくは順次に，全部または一部の履行を請求することができるからです（同法 458）。

③　手形関係人

　a　請求できる手形関係人

　割引手形，担保手形の所持人として金融機関は，原則として手形に署名している全員に対して手形上の請求権を有します。具体的には，①手形支払人である約束手形の振出人（手 78）・為替手形の引受人（同法 28），②遡求義務を負う手形の裏書人（同法 15，77 ①一）・為替手形の振出人（同法 9），③手形保証人（同法 32，77 ③），④小切手振出人（小切手 12），⑤小切手裏書人（同法 18），及び，⑥小切手保証人（同法 27）です。

　b　手形に特有な規制

同一の手形に数個の署名がなされた場合に，ある署名が能力の制限，偽造，無権代理などの実質的理由により無効となり，または取り消されても，それを前提とする他の署名の債務負担にその効力は影響を受けません（手7，32，77②③）。手形行為独立の原則といいます。また，手形の占有者が裏書の連続によりその権利を証明するときはこれを適法の所持人とみなし（同法16①，77①一），手形により請求を受けた者は，振出人その他所持人の前者に対する人的関係に基づく抗弁，手形の振出原因や裏書原因を主張してその責任を免れえません（同法17，77①一）。人的抗弁の切断といいます。

　手形債権を行使するためには，手形要件（同法1，75），呈示証券性（同法38，77①三），遡求権行使の要件（同法43，77①四）など，手形特有の規制があるので注意を要します。

④　物上保証人

　物上保証人は自己の財産を他人の債務を担保するために提供している者をいい，直接債務を負担するものではありませんから，債権者・金融機関は物上保証人に対して何ら請求権を有していません。しかし，担保権の実行に入る前に，債務者に代わって弁済する意思があるかどうかを確認するのが正しい対応であって，それは，物上保証人は弁済をするについて正当な利益を有する第三者だからです（民474）

　なお，2020年4月1日施行の改正民法（債権関係）は，任意代位の規定と法定代位の規定との統合しましたが（民499），金融実務に変わりはありません。

(2)　法律による履行責任者（その1―会社役員等）

　会社の役員等は，会社債務を保証していなくても，役員等として以下の責任を負います。

①　役員等の第三者に対する損害賠償責任

　役員等がその職務を行うについて悪意または重大な過失があったとき

は，当該役員等は，これによって第三者に生じた損害を賠償する責任を負います（会社 429 ①）。役員等が株式会社または第三者に生じた損害を賠償する責任を負う場合において，他の役員等も当該損害を賠償する責任を負うときは，これらの者は，連帯債務者とします（同法 430）。例えば代表取締役が事業拡張による収益増加で手形債権の支払いが可能であると軽率に考え，約束手形を振り出して金融を受け，調査不十分な事業に多額な投資をして会社の破綻を招いたのは著しく放漫なやり方であって，右手形の振出しに関し，職務上重大な過失があるとされています（最二小判昭 41・4・15 民集 20-4-660）。

　ただ本条の責任は，取締役の職務怠慢（会社に対する忠実義務，善管注意違反）と第三者（債権者）が債権回収をできなくなったこととの間に相当因果関係のあることが要件となっている（会社がそれにより損害を被った結果，債務の弁済ができなくなった場合を含む）ことには注意を要します（最大判昭 44・11・26 民集 23-11-2150）。

　これに伴い貸付債権の延滞を来した場合，役員等に対してその責任を追求する途があるわけで，参考になります。融通手形を振り出して会社を破綻させた役員等にも，この責任を追求できるでしょう。融資先である株式会社に資産がないのに，資産のある役員等がいれば，金融機関は直接その役員等に対して，役員等の第三者に対する損害賠償責任（同法 429）を追及することができます。

②　役員等の株式会社に対する損害賠償責任

　役員等は，その任務を怠ったときは株式会社に対し，これによって生じた損害を賠償する責任を負います（会社 423 ①）。取締役が法令定款に違反する行為をしたとして，旧商法 266 条 1 項（会社 423）の規定によりその責任を追及するには，右違反行為につき取締役の故意または過失を必要とします（最三小判昭 51・3・23 集民 117-231）。債権者金融機関は，直接その役員等に責任を追及することはできませんが，債権者代位

権により株式会社に代位して役員等に対して損害賠償を請求することになります（民423）。取締役退任後であっても，この責任を追求できます。取締役が在任期間中満期の到来した手形の取立てを怠った結果取立不能となったときは，取立不能となった時期は取締役辞任後であっても，その取立不能は任務懈怠に起因するものとしてこれによる会社の損害について賠償責任を免れません（大判昭8・7・15民集12-19-1897）。

それ以外に，①分配可能額を超えて自己株式の取得・買取りを行ったときは，金銭等の交付額の支払義務（会社462），②分配可能額を超えて剰余金の配当を行った場合は，交付額の支払義務（同法462），③株主の権利の行使に関して利益の供与を行った場合には，供与した利益の支払義務（同法120），④取締役と会社間の利益相反取引によって会社に損害が生じた場合は，その損害の賠償義務（同法423①③），を負います。なお，これらの責任は当該行為を行った取締役等に生じるほか，①②③についてはその業務に関与した取締役等として法務省令で定める者，④については当該取引を決定した取締役等または取締役会決議に賛成した取締役はそれぞれ連帯して支払義務を負います（同法120④，423③，462）。

③　責任追及等の訴え

a　株主代表訴訟

役員等の責任は，本来は会社が追求すべきですが，それが不問に付される場合に備えて，会社や株主の利益を保護するために，株主が会社に代わって訴えを提起することはできます。株式会社における責任追及等の訴え（会社847），旧商法267条の株主代表訴訟のことです。株主による監督権の中で，事後的対抗手段といわれ，事前的対抗手段としての違法行為差止め請求権と対比されます（同法360，422）。金融機関が融資先会社の株主であれば，この責任追及の訴えを提起し，役員等に対し会社への損害賠償を請求することも検討に値します。

　訴訟の対象は，①発起人，設立時取締役，設立時監査役，役員等（取締役，会計参与，監査役，執行役及び会計監査人），清算人の責任追及，②株主の権利の行使に関し，財産上の利益供与がなされた場合の，利益供与を受けた者からの利益の返還（同法120③），③不公正な払込金額で株式・新株予約権を引き受けた出資者からの差額支払（同法212，285），の三つ（同法847①.）

b　株主代表訴訟手続

　会社の役員等に対する損害賠償請求の時効は10年と解されることから，役員等退任後も責任が存続する限り請求できます。6カ月前から引き続き株式を有する株主は，株式会社に対し，書面その他の法務省令で定める方法により，責任追及の訴えの提起を請求することができます（会社847①）。請求の日から60日以内に会社が訴えを提起しないときは，株主自ら会社のために責任追及の訴えを提起することができます（同法847③）。ただし，会社に回復することはできない損害が生じるおそれがある場合には，直ちに訴えを提起することができます（同法847⑤）。その場合でも，当該株主若しくは第三者の不正な利益を図りまたは当該株式会社に損害を加えることを目的とするときは，この限りではありません（同法847①但書）。また裁判所は，被告の請求により，当該株主に対し，相当の担保を立てるべきことを命ずることができます（同法847の4②）。株主が勝訴した場合は，敗訴した役員等は会社に対して賠償額などを支払わなければなりません。訴訟費用は敗訴役員等の負担となり（民訴61），また，訴訟費用以外の弁護士費用・調査費用のうち相当額を会社に対し請求することができます（会社852①）。敗訴の場合，訴訟費用は株主の負担となりますが，悪意があったときを除き，会社に対し損害賠償責任を負うことはありません（同法852②③）。

④　持分会社の社員の責任

　持分会社の財産をもってその債務を完済することができない場合，持

分会社の財産に対する強制執行が功を奏しなかった場合，社員は，連帯して，持分会社の債務を弁済する責任を負います（同法580①）。有限責任社員は，その出資の価額（既に持分会社に対し履行した出資の価額を除く）を限度として，持分会社の債務を弁済する責任を負います（同条②）。持分会社の成立後に加入した社員は，その加入前に生じた持分会社の債務についても，これを弁済する責任を負い（同法605），また，退社した社員は，その登記をする前に生じた持分会社の債務について，従前の責任の範囲内でこれを弁済する責任を負います（同法612①）。ただ，退社した社員の責任は，その登記後2年以内に請求または請求の予告をしない持分会社の債権者に対しては，当該登記後2年を経過した時に消滅します（同条②）。社員の責任の内容は会社債務と同様であり，また，債務の履行場所も会社が履行をなす場所と同様です。

⑤　理事

理事は，法令及び定款並びに社員総会の決議を遵守し，一般社団法人のために忠実に職務を行わなければならず（一般法人83），一般社団法人は，代表理事その他の代表がその職務を行うについて第三者に加えた損害を賠償する責任を負います（同法78）。一方，財団法人においても同様です（同法177）。

(3)　法律による履行責任者（その2－商号の譲渡・許諾に伴う責任）

本節では，商号の譲渡・許諾に伴う責任を取り上げます。

① 　自己の商号の使用を他人に許諾した会社の責任（名板貸）

自己の商号を使用して事業または営業を行うことを他人に許諾した会社は，当該会社が当該事業を行うものと誤認して当該他人と取引をした者に対し，当該他人と連帯して，当該取引によって生じた債務を弁済する責任を負います（会社9）。会社に限らず，自己の商号を使用して営業または事業を行うことを許諾した商人も同様の責任を負います（商14）。名板貸の責任といいます。一般の顧客がテナント店であるペット

ショップの営業主体はスーパーマーケット経営会社であると誤認するのもやむをえないような外観が存在するときは，右経営会社は，買物客とテナント店との取引に関し名板貸と同様の責任を負います（最二小判平7・11・30民集49-9-2972）。

②　譲渡会社の商号を使用した譲受会社の責任（商号の続用）

　事業を譲り受けた会社が譲渡会社の商号を引き続き使用する場合には，その譲受会社も，譲渡会社の事業によって生じた債務を弁済する責任を負います（会社22①）。ただし，事業を譲り受けた後，遅滞なく，譲受会社がその本店の所在地において譲渡会社の債務を弁済する責任を負わない旨を登記した場合には，適用せず，譲受会社及び譲渡会社から第三者に対しその旨の通知をした場合において，その通知を受けた第三者についても，同様とします（同条②）。また譲渡会社の責任は，事業を譲渡した日後2年以内に請求または予告をしない債務者に対しては，その期間を経過した時に消滅します（同条③）。事業に失敗した会社の再建手段として設立した第二会社にも請求する可能性がある点に注意しましょう。

　なお，会社に限らず，営業を譲り受け，譲渡人の商号を引き続き使用する商人も同様の責任を負います（商17）。商号の続用とは，必ずしも商号が完全に一致していることは要せず，客観的に同一法人と見誤るような類似の商号を使用していることで足り，商号には屋号も含まれます。

③　譲受会社による債務の引受け（引受けの広告）

　譲受会社が譲渡会社の商号を引き続き使用しない場合においても，譲渡会社の事業によって生じた債務を引き受ける旨の広告をしたときは，譲渡会社の債権者は，その譲受会社に対して弁済の請求をすることができます（会社23①）。事業に失敗した会社の再建手段として設立した第二会社にも請求する可能性がある点に注意しましょう。なお，会社に限らず，譲渡人の債務を弁済する責任を引き受ける旨の広告をした商人に

対しても，譲渡人の債権者は，弁済の請求をすることができます（商18）。債務の引受広告とは，その中に必ずしも債務引受の文字を用いなくても，社会通念上，営業によって生じた債務を引き受けたものと債権者が一般に信じるようなものであれば足り，事業の譲受けという文字がある以上，債務の引受けの趣旨を包含します（最一小判昭29·10·7民集8-10-1795）。

(4) 使用者責任の追求

① 使用者責任とは

　ある事業のために他人を使用する者は，被用者がその事業の執行について第三者に加えた損害を賠償する責任を負います。ただし，使用者が被用者の選任及びその事業の監督について相当の注意をしたとき，または相当の注意をしても損害が生じるべきであったときは，この限りでありません（民715）。例えば，手形振出事務を担当する会社の経理課長が代表取締役の印を盗用して会社名義の手形を偽造するのは，会社の事業の執行に当たるから（最三小判昭32·7·16民集11-7-1254），偽造手形を割り引いた金融機関は，偽造手形を振り出した社員に対する不法行為責任のみならず（同法709），会社の責任も追求することができるのです（同法715）。これを使用者責任といい，他人を使用することによって自己の活動範囲を拡張し，収益を収める可能性が増大しているのですから，それに伴って生じる損害もまた負担すべきとされているのです。

② 成立要件

　使用者責任が成立するためには，①使用関係があること，②加害行為が「その事業の執行について」なされたこと，③第三者への加害があること，④使用者に免責事由がないこと，及び，⑤被害者である第三者に重過失がないこと，が要求されます。

　②の加害行為が「その事業の執行について」なされるとは，その行為が使用者全体としての事業の範囲に含まれ，かつ，被用者の職務範囲に

含まれていることが必要で，判例は繰り返し「本件株券ノ発行行為カ外形上，被告会社ノ事業ノ範囲ニ属スコトハイウマテモナイ」（大連大15・10・13民集5-785）といいます。④の使用者の免責については，その立証責任が使用者であること，立証は被用者の選任と事業の監督の双方についてする必要があること，公務員の加害行為による国または公共団体の責任ではこのような免責事由が存在しないこと（国賠1）から判例は，ほとんど免責を認めず，無過失責任を認めるに近い結果となっています。最後に，⑤の被害者に重大な過失がないことを要請されるのは，使用者責任は取引の外形に対する相手方の信頼を保護する制度ですから，相手方が適法な職務権限内の行為ではないことを知っていたときは，使用者責任を問いえないのは当然で，条文の規定はないものの，判例はこの理を肯定しています（最一小判昭42・11・2民集21-9-2278）。

(5)　法人格の否認

個人と法人が，実質的には同一の営業をしているとしか認められない場合や，また旧会社と新会社，新会社と子会社などであって，その実態がほとんど同一企業としかいえない場合は，法人格を否認し，債権者はどちらにも弁済を請求できます。社団法人において，法人格が全くの形骸にすぎない場合，またはそれが法律の適用を回避するために濫用される場合には，法人格を否認すべきことが要請されます。株式会社の実質が全く個人企業と認められる場合には，これと取引をした相手方は，会社名義でされた取引についても，これを背後者たる個人の行為と認めてその責任を追求しえ，また，個人名義でされた行為についても，商法504条を待つまでもなく，直ちにこれを会社の行為と認めることができる，とします（最一小判昭44・2・27民集23-2-511）。これを法人格の否認の法理といいます。

(6)　詐害行為の受益者・転得者

債権者は，債務者が債権者を害することを知ってした行為の取消しを

裁判所に請求することができます（民 424）。倒産直前に債務者が自己の財産を第三者に贈与するのが典型的な例であって，債権者取消権ともいい，債権者代位権とともに（民 423），債権者平等の原則を実現しようとするものです。転得者がある場合に，受益者に対して取消権を行使して賠償を求めるか，転得者に対して取消権を行使して直接返還を求めるかは，債権者の自由であり，詐害行為取消権は，転得者または受益者に対して訴えを提起すれば足り，債務者を相手方とする必要はありません（大連判明 44·3·24 民録 17-117）。なお，2020 年 4 月 1 日施行の改正民法（債権関係）は，その旨の規定（民 424 の 9）を新設しました。

(7) 保険制度

　保証のほかに，金融機関では住宅ローンの保証保険，団体信用生命保険などの保険制度を利用して損害保険会社，生命保険会社からの保険金受領による回収や，融資保険，輸出保険などの保険制度を利用して債権の保全・回収を図っています。

2. 督促の方法

　督促は，債務者に任意弁済を促すことを主な目的とするもので，相手方にその意思表示を伝達することによってなされます。
「[資料 23] 督促の方法」参照。なお，法的手続の利用については，
P.184「3 督促手段としての法的手続の利用」で解説します。

[資料23]　督促の方法

項番	督　　促　　の　　方　　法
1	面談による督促 1．過去の交渉経過を確認のうえ，時間・場所を事前に打ち合わせておく 2．できるだけ最高責任者と会う 3．金融機関側の面談者は複数とする 4．延滞理由や今後の対応を債務者と冷静に検討する 5．実態把握と担保差入交渉を主眼とする 　　［債務者の実態把握］ 　　　①　業態悪化の原因　―　「売上不振」では不十分 　　　②　再建計画と他の債権者の動向　―　仕入先・販売先・メインバンク 　　　③　資産・負債の状況 　　　④　法的整理に移行する見込み　―　否認の問題（破産法160条等） 　　　⑤　再建計画による弁済の見込み 　　　⑥　連鎖倒産の懸念 　　［担保差入交渉について］ 　　　①　不動産担保の極度額の増額，登記留保・仮登記の本登記 　　　②　売掛金等の債権担保は対抗要件を備えた債権譲渡を受ける 　　　③　家族名義の資産 6．不明確な応答は避け，認められるものとそうでないものを明確に 7．次回交渉の手掛かりを掴む 8．交渉経過を記録する
2	文書による督促 1．普通郵便から内容証明郵便へ 2．葉書・電報は避ける 3．読み捨てにされないように返信が必要な内容にする
3	法的規制に注意　―　貸金業法21 1．威圧行為 2．私生活の侵害 3．その他の行為（貸金のたらい回し・法的整理後の請求）

（1）　面談による督促

面談にあたっては，次の点に注意します。

① 　面談にあたっては，延滞となった理由，今後の回収策などを債務者と一緒に，冷静に検討するのが大前提。

② 　これまでの交渉経過経緯を記録により確認し，どのような対応が有効か検討しておく。

③ 　事前に面談の場所・時間を正確に打ち合わせておき，行き違いのないようにしておく。

④ 　面談時に少額でも弁済を受けるか，次回の交渉の手掛かりとなるものを何か掴んでくる。

⑤ 　その場かぎりの不明確な応答は後日に問題を残すだけであり，先方の言い分で認められるものは認めるとともに，認められないところはその理由を示し明確に断る。

⑥ 　必ず交渉の過程を記録しておくことが肝要。正確かつ詳細に作成しなければなりません。これにより，次回以降の交渉に臨むに際して取るべき手段を選択する指針となり，また，担当者引継ぎの際の武器ともなり，さらに，後日回収不能として債権償却する場合の有力な疎明資料ともなるからです。

⑦ 　また交渉過程において，金融機関の催告に対して債務者から，分割弁済あるいは弁済額軽減の申込みがあれば，これは債務承認として時効の更新事由として機能することになります（民152）。この面からも交渉記録が重要なことが分かるでしょう。なお，2020年4月1日施行の改正民法（債権関係）は，時効「中断」「停止」の概念を「完成猶予」と「更新」とに整理しました（民147以下）。

（2）　文書による督促

文書による督促も面談による場合と共通するところが多いので，ここでは文書特有の留意点について解説します。

① 経費と効果を考えて，手紙などから，順次強行になっていくように配慮する。

② 葉書による督促は，他人がその内容を読むことができるうえ，しかもそれが督促であることが分かるようにする点で困難が伴います。また，電報による督促は先方に与える刺激が強い点に留意します。

③ 督促を重ねるにつれて文言が次第に強くなるように配慮して文章を考える。

④ 発信人について，担当者，担当課長，支店長，顧問弁護士と発信人を換えるとともに，同じ手紙でも，普通郵便，内容証明郵便，書留郵便，配達証明郵便，速達郵便，裁判所構内郵便局消印による郵便，執行官送達，等々手段に工夫をこらすこと。

⑤ 読み捨てにされないように返信が必要な内容にしておくとともに，返信のない場合にはその原因を究明すること，等があげられます。

(3)　督促にあたっての注意事項

　債権回収のための督促の手段は，社会通念上是認される範囲のものでなければなりません。自力救済は禁止されており，権利実現のためには裁判所の執行手続に依らなければならないのはその何よりの証左です。また刑事罰に当たるような行為を取ってはならないのは言うまでもありません。

　そこで，貸金業法で禁止される行為が参考になります。同法21条は，取立行為の規制として，貸付けの契約に基づく債権の取立をするにあたって，人を威圧し，または次に掲げる言動その他の人の私生活若しくは業務の平穏を害するような言動をしてはならない，と規定しています。具体的には，次のような行為を禁止していますので，参考にしてくだ際。

① 威圧行為＝例えば，暴力的態度をとったり，多数人によるおしかけ，大声をあげたり，乱暴な言葉遣いなど

② 私生活侵害行為＝例えば，夜間の電話・ファクシミリ装置を用いて

の送信・電報・訪問・プライバシーの公開など。

③　その他の行為＝例えば，借金のタライ回し，義務なき者への請求，法的整理申立て後の請求など。

3．督促手段としての法的手続の利用

督促手段としての法的手続を利用するものを，順次みていきましょう。

（1）　支払督促の申立て

①　支払督促とは

a　意義

従来「支払命令」と呼ばれていたものが1998（平成10）年10月1日施行の民事訴訟法（平8・6・16法109号）第7編督促手続で「支払督促」となったもので，支払督促とは，金銭その他の代替物または有価証券の一定の数量の給付を目的とする請求について，債権者の申立てにより，簡易裁判所が発するもので，簡易・迅速に債務名義を得るための手続です（民訴382）。支払督促は債務者に送達されますが（同法388），これに対して債務者が適法な異議の申立てをしたときは，支払督促の申立ての時において，適法な管轄裁判所に訴えを提起したものとみなされ，通常訴訟に移行します（同法395）。これに対して，債務者が支払督促の送達の日から2週間以内に異議の申立てをしないときは，債権者は，仮執行の申立てをすることができるようになります（同法391）。そして，債権者が仮執行の宣言の申立てをすることができる時から３０日以内にその申立てをくないときは，支払督促はその効力を失います（同法392）。

b　仮執行の宣言

仮執行の宣言は，支払督促に記載し，当事者に送達されます（民訴391②）。送達を受けた日から2週間を経過する日までは，債務者は，その支払督促に対し，異議の申立てをすることができますが（同法

393)，仮執行の宣言を付した支払督促に対し督促異議の申立てをしない とき，または督促異議の申立てを却下する決定が確定したとき（同法 394)，支払督促は，確定判決と同一の効力を有します（同法 396)。債 務名義として強制執行を行うことができます（民執 22 四)。

② **支払督促の効果**

支払督促の申立ての効果は，①債権回収のための強硬な督促としての 効果がある，②債務名義としての効力のある仮執行宣言付の支払督促が 取得でき，強制執行が可能となる，③時効が完成猶予する，などです。 支払督促は，債権者が民事訴訟法 392 条に規定する期間内に仮執行の宣 言の申立てをしないことによりその効力を失うときは，時効完成猶予の 効力も生じません（民 147,148)。

③ **申立てに際しての検討事項**

支払督促の申立てにあたっては，その効果があるか否かを検討しなけ ればなりません。具体的には，次の諸点があげられます。

a．債務者に支払能力があるか→通常の督促では進展しない場合に心理 的圧迫を加えることができる。

b．貸付債権について異議が出ることはないか→異議が出ると訴訟にな る（民訴 395)。

c．債務者に確実に送達されるか→支払督促の効果は，債務者に送達さ れた時に生じる（同法 388 ②)。

d．管轄する簡易裁判所を確認する→支払督促の申立ては，債務者の普 通裁判籍の所在地を管轄する簡易裁判所の裁判所書記官に対してする （同法 383 ①)。

④ **債務名義の確認**

支払督促の申立後は，債務名義の取得を確認します。それは，次の手 順を踏みます。

a．裁判所からの支払督促送達の正本送達の確認（民訴 388 ②)。

b．2週間以内に，異議の申立がなかったことの確認（同法 390）。→
適法な督促異議の申立があったときは，訴訟に移行する（同法 395）。
その際は弁護士に委嘱する。

c．2週間以内に異議の申立がなかったときは，30 日以内に仮執行宣
言付支払督促の申立を行ったことの確認（同法 392）。

d．仮執行宣言付支払督促の送達後，2週間上内に異議の申立てのなか
ったことの確認→債務者から異議があったときは，訴訟に移行する（同
法 395）。その際は弁護士に委嘱する。

e．仮執行の宣言を付した支払督促に対し督促異議の申立てがないとき
は，支払督促は，確定判決と同一の効力を有する（同法 396，民執 22
四）。

（2）　仮差押・仮処分の活用

　債務者・保証人などの債務関係人や詐害行為の受益者・転得者などに
財産がある場合には，その財産に対して仮差押・仮処分を申請します。
仮差押や仮処分は債権者の強硬な態度を示すものとして督促の効果が大
きく，債務者を交渉のテーブルにつかせる場面にも活用されます。手続
の詳細は，P.149「3 仮差押・仮処分による保全」で解説しました。

（3）　詐害行為取消権の行使

　倒産に瀕すると財産隠匿を図る例が散見されます。隠匿行為が詐害行
為となる場合には，その取消しを求めます（民 424）。財産がすでに債
務者から受益者や転得者に移転している場合には，処分禁止の仮処分を
申し立てることも有効な手段となります（民保 52）。手続の詳細は，
P.156「（7）仮処分による保全措置」を参照。

（4）　調停・和解の申立

　調停は，紛争解決のため第三者が当事者を仲介して和解・示談の成立
に努めることです。和解は，訴えの提起前の和解ともいい，民事訴訟に
なり得る紛争について，和解を欲する一方の当事者が起訴前に相手方所

在地の簡易裁判所に出頭して行います（民訴 275）。調停や和解は，債務者から返済猶予・債務免除などを求めて申し立てられることが多いが，債権者からの申立ても可能です。債務者に裁判所から呼出の通知が送達されますので，督促としての効果も期待できるでしょう。

(5)　日本版ＡＤＲ

2007（平成 19）年４月１日に「裁判外紛争解決手続の利用促進に関する法律（平 16·12·1 法 151）が施行されました。法律名が長いので略して日本版ＡＤＲといい，これは Alternative　Dispute　Resolution の頭文字を取ったものです。訴訟手続によらずに民事上の紛争を解決しようとする当事者のために公正な第三者が関与して，解決を図ろうとするものです。第三者の専門的な知見を反映して紛争の実情に即した迅速な解決を図る手続が求められていることから，民間紛争解決手続の業務に関し，認証の制度を設け，併せて時効の完成猶予（中断）等に係る特例を定めてその利便の向上を図ろうとする，本法の施行にいたったものです。今後の活用が注目されます。

(6)　訴訟の提起

①　訴訟とは

訴訟は，裁判により，紛争・利害の衝突を法律的に解決調整するために，これについて対立する利害関係人を当事者として関与させて審判する手続。最も強力な督促方法です。根拠法規は民事訴訟法。

②　訴訟提起の効果

支払督促の申立てと同様でその効果は，①債権回収のための強硬な督促としての効果がある，②確定判決・仮執行宣言付判決には債務名義としての効力があり（民執 22 一・二），強制執行が可能となる，③時効が完成猶予する（民 147 ①一），などです。

③　訴訟提起に際しての検討事項

訴訟の提起に当たっては，その効果があるか否かを含め，次の２点を

検討します。

　まず，支払督促を利用することはできないか（民訴382），手形訴訟を利用することはできないか（同法350），訴訟を提起しなければならないかを検討します。支払督促は，債務者に送達しなければならず（同法388①），その効力は，債務者に送達された時に生じるからです（同条②）。担保提供・保証意思確認に問題があって，後日紛争が懸念されるとき，債務者が不誠実・人柄が悪いときは，訴訟提起しなければならないでしょう。次に，必要書類を揃え，弁護士に依頼することができるか。必要書類は，債権者金融機関の資格抄本1通・弁護士宛委任状1通・相手方の資格抄本（法人の場合）1通または住民票（個人の場合）1通・請求債権証書原本（一時弁護士に預けるのでコピーをとっておく）1通・基本取引約定書等の契約書類。

④　**訴訟提起後の事後管理**

　訴訟の提起後にはその効果があったかを検討します。具体的には次の点を検討します。

ａ．訴状のコピーを徴求し，依頼した内容通りの訴訟提起を確認。

ｂ．訴訟の進行状況のトレース。常時弁護士から訴訟の進行状況や相手方の主張を聴取し，相手方の主張に反論すべき点があれば意見を具申する。当方側証人が必要となった場合には，弁護士を含め十分打ち合わせること。

ｃ．判決が出たこと，判決が確定したことの確認。当方が勝訴したときは，相手方が控訴したか確認。当方敗訴のときは，判決内容を検討のうえ，2週間以内に控訴するかを検討します（民訴285）。

(7)　強制執行と財産開示手続

　強制執行は，債務者の財産を国家権力により差し押さえるもので，債権者の取り得る最後の手段といえましょう。強制執行を行うには勝訴判決等の債務名義を必要とします。P.252「5（1）強制執行手続」で解説

します。

　勝訴判決による債務名義を得て強制執行ができるようになっても，債務者の財産を把握していなければ，債権を回収することはできません。そこで平成15年法律第134号で民事執行法の第4章に財産開示手続が創設され，2004（平成16）年4月1日施行されました。詳細は，P.253「5（2）財産開示手続」で解説します。

2．回収の実務

Point

　回収の実務では，債権回収の基本である弁済，相殺による回収，信用保証協会代位弁済による回収，担保処分による回収，強制執行と財産開示手続，及び，債権譲渡による回収について，順次解説します。

1．弁済

　弁済を受けるにあたっては，弁済者は誰か，その弁済は全部弁済か一部弁済かを確認し，そして，債権者の担保保存義務にも留意しなければなりません。

（1）　弁済とは－弁済者と全部・一部回収

　弁済とは「債務者または第三者が債務の内容となっている一定の給付を実現する行為」のことで，履行ともいいます。弁済を受領するには，弁済者は誰か，その弁済によって金融機関債権の全部回収なのか一部回収なのかを確認しなければなりません。

　弁済は，債務者本人によってのみ行われるものではなく，第三者もすることができます（民474①）。債務者本人による弁済を債務者弁済（または本人弁済）といい，第三者の弁済を第三者弁済といいます。債務者弁済によって債権は消滅します。しかし，第三者の弁済によって債権は消滅せず，第三者に移転し，第三者は債権者に代位します（同法499）。詳細は，P.196「(3) 第三者弁済」で解説します。

　また，弁済によって債権全額が回収となる全部回収と，その一部が回収される一部回収とがあります。全部回収により債権は全額消滅するか

全部移転し（民501），一部回収によって一部消滅するか一部移転します（同法502）。なお，2020年4月1日施行の改正民法（債権関係）は，任意代位の規定を改正し，法定代位の規定との統合しました（同法499）が，金融実務は従来と変わりありません。

　したがって，弁済を受けるにあたって債権者金融機関は，債権と担保権を弁済者に確実に渡るようにしなければならないのですが，その弁済者は誰か，そして，それが全部回収か一部回収かによって，債権証書や担保物件の取扱いに差が生じる点に留意しましょう。

[資料24]　弁済者と全部・一部回収

番	弁済者	全部回収	一部回収	債権者の同意	根拠（民法）
1	債務者	債権の全部消滅	債権の一部消滅	不要	473条
2	代位権者	債権の全部移転	債権の一部移転	正当利益無い者は要	474,499,501,502

（注）2020年4月1日施行の改正民法（債権関係）は，任意代位と法定代位を統合しました（民499）。

(2)　債務者弁済

①　弁済の提供

　債務者が債権の実現に必要な給付の準備をして債権者の協力を求めることを弁済の提供といいます。弁済の提供は，債務の本旨に従って現実にしなければならず（民493），債務者は，弁済の提供の時から，債務の不履行によって生ずべき責任を免れ（同法492），一方，債権者が債務の履行を受けることを拒み，または受けることができない場合は，その債権者は，受領遅滞の責任を負います（同法413）。債務者から弁済の申出があったときは，これに応じ早期回収に努めなければなりません。

判例は，郵便為替，預金通帳・証書と届出印章が押印された払戻請求書，銀行の自己宛小切手等は認めますが，金銭債務の弁済のために，個人振出しの小切手を提供しても，債務の本旨に従った弁済の提供とはいえない（最三小判昭 35・11・22 民集 14-13-2827）といいます。

② 弁済の充当

a 弁済充当とは

債務者弁済により債権は消滅しますが，その弁済により債権元本のほかに遅延損害金，未収利息を含めた債権の全額が弁済されれば問題はありません。債務者が同一の債権者に対して同種の給付を目的とする数個の債務を負担する場合において，弁済として提供した給付がすべての債務を消滅させるのに足りないときは，どの債権に充当すべきかを判断することを要します。これを「弁済の充当」といいます（民 488）。

b 民法の原則

弁済の充当について民法 488 条は，①弁済をする者は，給付の時に，その弁済を充当すべき債務を指定することができる（民 488 ①），②弁済をする者が指定をしないときは，弁済を受領する者は，その受領の時に，その弁済を充当すべき債務を指定することができるが，ただし，弁済をする者がその充当に対して直ちに異議を述べたときは，この限りでない（同条②），③弁済をする者及び弁済を受領する者がいずれも弁済の充当の指定をしないときは，次の法定充当によることになります（同条④）。

法定充当について民法第 488 条第 4 項は，①債務の中に弁済期にあるものと弁済期にないものとがあるときは，弁済期にあるものに先に充当する（民 488 ④），②すべての債務が弁済期にあるとき，または弁済期にないときは，債務者のために利益が多いものに先に充当する（同条同項二），③債務者のために弁済の利益が相等しいときは，弁済期が先に到来したものまたは先に到来すべきものに先に充当する（同条同項三），

④前の②及び③に掲げる事項が相等しい債務の弁済は，各債務の額に応じて充当する（同条同項四）。なお，利息同士，費用同士の間では法定充当によるが，債務者が，1個または数個の債務について元本のほか利息及び費用を支払うべき場合において，弁済をする者がその債務の全部を消滅させるのに足りない給付をしたときは，これを順次に費用，利息及び元本に充当しなければなりません（同法489①）。

　　c　約款の手当と実務

ⅰ．約款の手当　民法の原則によれば，最初に充当順序を指定できるのは債務者であるため（民488①），金融取引では，債権回収に支障を来さないように約款によりこれを修正します。その代表は銀行取引約定書等の基本取引約定書で，充当の指定として，「弁済または第7条による差引計算の場合，私の債務全額を消滅させるに足りないときは，貴行が適当と認める順序方法により充当することができ，その充当に対して異議を述べません」との規定（銀取旧ひな型9）がそれです。信用金庫取引約定書9条（充当の指定）にも，同旨の約款の手当てがなされています。

ⅱ．実務の対応　1個の債権であれば，例え債務の一部弁済があっても，充当されるのはその債権しかなく問題はありません。そこで，数個の債権の一部回収にあたっては，①無担保債権を有担保債権に優先して充当するなど回収困難なものから充当，②原則として，費用，立替金，遅延損害金，利息，元本の順序に充当することとし，ただし，元本回収が懸念されるときは元本を優先充当する，③弁済後に受領書，計算書を交付し，充当方法につき弁済者に通知しておく，のが実務です。

③　受取証書の交付・債権証書の返還と担保の解除

　　a　弁済と受取証書・債権証書の関係

　弁済をする者は，弁済と引換えに，弁済を受領する者に対して受取証書の交付を請求することができます（民486）。また，債権に関する証

書がある場合において，弁済をした者が全部の弁済をしたときは，その証書の返還を請求することができます（同法487）。したがって，弁済を受けた金融機関は，弁済者に受取証書を交付し，また，全額弁済が行われた場合において，債権証書に領収奥書して，手形があれば領収裏書をしてそれらを返還しなければなりません。

　ところで，判例は，弁済者が弁済するにあたって，弁済受領者が受取証書の交付を拒絶する以上，弁済者は提供物を交付しなくても，遅滞の責めを負わない（大判昭16・3・1民集20-163）といいます。つまり，弁済と受取証書の交付は同時履行を原則とします。金融実務では，弁済は，銀行振込・ＡＴＭを利用した借入金の返済や，借主の預金口座から引き落とす方法によって行われるのが通常で，借主の弁済提供の事実や債権者金融機関の弁済金の受領の確認が容易です。このため，受取証書の交付が問題となることはあまりありません。しかし，延滞中の貸出先から現金による弁済を受ける場合には，この問題が起こりえましょう。なお，債権証書の返還は，債務の履行との間に同時履行の関係はないと解されていますが，直ちに返還するように心がけるのはいうまでもありません。

　b　債権証書と手形の取扱い

　債権に関する証書は，銀行取引約定書等の基本取引約定書，金銭消費貸借契約証書，手形などをいいます。民法は，代位弁済によって全部の弁済を受けた債権者は，債権に関する証書及び自己の占有する担保物を代位者に交付しなければならないと（民503①），規定します。全部回収した金融機関は，保存する基本取引約定書，金銭消費貸借契約証書等の一般債権証書とともに，受取証書つまり領収書を作成し，これらを弁済者に交付しなければなりません。その際受領書を徴求し，後日書類の行方をめぐって紛争の発生することのないようにしておくのが堅実な対応です。

　債権証書として手形を使用した場合に，手形金額全額の弁済を受けた

債権者は，所持する手形を弁済者に返還しなければなりません。手形の支払人は支払いを為すに当たり所持人に対し，手形に受取を証する記載を為してこれを交付すべきことを請求することができるからです（手39①，77①三）。そして債権者は，約束手形の振出人等の手形の主たる債務者から弁済受領したときは領収裏書をしてこれを交付します。手形を交付したときは，弁済者から受領書を徴求するのは一般債権証書におけるのと同様です。

c　債務者弁済と担保権の解除

主たる債務者から債権全額の弁済を受けると，債権は消滅し，それに伴い担保権も消滅しますから，担保を解除しなければなりません。その際，①担保権設定者に，担保を解除するに必要な書類を交付する，②担保権設定者から，担保解除するに必要な書類の受領書を徴求する，③担保に関する「預り証」を発行している場合にはこれを回収する，の要領で対応することになります。なお，担保権設定者とは担保物件所有者のことで，主たる債務者提供であるか第三者（物上保証人）提供であるかを問いません。

④　支払停止後の弁済と否認

倒産の危機に瀕している債務者から弁済を受ける場合には，否認の対象にならないか確認します。破産者が支払不能になった後または破産手続開始の申立てがあった後にした行為で，金融機関がその事実を知って受けた行為について，破産法は，破産手続開始後否認することができるとしています（破産162①一）。民事再生法などにも同様な規定が置かれています（民再127の3，会更86の3）。さらに破産者の義務に属せず，またはその時期が破産者の義務に属しない行為であって，支払不能になる前30日以内にされたものも否認されることがあります（破162①二等）。このため債務者の預金から回収するには，弁済よりも相殺によるのが堅実な対応です（同法67）。もっとも相殺禁止の規定に触れてはな

らないのはいうまでもありません。詳しくは，P.256「3 法的整理手続等への対応」参照。

（3） 第三者弁済

① 第三者弁済と正当な利益を有する第三者

a 改正民法と第三者弁済－用語の問題

2020 年 4 月 1 日施行の現行民法（債権関係）は，第三者弁済の規定・用語を改正しました。まず，債務者の意思に反して弁済することができない第三者について，改正前の「利害関係を有しない第三者（旧民 474 ②」から「正当な利益を有する者でない第三者（現行民 474 ②）」と改正しました。そして，弁済による代位について，任意代位の規定（旧民 499）と法定代位の規定（旧民 500）とを統合しました（現行民 499 条）。金融実務は従来と変わりありません。

b 第三者弁済が無効となる場合

債務の弁済は，第三者もすることができます（民 474 ①）。ただし，①その債務の性質が第三者の弁済を許さないとき，②当事者が第三者の弁済を禁止し，制限する旨の意思を表示したとき（同条④）はこの限りでなく，さらに，③正当な利益を有する者でない第三者は，債務者の意思に反して弁済をすることができません（同条②）。これらに該当する場合に弁済は無効となり，債権者には不当利得にょる返還義務が生じます。金融機関の貸出金は金銭債権であり代替可能ですから，①は問題にならず，②の特約をすることもありません。問題は，③です。

c 正当な利益を有する第三者

ここに，正当な利益を有する第三者とは，弁済をすることに法律上の利害関係を有する第三者をいいます（最三小判昭 39・4・21 民集 18-4-566）。具体的には，保証人，物上保証人・担保提供者，抵当不動産の第三取得者，後順位抵当権者などがあげられます。彼らは，弁済によって当然に債権者に代位する，法定代位権者です（民 500）。債務者の友人

とか，親族関係にある者のように，事実上の利害関係を有するにすぎない者は，ここでいう「正当な利益を有する者」ではありません。なお判例は，借地上の建物の貸借人はその敷地の地代の弁済について法律上の利害関係を有するといいます（最二小判昭63・7・1集民154-245）。利害関係の有無，つまり，正当な利益の判断には慎重な対応が望まれます。

　d　正当な利益を有しない第三者からの弁済

　正当な利益を有しない第三者から弁済を受ける場合には，債務者の同意を得たうえでこれに応じるのが最善の策です。債務者の同意を得るのは，正当な利益を有しない第三者は，債務者の意思に反して弁済をすることができないとされているからです（民474②）。そして，正当な利益を有しない第三者が，債務者のために弁済した場合には，債権者に代位することができるのです（同法499）。弁済をした第三者は，受取証書の交付（同法486）及び債権証書の返還（同法487）を請求することができます。この第三者には，利害関係を有しない第三者も含まれます。

② **債務者に対する求償**

　弁済をした第三者は，債務者に対して出捐した費用を請求することができ，これを求償といいます。弁済者が債務者に対して求償することができる範囲は，弁済者と債務者との関係によって決まり，その範囲を民法は，保証人につき次のように定めます。なお，物上保証人の求償権も，保証人の求償権と同様です。

　a　委託を受けた保証人の求償権

　保証人が主たる債務者の委託を受けて保証した場合においては，保証人は，そのために支出した財産の額，つまり弁済した額（元本及び利息・遅延損害金を含む）及び弁済日以降の法定利息（特約があれば約定利率による）及び避けることができなかった費用その他の損害の賠償を債務者に請求することができます（民459）。これは，委任における受任者の費用償還請求権の範囲に一致します（同法650）。また，委託を受け

た保証人には，事前求償権が発生します（同法460）。

　なお，委託を受けた保証人が弁済期前に弁済をしたときは，その保証人は，主たる債務者に対し，主たる債務者が「その当時利益を受けた限度」において求償権を有します（同法459の2①）。

b　委託を受けない保証人の求償権

　主たる債務者の委託を受けないで保証をした場合には，保証人は，債務者が「その当時利益を受けた限度」，すなわち弁済した額についてのみ債務者に求償することができます（民462①）。このため，弁済額に対する弁済日以降の利息，遅延損害金は，保証人は債務者に求償することができません。この求償権の範囲は，本人の意思に反しない事務管理における管理者の費用償還請求権の範囲に一致します（同法702①）。

c　主たる債務者の意思に反した保証人の求償権

　主たる債務者の意思に反して保証した場合の求償権の範囲は，債務者が「現に利益を受けている限度」となります（民462②）。したがって，例えば，保証人の弁済の後求償までの時までに，債務者が債権者に対して反対債権を取得したときは，債務者は，相殺をもって保証人に対抗することができます。債務者が相殺をもって対抗したときは，保証人は，債権者に対してその相殺によって消滅することになるはずの債務の履行を求めることができます。この求償の範囲は，本人の意思に反する事務管理における管理者の費用償還請求権の範囲に一致します（同法702③）。

③　弁済による代位

a　代位権と求償権の関係

　債務者に代わって弁済した第三者は債権者の地位にとって代わります。弁済によって，債権者が債務者に対して有していた権利，つまり，債権及びこれに伴う担保権などが，そのまま弁済者に移転します。これを弁済による代位といいます（民499）。移転する権利の範囲は，弁済

者が債務者に対して有する求償権の範囲に限定されます。求償権の範囲については，P.197「②債務者に対する求償」で解説しました。一般に，代位を伴う弁済を代位弁済といい，この弁済者の権利を代位権といいます。すると，代位権と求償権の関係は，代位権が求償権の担保の役割を果たしているということがいえましょう。

b　代位の方法

弁済による代位は，P.196「(3)①第三者弁済と利害関係を有する第三者」参照。

代位の効果を債務者に対抗するためには，債権譲渡の規定が準用され，債権者から債務者に通知するかまたは債務者の承諾を得なければならず，さらに，債務者以外の第三者に対抗するためには，この通知・承諾を確定日付のある証書をもってします（同法500，467）。このような対抗要件を必要としたのは，予測し得ない弁済者によって生じる場合もあり得ることを考慮したものです。したがって，弁済をするについて正当な利益を有する者が債権者に代位する場合を除かれます（同法500）。なお，2020年4月1日施行の改正民法（債権関係）は，任意代位の規定と法定代位の規定とを統合しましたが（現行民499），金融実務に従来と変わりはありません。

c　金融機関の対応（その1）

債権者に代位した者は，債権の効力及び担保としてその債権者が有していた一切の権利を行使することができます（民501①）。したがって，代位弁済によって全部の弁済を受けた金融機関は，債権に関する証書及び自己の占有する担保物を代位者に交付しなければなりません（民503①）。なお，一部の弁済を受けた場合は，P.201「④一部代位」で解説します。

具体的には，代位弁済を受けた金融機関は，代位弁済者に受取証書を交付するとともに（同法486），金銭消費貸借契約証書に代位弁済があ

った旨の奥書をし（同法487），また，単名手形には無担保裏書（手15②，77①一）をして，代位弁済者に交付します。弁済をする者は，弁済と引換えに弁済を受領する者に対して受取証書の交付を請求することができ（民486），また，債権に関する証書がある場合において，弁済をした者が全部の弁済をしたときは，その証書の返還を請求することができるからです（同法487）。P.193「③受取証書の交付・債権証書の返還と担保の解除」参照。なお，無担保裏書については，「［事例16］無担保裏書」で解説しましょう。

　d　担保の移転（金融機関の対応の２）
ア．不動産担保
　不動産担保付債権について，保証人等の第三者から全額回収した場合には，代位の付記登記を失念してはなりません。代位弁済受領後に抵当不動産が第三取得者に移転し，それが先に登記されると，代位者は抵当権の移転を第三取得者に主張できなくなるから（最二小判昭41・11・18民集20-9-1861），弁済受領と同時に移転登記をするように心掛けます。手続の進め方は，「［事例17］抵当権の代位による移転登記を失念した事例」で解説します。
イ．その他担保
　代金債権，入居保証金等の債権担保付き債権について，保証人等の第三者から全額回収した場合には，代位による質権・譲渡担保権等の移転通知を配達証明付内容証明郵便で第三債務者に発信しておきます。債務者のために弁済をした者は，債権者に代位します（民499①）。そして，指名債権の譲渡は，譲渡人が債務者に通知をし，または債務者が承諾をしなければ，債務者その他の第三者に対抗することができず（同法467①），その通知または承諾は，確定日付のある証書によってしなければ，債務者以外の第三者に対抗することができない（同条②）からです。

④　一部代位

a　一部代位の効力－債権者の優越的地位

　債権の一部について代位弁済があったときは，代位者は，債権者の同意を得て，その弁済をした価額に応じて，債権者とともにその権利を行使することができます（民502①）。保証債務の一部を弁済した保証人は，弁済した額に応じて債務者に対して求償権を有し（同法459，422），その求償権の範囲で債務者に対して，債権者とともに原債権及びこれに付従する担保権等を行使できます。この意味について債権の一部について代位弁済がなされた場合，代位者は代位した債権や担保権を債権者と共に行使することができるが，ただ，右債権を被担保債権とする抵当権の実行による競落代金の配当については，代位弁済者は債権者に優先されます（最一小判昭60・5・23民集39-4-940）。

b　代位権不行使特約

　保証約定書や（根）抵当権設定契約証書には「保証人が保証債務を履行した場合，代位によって貴行（庫・組）から取得した権利は，本人と貴行（庫・組）との取引継続中は，貴行（庫・組）の同意がなければこれを行使しません。もし貴行（庫・組）の請求があれば，その権利または順位を貴行（庫・組）に無償で譲渡します」との保証条項を置いています。これを「代位権不行使特約」といいます。なお，債権の一部について代位弁済があった場合において，債務の不履行による契約の解除は，債権者のみがすることができるものの，この場合においては，代位者に対し，その弁済をした価額及びその利息を償還しなければなりません（民502④）。

c　一部代位の手続

　債権の一部について代位弁済があった場合には，債権者は，債権に関する証書にその代位を記入し，かつ，自己の占有する担保物の保存を代位者に監督させなければなりません（民503②）。その際，代位弁済による弁済者への債権移転日と移転金額を明確にしますが，具体的には，

①金銭消費貸借契約証書等の一般債権証書には，一部弁済があった旨の奥書をし，②手形には，内入付箋を添付することになりましょう。

（4） 債権者による担保の喪失等（担保保存義務）

① 意義

　債務者のために弁済した者は，債権者に代位し（民499），債権の効力及び担保としてその債権者が有していた一切の権利を行使することができます（同法501①）。原債権に担保が付いていれば，代位弁済者は，担保権にも当然に代位するので，例えば，抵当権で担保されている貸出債権の連帯保証人は，保証債務を履行したときは，原債権のほか，抵当権を代位取得できると期待します。そこで民法は，このような代位権者の期待を保護するために，債権者による担保の喪失等（担保保存義務）を定め（同法504），「弁済をするについて正当な利益を有する者がある場合において，債権者が故意または過失によってその担保を喪失し，または減少させたときは，その代位者は，代位をするに当たって担保喪失または減少によって償還を受けることができなくなった限度において，その責任を免れる」と規定します。いわゆる債権者の担保保存義務です。

② 担保保存義務を負う代位権者の範囲

　民法504条は，代位権者を「弁済をするについて正当な利益を有する者」としましたが，判例はこれを広く解し，①保証人，②連帯保証人，③物上保証人，④抵当不動産の第三取得者，⑤連帯債務者，⑥後順位抵当権者，を含むといいます。これらのうち①〜⑤はいずれも，弁済しないと債権者から執行を受ける地位にあるから当然に「弁済をするについて正当な利益を有する者」に含まれます。また⑥は，弁済しないと債務者に対する自分の権利を失う地位にあるからです。このほか，担保保存義務を負う対象として抵当不動産の賃借人や一般債権者も含むとする見解もありますが，実務上は，これらの者は，除外しても問題にならないでしょう。なお，2020年4月1日施行の改正民法（債権関係）は，任

意代位の規定と法定代位の規定とを統合しましたが（現行民499），金融実務に従来と変わりありません。

③　保存すべき担保の範囲と担保の喪失・減少

保存すべき担保の範囲は，抵当権，質権等の物的担保のほか人的担保である保証が含まれます。物的担保には譲渡担保や代物弁済の予約など仮登記担保も含まれます。

担保を喪失または減少させたときとは，債権者が有していた抵当権や質権を放棄した，保証契約を解除した，抵当権の順位を代位権者に不利益に変更した，担保物件を債権者の故意または過失により毀損または減少させた，のがその例です。

債権者が担保権の管理を怠り，または担保権の実行を怠ることによって，担保の喪失または減少が生じた場合を含むとしています。

④　担保保存義務免除の特約

a　担保保存義務免除の特約の有効性

ア．判例の傾向

金融機関が保証人や物上保証人から差入れを受ける保証約定書には「保証人は，貴行（庫・組）がその都合によって担保もしくは他の保証を変更し，解除しても免責を主張しません」との規定が設けられており，これを担保保存義務免除の特約といいます。この特約の有効性については，判例は「保証人に対する関係における債権者の担保保存義務を免除し，保証人が民法504条により享受すべき利益をあらかじめ放棄する旨を定めた特約は有効である」（最一小判昭48・3・1集民108-275）としつつ，「担保保存義務免除特約を主張することが信義則に反し，あるいは権利の濫用に該当するものと信ずべき特段の事情がない限り，担保保存義務免除特約は有効である」（最一小判平2・4・12手形研究438-72）といいます。

イ．実務の対応

代位権者との間でこの特約がある場合でも，実務としては，担保・保証の変更・解除にあたっては，変更・解除のつど個別に同意書を徴求しておくのが望ましい。しかし，それが徴求できない場合であっても，取引に相応の注意を払っておけば，特約によって担保保存義務違反を問われることはないでしょう。

b　担保保存義務免除の特約がない場合
ア．望まれる堅実な対応
　後順位抵当権者や抵当不動産の第三取得者など，代位権者との間にこの特約がない場合には，代位権者の利益を害する担保・保証の変更・解除にあたっては，その都度必ず同意書を徴求しなければならず，それができない場合には，免責を主張されることも覚悟せざるを得ません。

　また，融資先に信用悪化の兆候がある場合には，担保保存義務免除の特約を結んでいても，担保・保証の解除をするときはもちろんのこと，変更をするときも，保証人等の代位権者から，個別の同意書を徴求すべきです。このような場合には，債権者の注意義務が加重されるからです。

イ．代位権放棄の申出
　弁済をした保証人等から担保の代位は不要である旨の申出があった場合には，その者から代位を主張しない旨の念書を徴求する方法，あるいは，担保に関する書類一切をその者に交付し先方で担保抹消の手続をとってもらう方法がありますが，後者が堅実で望ましい。債権者がこれを承諾した以上，弁済者からの担保不要の申出に対しては上記のとおり対応するのが適当であるのはいうまでもありません。

２．相殺による回収
　債権者金融機関がすでに確保している財源からの債権回収，それは相殺と担保処分に代表されます。これらについても，すでに述べた，全部弁済か一部弁済か，債務者弁済か第三者弁済かによる対応は，そのまま

当てはまるのであって，全部相殺か一部相殺か，債務者預金との相殺か保証人預金とかによって金融実務の対応が異なります。

（1）　相殺と相殺適状

①　相殺とは

　相殺について民法は「二人が互いに同種の目的を有する債務を負担する場合において，双方の債務が弁済期にあるときは，各債権者は，その対当額について相殺によってその債務を免れることができる」と規定します（民505①）。金融取引における相殺は，金融機関から融資先に対して，金融機関が融資先に対して持っている貸出債権と，融資先が金融機関に対して持っている預金債権等とを，対当額で消滅させる意思表示（相殺通知）をすることによって行われます。相殺する側の債権を自働債権（貸付債権），相殺される債権を受働債権（預金等）といいます。相殺は融資先の方からもすることができ，逆相殺と呼びます。相殺には，自己の債務を自己の債権の引当にする担保的機能があり，他の債権回収方法に比べて，手続が簡便で，金融実務はもっぱらこの担保的機能に着目して相殺を利用しています。

②　相殺の要件－相殺適状

　相殺の要件は，①同一当事者間に債権の対立がある，②対立する二つの債権が同種の目的を有する，③両債権がともに弁済期にある，④債権の性質が相殺を許さないものでない，ことであり，このような要件を満たす状態を相殺適状といいます。これらのうち①②④は金融取引においては当然に充足します。③については，自働債権（貸付債権）の弁済期が到来し，あるいは，相手方が自働債権の期限の利益を喪失していれば，受働債権（預金）は弁済期が未到来であっても，その期限の利益を放棄して（民136②）相殺適状にすることができます。さきに「P.89 1（1）期限，期限の利益，期限の利益喪失」で説明したように，期限は，債務者の利益のために定めたものと推定し（同法136①），かつ，期限の利

益は，放棄することができることから（同条②），金融機関にとって預金等の債務の期限が到来していなくても相殺は可能です。しかし貸付債権については，期限の利益を喪失させないと相殺することはできません。相殺するには期限前償還請求書を発信し，債務者の期限の利益を喪失させて相殺適状にしなければならず，相殺適状になったら直ちに相殺を行うのが大原則です。

③ 相殺が禁止される場合

a 禁止される例

相殺適状であっても，①当事者が相殺を禁止し，または制限する旨の意思表示をした，つまり相殺禁止の特約をしたとき（民505②），②受働債権に差押えがあり，その後に自働債権を取得したとき（同法511），③受働債権の譲渡・質入れに対抗要件具備時より後に承諾したとき（同法468①），④自働債権に相手方が抗弁権を有するとき，⑤法的整理手続における相殺の禁止に該当するとき（破産71など），⑥不法行為による損害賠償債務を受働債権とするとき（民509），⑦自働債権に差押えを受けたり，または質権が設定されたりしているとき，は相殺することができません。

b 金融実務では

これらのうち①⑥⑦は金融実務で発生することはありません。

③は，融資先の預金等が，預金者（融資先）の債権者に譲渡・質入れされ，金融機関がその対抗要件具備後に承諾した場合です。債務者は，対抗要件具備時までに譲渡人に対して生じた事由をもって譲受人に対抗することができますが（民468①），それ以後，つまり対抗要件具備時より後に承諾したとき，相殺等でもって対抗することがでないのです。なお，2020年4月1日施行の改正民法（債権関係）は，「異議をとどめない承諾の制度」（改正前民468①）を廃止，債務者から抗弁権放棄の意思表示を得ない限り，譲受人は，譲渡人に対抗し得る事由（抗弁）を

対抗されることになります。そして，預金口座または貯金口座に係る債権（以下「預貯金債権」という）について当事者がした譲渡制限の意思表示は，その譲渡制限の意思表示がされたことを知り，または重大な過失によって知らなかった譲受人その他の第三者に対抗することができるとし（民466の5①），前項の規定は，譲渡制限の意思表示がされた預貯金債権に対する強制執行をした差押債権者に対しては，適用しない（同条②），の規定が新設されました。

　④は，自働債権に同時履行の抗弁権（大判昭13・3・1民集17-318）や保証人の催告・検索の抗弁権（最二小判昭32・2・22民集11-2-350）などの抗弁権が付着している場合で，相殺を認めると，抗弁制度の目的が達せられないからです。もっとも，当事者間であらかじめ抗弁権を放棄することは有効で，支払承諾約定書に，事前求償権に付着する民法461条の抗弁権を放棄する特約を設けています（支払承諾約定書8②）。また，銀行取引約定書等の基本取引約定書は，相殺に際して相殺済手形の返還を要しないとしていますが（銀行取引約定書8①），これも手形貸付において，手形と引換えでなければ弁済することを要しないとの融資先の同時履行の抗弁権を放棄させている例です（手39，77①三）。

②と⑤は節を改めます。P.215「(6)　差押と相殺」「P.219 (8) 法的整理手続と相殺」参照。

(2)　相殺の方法

①　相殺通知の必要性

a　通知は必要

　相殺は，当事者の一方から相手方に対する意思表示によってする（民506）。対立する両債権の弁済期が到来して相殺適状に達するだけでは，当然には相殺の効果は生じません。また，その意思表示には，条件または期限付すことができません（同条①）。相殺の意思表示を相殺通知と呼び，判例は，特約によって相殺通知を省略しても，その特約は無効で

あり，相殺の効果は生じないといいます。それでは相手方の住所変更等により到達しないと相殺の効果が生じないことになり不都合です。そこで，銀行取引約定書等の基本取引約定書に，住所等の届出事項に変更があったときは，直ちに届け出しなければならず，この届出を怠ったため金融機関からの通知が到達しないときは，通常到達すべきときに到達したものとみなす旨の特約をしています（銀取旧ひな型11②）。こ特約を「みなし送達規定」といい，これにより届出の住所宛に相殺通知を発送すればよいことになります。しかし，相殺通知そのもを省略することはできません。後日，預金者から預金の払戻し請求があったとき，返戻された相殺通知書をあらためて呈示すれば遡って相殺の効果が生じるからです（民506②）。これを相殺の遡及効といいます。P.214「(3) 相殺の効果」参照。

b　みなし送達と相殺の遡及効

当事者間に「みなし送達」の約定があれば，相殺通知書が到達しなくても，当事者では相殺は有効ですが，この特約をもって第三者に対して相殺の効力を主張することはできません。ここで第三者とは，例えば差し押さえられた預金を受働債権として相殺する場合の差押債権者です。差押債権者等の第三者に相殺通知の効力を及ぼすには，公示送達の方法を取らざるを得ません。ところが実務においては，この方法を取らず，差押債権者等の第三者に対しても相殺通知をすることで済ませています。それは，公示送達の手続が煩雑のうえ，例え差押債権者等の第三者から相殺無効の主張がなされても，相殺の遡及効により，差押債権者等に対しても相殺の効力が生じるからなのです（民506②）。また，差押債権者にも相殺通知の受領能力があり，同人に対する通知によっても，有効に相殺をすることができるのです。なお，2020年4月1日施行の改正民法（債権関係）は，意思表示の効力発生時期等に関して，「相手方が正当な理由なく意思表示の通知が到達することを妨げたときは，そ

の通知は，通常到達すべきであった時に到達したものとみなす」との規定（民97②）を新設しました。

② **相殺通知の方法**

相殺通知は，法律上は，電話でも口頭でも有効ですが，その事実を確実に記録に留めるため，相殺通知書を作成し，相手方に送付します。配達証明付内容証明郵便によるのが一般的ですが，郵送せず，直接相手方に手渡し，その受領書を受け取っておく方法もありましょう。相殺通知の書式は後掲「［書式19］相殺通知書（債務者宛）」「［書式20］相殺通知書（保証人宛）」「［書式21］相殺通知書（転付債権者または譲受人若しくは質権者宛）」参照。

③ **相殺通知の内容**

相殺通知には，自働債権と受働債権を特定させる必要があります。どの債権とどの債権が消滅したかを相手方に認識させるためです。これらが数口あるときは，どの自働債権または受働債権に充当されたのかを明確にします。それが相殺充当です。充当の通知は，相殺通知のなかで併せて行われます。相殺充当の順序は，①無担保・無保証債権は担保付・保証付債権に優先，②手形を伴わない債権（とくに支払承諾に基づく求償権，当座貸越債権）は手形を伴う債権（手形貸付債権，割引手形買戻請求権）に優先，③割引手形買戻請求権相互では手形債務者の信用度の低いものを優先，します。金融機関には相殺充当の指定権がありますが（銀取旧ひな型9），相殺充当の通知を怠ると法定充当となると解されるので注意します。

④ **相殺通知の相手方**

a　原則

相殺通知は，相殺の一方の当事者である受働債権の債権者（預金者）に対してするのが原則。したがって融資先預金と相殺するには融資先（法人の場合にはその代表者）に（後掲「［書式19］相殺通知書（債務者宛）」

参照),保証人預金との相殺は保証人に(後掲「[書式 20] 相殺通知書(保証人宛)」参照),貸出先や保証人が死亡している場合には,預金の相続人全員に通知します。

b　管理・処分権の喪失

預金者がその管理・処分権を法律上喪失した場合には,相殺通知の相手方は,預金者ではなく,管理・処分権者となります。例えば預金者が破産手続,会社更生手続,特別清算手続に入った場合には,それぞれ破産管財人,更生管財人,代表清算人となります。P.219「(8)　法的整理手続と相殺」参照。預金者の死亡後限定承認があったときの相殺通知の相手方は相続財産管理人,遺言により遺言執行者が指定されているときは遺言執行者となります。

c　預金に差押等がある

預金が差押などの執行を受けた場合の考え方は次のとおり。

預金に対して民事執行法や滞納処分による差押があった場合には,判例は,相殺通知は預金者または差押債権者のいずれにしてもよいとします(最三小判昭 40・7・20 集民 79-893)。

差押債権者に相殺受領権があるのは,差押債権者に差押債権の取立権があるからです。預金者に相殺通知をし,あわせて差押債権者にも事後的に通知するのが堅実な対応といえましょう。差押債権者からの無用な取立を防止するためにも有用です。預金に仮差押があった場合には,預金者に対して相殺通知をします。仮差押債権者にも通知しておくのが望ましい。預金に転付命令があった場合には,転付命令が確定すると,預金債権は転付債権者に移転します。このため相殺通知は転付債権者に対して行います。念のため預金者にも通知しておくのが無難です。転付命令の確定前は預金債権の移転の効果が生じないので,相殺通知は預金者に対して行います。この場合も,転付命令が将来確定し,転付債権者が支払請求に来ることが予想されるので,転付債権者に対しても通知して

おくのが望ましいことです（後掲「［書式21］相殺通知書（転付債権者
または譲受人若しくは質権者宛)」参照）。

```
相　殺　通　知　書

東京都中央区丸の内 1 丁目 1 番 1 号　　　　　　　2010 年 10 月 10 日
株式会社　甲野商会　殿　　　　　東京都千代田区内幸町 1 丁目 1 番 1 号
　　　　　　　　　　　　　　　　　　　株式会社　東西銀行南北支店
　　　　　　　　　　　　　　　　　　　　支店長　東西南北　印
```

　当行の貴社に対する下記 1 の債権と，貴社に対する下記 2 の債務とを，00 年 00 月 00 日付銀行取引約定書の約旨に基づき，本日対等額で相殺いたしましたから，ご通知申し上げます。おって，相殺後の当行の貴社に対する債権は，手形貸付金 12,3456,789 円，手形割引金 20,000,000 円及び貴社振出約束手形請求権 30,000,000 円であります［注 1］。

記

1．当行債権の表示
(1)　支払承諾請求権　　　　　　10,000,000 円
　　　　　　　　　（ただし，○○生命に対する代位弁済に基づく求償権）
(2)　手形貸付債権　　　　　　　 7,654,322 円
　　　　　　　　　（ただし，貸付日 00 年 00 月 00 日，期日 00 年 00 月
　　　　　　　　　　00 日，金額 20,000,000 円の貸出金の一部）
　　以　上　合　計　　　　　　17,654,322 円

1．当行債務の表示
(1)　別　段　預　金　　　　　　 1,000,000 円
　　　　　　　　　（ただし，当座預金解約金）
(2)　定　期　預　金　　　　　　16,000,000 円
　　　　　　　　　（ただし，当初預入日 00 年 00 月 00 日，満期日 00 年
　　　　　　　　　　00 月 00 日）
(3)　同　上　利　息　　　　　　　 654,322 円
　　　　　　　　　（ただし，利率年○パーセント源泉所得税○差引額）
　　以　上　合　計　　　　　　17,654,322 円

以　　　上

［注 1］預金の一部と相殺し，なお預金がある場合の記載は「なお，預金の相殺後の残額 000 円は当行の残債権と相殺する予定につきあわせてご通知申し上げます」。

[書式20]　相殺通知書（保証人宛）

```
　　　　　　　　　　相　殺　通　知　書

東京都中央区丸の内1丁目1番1号　　　　　　　2010年10月10日
甲　野　太　郎　殿　　　　　　東京都千代田区内幸町1丁目1番1号
　　　　　　　　　　　　　　　　　株式会社　東西銀行南北支店
　　　　　　　　　　　　　　　　　支店長　東西南北　印

　貴殿が当行に対して負担する下記1の連帯保証債務（主たる債務者株式
会社甲野商会殿）と当行が貴殿に対して負担する下記2の定期預金元本及
び利息債務とを，00年00月00日付銀行取引約定書の約旨に基づき，本日
対等額で相殺いたしましたから，ご通知申し上げます。
　　　　　　　　　　　　　　記
　　　　　　　　　─　［書式19］参照　─
```

[書式21]　相殺通知書（転付債権者または譲受人若しくは質権者宛）

```
　　　　　　　　　　相　殺　通　知　書

東京都港区六本木1丁目1番1号　　　　　　　　2010年00月00日
乙　山　次　郎　殿［注1］　　　東京都千代田区内幸町1丁目1番1号
　　　　　　　　　　　　　　　　　株式会社　東西銀行南北支店
　　　　　　　　　　　　　　　　　支店長　東西南北　印

　預金者　甲野太郎　殿の下記2の預金について，東京地方裁判所平成00
年（0）第00号債権差押及び転付命令の送達［注2］を受けましたが，当
行は，同預金者に対して下記1の債権を有しておりますので，銀行取引約
定書の約旨に基づき，本日対等額で相殺いたしましたから，ご通知申し上
げます。
　　　　　　　　　　　　　　記
　　　　　　　　　─　［書式19］参照　─
```

［注1］預金に転付命令があったとき転付命令の効力が確定すると，預金は転付債
　　　権者に帰属するので，相殺通知は転付債権者宛に発信する。その効力が未確
　　　定のうちに相殺するときは，預金者と転付債権者の双方に発信する。
［注2］譲渡・質入れがあったときは，「貴殿に譲渡（または質入れ）された旨の通知」
　　　に修正。

(3)　相殺の効果

　相殺通知が相手方に送達すると，その対象となった自働債権及び受働債権はいずれも対当額で消滅します。両債権が消滅するのは，特約がなければ相殺実行の時ではなく，相殺適状となった時です。相殺の意思表示は，双方の債務が互いに相殺に適するようになった時にさかのぼってその効力を生じるからで（民506②），これを相殺の遡及効といい，非常に重要な規定です。ただ，民法のこの原則によれば相殺適状となった時以降は自働債権，受働債権ともに約定利息や遅延損害金が生じません。これでは，金融機関はいつ相殺適状となったかを完全に知りえないので不都合です。そこで銀行取引約定書等の基本取引約定書に，差引計算をする場合，債権債務の利息，割引料，損害金等の計算は，その期間を計算実行の日までとする旨の特約を置いています（銀取旧ひな型7③）。しかし，相殺適状になったら，割引手形の落込み状況を確認するなど特殊な例は別として，直ちに相殺するのを原則とするのはいうまでもありません。

(4)　合意相殺・約定相殺

　民法の規定に基づいて行われる相殺を法定相殺といいますが，このほかに相殺には，合意相殺・約定相殺があります。合意相殺は，まさに当事者の合意に基づく相殺で，相殺契約による相殺といえますが，金融実務では例をみることが少ないものです。約定相殺は，法定相殺の原則を約定により一部修正するもので，金融実務では，相殺予約に基づいて行われることが多いので，その大多数が約定相殺です。金融機関は，銀行取引約定書等の基本取引約定書に基づいて，法定相殺の要件を満たす場合はもちろん，満たさない場合でも，より緩和した要件のもとに相殺できるようにしているのです。

(5)　相殺の自働債権と受働債権

　金融機関の相殺の自働債権は，手形貸付債権，証書貸付債権，割引手

形買戻請求権，当座貸越債権，支払承諾による求償権，同事前求償権，支払人口の手形債権，及びこれらの利息，遅延損害金などです。保証人預金と相殺する場合の自働債権は，保証債務履行請求権（保証債権），です。なお，催告及び検索の抗弁権の付着する保証契約上の債権を自働債権とする相殺はできません（最二小判昭32・2・22民集11-2-350）が，連帯保証人は両抗弁権を有しませんので（民454），連帯保証債権とする相殺に支障はありません。

　一方受働債権は，定期預金，当座預金などの預金債権，及びこれらの利息債権，不渡異議申立提供金預託金の返還請求権などです。なお，当座預金を受働債権とする相殺は，当座勘定取引の解約前の相殺を是認した最高裁の判例が出たため，現在では事前に当座勘定取引を解約する必要はなくなりました。P.111「(2) 当座預金と相殺する方法」参照。

(6)　差押と相殺

　受働債権である預金や不渡異議申立提供金預託金の返還請求権などに差押があった場合には，金融機関は貸出債権などの反対債権を自働債権として相殺し，両債権の消滅を差押債権者に主張することが可能でしょうか。昭和45年の最高裁裁判所大法廷判決（最大判昭45・6・24民集24-6-587）は，自働債権が差押後に取得されたものでないかぎり，自働債権及び受働債権の弁済期の前後を問わず，差押後においても相殺適状に達しさえすれば，相殺することができるとし，併せて，銀行取引約定書の対外効を認めました。この結果，金融機関は，預金等に差押があったとき，自働債権は銀行取引約定書等の基本取引約定書により期限の利益が当然に喪失し（銀取旧ひな型5①三），受働債権の期限の利益を放棄して，直ちに相殺適状を生じさせ，相殺することを差押債権者に主張することができることとなったのです。詳細は，「[事例4] 差押と相殺の優劣そして基本取引約定書の対外効」参照。なお判例はその後，割引手形買戻請求権に関して，銀行取引約定書第6条の差押債権者に対する対

抗力を認めます（最一小判昭 51・11・25 民集 30-10-939）。この現在の判例理論は無制限説といわれています。ただし，受働債権に差押があった後に取得した債権による相殺をもって差押債権者に対抗することができないのはいうまでもありません（民 511）。

　なお，2020 年 4 月 1 日施行の改正民法（債権関係）は，差押と相殺に関する判例法理・無制限説を明文化し，「差押えを受けた債権の第三債務者は，差押後に取得した債権による相殺をもって差押債権者に対抗することはできないが，差押前に取得した債権による相殺をもって対抗することができる」（民 511 ①）と規定しました。

（7）　相殺済手形の処理

①　金融機関の手形の交付義務

a　原因債権を自働債権とする相殺

　手形貸付や手形割引などの手形を伴う貸出では，金融機関は手形上の債権のほかに原因債権（手形貸付における金銭消費貸借上の債権，手形割引における割引手形買戻請求権）をもちます。これらの債権を相殺によって回収する場合には，通常は原因債権を自働債権としますが，手形上の債権を自働債権とすることもできます。

　原因債権を自働債権として相殺する場合には，手形の呈示・交付は必要ではありません。もっとも，相手方は，受取証書としての手形と引換えに弁済するとの同時履行の抗弁権を持ちますから（民 486），相殺済手形は返還しなければなりません。しかし，相殺と同時に手形を返還することが常に容易であるとは限りません。そこで金融機関は，銀行取引約定書等の基本取引約定書に，原因債権を自働債権として相殺する場合には，同時に手形の返還を要しない旨の特約を設けており（銀取旧ひな型 8 ①），判例も特約の有効性を認めます。なお，割引手形買戻請求権で相殺した場合のように，手形上に他に債務者が存在するなど，金融機関になお債権が残存しているときは，当該手形を留めておき，取立また

は処分のうえ，債務の弁済に充当することができることにしています（銀取旧ひな型8④）。

　　b　手形債権による相殺と約款の働き

　手形債権を自働債権として相殺する場合には，手形を呈示することが必要です（手38，77①三）。また，手形を交付することも必要です（手39，77①三）。しかし，相殺と同時に手形の呈示・交付をするのは必ずしも容易ではありません。そこで，銀行取引約定書等の基本取引約定書に，次の場合に限定して手形の呈示・交付を省略することができると特約しています（銀取旧ひな型8③）。それは，①相手方の所在が明らかでないとき，②当該金融機関が支払場所であるとき，③手形の送付が困難と認められるとき，④取立てその他の理由によって呈示と・交付の省略がやむを得ないと認められるとき，です。これらの場合以外には，手形の呈示・交付を省略することはできません。また，割引手形の支払人に対する手形債権とその者の預金とを相殺するように，銀行取引約定書等の基本取引約定書の差入れのない者を相手方として手形債権を自働債権として相殺する場合にも，手形の呈示・交付を省略することはできません。

② 　相殺済手形の相手方

　　a　原則

　相殺済手形は，相殺の目的となった預金の預金者に返還するのが原則で，貸出先の預金と相殺した場合には貸出先，保証人預金と相殺する場合には保証人です。その際，手形貸付の手形には金融機関の領収裏書をし（手39①，77①三），割引手形には金融機関の無担保裏書をするか（手15②，77①一），被裏書人欄の金融機関名を抹消します。保証人に返還する場合には，手形貸付の手形も，割引手形も，金融機関の無担保裏書をします。いずれの場合も，手形の受取書を徴求します。ただし，保証人が手形上の保証人の場合には，金融機関の無担保裏書は不要で，受取

書の徴求で差支えありません。なお，無担保裏書については，「［事例
16］無担保裏書」参照。

    b　預金等に(仮)差押があった場合

　民事保全法，民事執行法による(仮)差押押命令を受けた預金を受働債
権として相殺する場合には，手形を(仮)差押債権者に返還するのではな
く，預金者に返還します。(仮)差押えによって預金者が(仮)差押債権者
に変更されるものではないからです。滞納処分による差押があった場合
も同様です。相殺通知は預金者に対して行うとともに，あわせて(仮)差
押債権者にも通知するのと間違えないようにしましょう。P.210「④ c
預金に差押等がある」参照。

    c　預金等に転付命令があった場合

ア．原則

　転付命令を受けた預金を受働債権として相殺する場合には，相殺済手
形の返還をどう考えるべきでしょうか。銀行取引約定書等の基本取引約
定書によれば，融資先や保証人の預金に対して差押・転付命令が発送さ
れたとき，融資先は当然に期限の利益を喪失し（銀取旧ひな型5①三），
転付命令が金融機関に送達される前の発送段階で，すでに相殺適状にな
ります。したがって，第三債務者である金融機関が相殺をもって転付債
権者に対抗するときは，転付命令は，結果として，いわば空振りに終わ
りその効力を生じません。このため相殺済手形は預金者に返還すべきも
のとされています。相殺通知は転付債権者に対しても行うのはさきにみ
たとおりです。「P.210 ④ c 預金に差押等がある」参照。

イ．転付命令後に相殺適状になると

　これに対して転付命令があった後に相殺適状となる場合には，取扱い
が異なります。預金者から銀行取引約定書等の基本取引約定書の差入れ
を受けていない場合に生じることです。貸出取引のない預金者が支払義
務者となっている手形を，金融機関が回り手形として取得し，その預金

に転付命令があったために，金融機関がその預金と手形債権とを相殺するのがその例です。この場合には，手形は転付債権者に返還します。

　なお，転付命令が効力を生じた後は，転付債権者の側からも相殺ができることに注意しなければなりません。これを逆相殺といいます。詳細は，P.223「(9) 逆相殺」で解説します。

d　法的整理手続に入った場合

　融資先が法的整理手続に入った場合の手形の返還先は，①破産の場合は破産管財人，②会社更生の場合は更生管財人，ただし，更生手続開始前で保全管理人が選任されているときは，その者，③民事再生の場合は債務者，ただし，保全管理人が選任されているときはその者，開始決定後に管理命令が出されたときは管財人，④特別清算の場合は代表清算人，となります。⇒「下記 (8) 法的整理手続と相殺」参照。

(8)　法的整理手続と相殺

　融資先について破産手続開始その他の法的整理手続が開始しても，そのことによって相殺が制限されることは原則としてありませんが（破産67），ただし，破産法71条及び72条には相殺禁止規定があります。金融実務上きわめて重要なことです。民事再生法93条及び93条の2，会社更生法49条及び49条の2，ならびに，会社法517条及び518条にも同旨の規定があります。以下，順次解説しましょう。

①　破産手続と相殺

a　破産法71条及び72条の相殺禁止

ア．破産手続開始後の債務負担（破71①一）

　破産手続開始の後に入金された融資先の預金と破産債権である貸出金等とを相殺することはできません。破産法は，破産債権者が破産手続開始後に破産財団に対して債務を負担したときは，相殺を禁止しているからです。これは，他の債権者との公平の観点から設けられたものです。

イ．危機時における債務負担（破71①二〜四）

（ⅰ）　規定の趣旨と「前に生じた原因」

　破産債権者が，債務者が支払不能，支払の停止または破産手続開始の申立てがあったことを知って債務を負担した場合も，原則として相殺が禁止されます。融資先債務者の支払停止または破産手続開始の申立後に受け入れた預金がこれにあたります。この場合には相殺を無効にするためには，支払停止等の事実を金融機関が知っていたことを破産管財人の側で立証する必要があります。もっとも，金融機関の融資先の支払停止等の事実を知らなかったとされることは少ないでしょう。

　ただし，支払停止または破産申立があったことを知って債務を負担した場合であっても，①債務の負担が法定の原因に基づく場合（破71②一），②支払不能，支払停止または破産手続開始の申立てがあったことを知った時より前に生じた原因に基づくとき（同条同項二），③破産手続開始の申立てがあった時より1年以上前に生じた原因に基づく場合（同条同項三），は例外的に相殺が認められます。

　問題なのは②の支払不能等を知った時より前に生じた原因に基づく場合の「原因」とは何かということです。一般に，相殺の期待が具体的に生じうる程度に直接的であることを要するとされており，金融取引では，振込指定・代理受領と手形の取立委任が問題となります。

（ⅱ）　振込指定・代理受領

　振込指定・代理受領は，肯定説（「原因」に当たるとするもの）と否定説に見解が分れていますが，最高裁判所の判断は現在のところありません。他に有力な回収手段がない場合にのみ肯定説に従って相殺する取扱いとするのが無難です。

（ⅲ）　手形の取立委任

　手形の取立委任は，旧来は「前に生じた原因」には当たらないとされていましたが，最高裁判所は，破産手続開始前に取立委任を受けていた代金取立手形について，破産手続開始申立後に入金となった取立代り金

を「前に生じた原因」に基づくものとして，相殺を有効としました（最三小判昭 63・10・18 民集 42-8-575）。破産者との間で締結した銀行取引約定書等の存在が「前に生じた原因」と認められたからです。

　なお，それが破産手続開始後に入金となる場合には，商事留置権を主張します。最高裁判所は，破産財団に属する手形の上に存在する商事留置権を有する者は，破産手続開始後においても，手形を留置する権能を有し，破産管財人からの手形の返還を拒むことができるとしたうえ，銀行取引約定書4条4項に基づく取立・弁済充当を認めているからです（最三小判平 10・7・14 民集 52-5-1261）。

ウ．破産手続開始後の破産債権の取得（破 72 ①一）

　破産者の債務者が破産手続開始後に他人の破産債権を取得したときで，アと同様に，公平の観点から相殺が禁止されるものです。

エ．危機時における破産債権の取得（破 72 ①二～四）

　破産者の債務者が支払不能，支払停止または破産手続開始の申立があったことを知って破産債権を取得した場合には，原則として相殺が禁止されます。ただし，イと同様に，破産債権の取得が，①法定の原因に基づく場合，②債務者が支払不能，支払停止もしくは破産手続開始の申立があったことを知った時より前に生じた原因に基づく場合，または，③破産手続開始の申立てがあった時より1年以上前に生じた原因に基づく場合，は例外的に相殺が認められます。

　実務上は，①危機時の前に割引いた手形が不渡となり，危機時の後に買戻請求権が発生したとき，②危機時の前に保証依頼を受けて第三者に保証をし，支払承諾約定書の基づいて危機時の後に保証を履行をし，求償権が生じたときが問題になります。①の手形の買戻請求権について判例は相殺を認めます（最三小判昭 40・11・2 民集 19-8-1927）。②の求償権についても同様に解してよいでしょう。

　b　相殺の時期

相殺の時期について破産法の制限はありません（破67）。ただし，相殺後の残債権について破産債権届出をすること，破産手続開始後の利息・遅延損害金は，相殺の自働債権とすることができないことから，破産手続開始の後速やかに相殺するのが望ましいのはいうまでもありません。

　　c　保証人預金との相殺

　破産手続においては，保証人に対する権利はなんら影響を受けません（破253②）。したがって，保証人の預金があれば，これを受働債権として，破産手続外で相殺することができます。

② **民事再生手続と相殺**

　民事再生手続においても，破産手続におけるのと同様に，原則として，手続外で相殺することができますが（民再92），破産法71条，72条と同様の制限があることに留意する必要があります（同法93，93の2）。

　手形の取立委任について，破産法66条1項により商事留置権は特別の先取特権とみなされ優先弁済権が認められていますが，再生手続においてはこのような規定が設けられていないから下級審の判例は分かれていました。ところが，平成23年12月15日最高裁判所第一小法廷（民集65-9-3511）は，「会社から取立委任を受けた約束手形につき商事留置権を有する銀行は，同会社の再生手続開始後の取立てに係る取立金を，法定の手続によらず同会社の債務の弁済に充当し得る旨を定める銀行取引約定書に基づき，同会社の債務の弁済に充当することができる」としました。代金取立手形について，破産手続におけるのと同様に，民事再生手続においても優先弁済権が認められることとなったのです。

　また，相殺の時期に関して，再生債権の届出期間内に限り，相殺することができる点に注意しなければなりません（同法92①）。このため，債権届出前に相殺をして，相殺後に債権届出をします。金融機関の保証人に対する権利は，民事再生手続においても，破産手続と同様に，影響を受けません（同法177②）。保証人預金との相殺は，民事再生手続外

で相殺することができ，その時期も制限されていません。なるべく早い時期に相殺すべきなのは破産手続におけるのと同様です。

③　会社更生手続と相殺

　会社更生手続においても，相殺は原則として更生手続外でできますが，破産法71条及び72条と同様の相殺禁止の規定があります（会更49，49の2）。また，更生債権及び更生担保権の届出期間満了前に相殺することを要し，債権届出期間経過後は相殺をすることができません（同法48①）。相殺は，更生手続開始後速やかに行います。上記相殺の時期に関する制限のほかに，手続開始後の利息，損害金は相殺することはできないからです。保証人預金との相殺は，会社更生手続が開始しても，制限されることはありません（同法203②）。

④　特別清算手続と相殺

　特別清算手続においても，破産法71条及び72条と同様の相殺禁止の規定があります（会社517，518）。したがって，これらに該当する場合には相殺できませんが，それ以外は，相殺は制限されません。相殺の時期についても制限規定はありませんが，手続開始後速やかに行います。遅くとも協定案が可決され，その決議が裁判所によって認可されるまでにすべきです。特別清算手続が開始しても保証人預金との相殺には何ら制限はありません。

(9)　逆相殺

①　逆相殺の要件

　逆相殺には，債務者本人から行われる場合と，保証人などの第三者から行われる場合とがあります。逆相殺に対して金融機関は銀行取引約定書等の基本取引約定書で，その要件と弁済充当の指定替えを特約しており，その特約に従って対応することになります。銀行取引約定書7条の2に定める逆相殺の要件は，①預金が弁済期にあること（銀取旧ひな型7の2①），②満期前の割引手形については他に再譲渡中でないこと（同

条②），③外貨または自由円勘定による債権または債務は，それが弁済期にあり，かつ外国為替に関する法令上所定の手続が完了していること（同条③），です。

② 弁済充当の指定替え

債務者が指定した弁済充当を金融機関が変更することを「弁済充当の指定替え」といい，銀行取引約定書等の基本取引約定書9条の2は，①その指定により債権保全上支障を生じるおそれがあるときは，金融機関は遅滞なく異議を述べ，担保・保証の有無，軽重，処分の難易，弁済期の長短，割引手形の決済見込みなどを考慮して，金融機関の指定する順序方法により充当することができる（銀取旧ひな型9の2③），②期限未到来の債権については期限が到来したものとして，また満期前の割引手形については買戻請求権を，支払承諾については事前の求償債権を負担するものとして，金融機関は順序方法を指定することができる（同条④），と規定します。

③ 第三者からの逆相殺

a 逆相殺ができる第三者

逆相殺ができる第三者としては，①債権者代位権者，②預金の転付債権者，③預金の譲受債権者，④保証人，⑤物上保証人，⑥連帯債務者，⑦（重畳的）債務引受人，などが考えられます。このうち，①②③はいずれも金融機関の取引先の債権者であり，④⑥⑦はいずれも金融機関取引先と共に金融機関に対して債務を負う者です。

第三者から逆相殺の通知がきたが，それが金融機関の債権保全上支障のある場合には，どのように対応すべきでしょうか。

b 金融機関の対応

①の債権者代位権者に対しては，金融機関は取引先に対して主張し得る一切の抗弁を主張でき（民423①），③預金の譲受債権者に対しては，譲渡の無効を主張でき（同法466②），⑥連帯債務者及び⑦（重畳的）

債務引受人からの逆相殺に対しては，債務者本人からの逆相殺と同様に対抗することになります。

　ただし，②の転付債権者からの逆相殺に対しては，転付命令が確定するまでに債務者本人に相殺通知を発信して対抗することになります。転付債権は転付命令の確定を停止条件として成立するから（民執159⑤），転付の効力確定前になされた相殺は，条件付債権の相殺となり認められません（民506①）。なお，転付命令は裁判の告知を受けた日から1週間で確定します（民執10②）。

　④の保証人は，もともと主たる債務者と同等の逆相殺権を持っていますから，このままでは，保証人からの逆相殺に対して有効な手段がありません。そこで金融機関は，あらかじめ各種約定書の保証条項に「保証人は，本人の貴行（庫・組）に対する預金その他の債権をもって相殺はしません」とする特約を置いています。⑤の物上保証人には保証人のような権利はありません。物上保証人があらかじめ保証人にもなっていれば，上記の特約により救済されます。もっとも，そのような措置を講じなくても，権利濫用あるいは信義則違反としてその逆相殺を無効と解する余地もあります。

(10)　相殺権の濫用

①　意義

　預金に差押が行われた場合の相殺について，判例は，自働債権が差押後に取得されたものでないかぎり，自働債権及び受働債権の弁済期の前後を問わず，差押後においても相殺適状に達しさえすれば，相殺することができると，いわゆる無制限説をとり，相殺権を強く保護しています（最大判昭45・6・24民集24-6-587）。その結果，相殺に強力な担保的機能が与えられましたが，受働債権について利害関係を有する第三者（例えば差押債権者）にとっては，逆に不満が残ることとなりました。そこで相殺権を制限的に解すべきとの立場から，金融機関が債権回収を目的と

してではなく，取引先のために営業推進上の見地から相殺を利用するような場合には，その効力を権利の濫用として（民1③），否定すべきとの主張がなされるようになりました。いわゆる相殺権の濫用の問題です。

② 問題となるケース

相殺権の濫用が問題となるのは次のような場合です。

a 狙い撃ち相殺

例えば，金融機関が100万円の定期預金2口と100万円の貸出金があったとして，定期預金の1口に第三者からの差押があり，この場合に金融機関は，形式的にはいずれの定期預金も受働債権として相殺することができます。しかし，預金者の依頼に応じて，差し押さえられた方をあえて受働債権として相殺して，差押の効力の及んでいない定期預金を預金者に払い戻すと，その相殺は，預金者の利益のために差押債権者を害することになるので，相殺権の濫用となります。これを狙い撃ち相殺といいます。

b 同行相殺

割り引いた手形の手形債権と，割引依頼人以外の手形債務者の預金との相殺のことをいいます。同一の金融機関の僚店間にまたがる相殺である例が多いのでこの名があるのです。金融機関が同行相殺をすると，その結果として，割引依頼人は手形の買戻債務を免れます。

このことは手形債務者に対する他の一般債権者からみると，同行相殺の結果，割引依頼人が買戻債務を免れ利益を得たのに対して，同行相殺された預金相当額だけ一般財産が減少し不利益を被ることになります。そこで，一般債権者が同行相殺につき権利の濫用を問題にしてくることが予想されます。この場合，割引依頼人に買戻能力があったかどうかが判断の分れ道になると考えられます。同行相殺が相殺権の濫用に該当するか否かが直接問題とされた判例は見当たりませんが，手形債務者が破産手続開始決定を受け，金融機関が割引によって取得した手形債権を自

働債権として同行相殺した場合に，割引依頼人に不当利得があるか否か
が争点となった事案について，手形の所持人が振出人に対し手形上の権
利を行使するか，買戻請求権ないし遡求権を行使するかは，自由な意思
により選択決定し得るところとして，同行相殺を認めています（最一小
判昭53・5・2集民124-23）。このことから，同行相殺が当然に相殺権の濫
用にあたるという根拠はないといってよいでしょう。

c　駆込み割引

同行相殺は相殺権の濫用が問われないとしても，それが駆込み割引と
なると相殺権の濫用に該当することになります。駆込み割引とは，金融
機関が，手形の支払義務者が支払停止等の危機的状態にあることを知り
ながら，その者の預金が自店または僚店にあることを奇貨として，あえ
てその手形の所持人の依頼によりこれを割り引いて，こうして取得した
手形債権を自働債権とし，手形債務者の預金を受働債権として相殺する
ことをいいます。このような相殺は法的整理手続では破産法（破産72
①三）などの規定から許されませんが，法的整理手続とならない場合で
も，信義則違反ないし権利濫用となって許されないでしょう。

d　不渡異議申立提供金預託金を受働債権とする相殺

異議申立提供金預託金には，よく差押がかけられます。異議申立手続
には不渡手形と同額の不渡異議申立提供金預託金が支払金融機関に預託
されるので，不渡手形の所持人は，それを差し押さえて債権を回収しよ
うとするからです。このため，異議申立提供金預託金を受働債権とする
相殺には，差押債権者である手形所持人の不満は大きく，差押債権者が
相殺権の濫用を主張してくることが少なくありません。しかし，判例は，
預託金返還請求権の性質上制限されるものと解すべき理由はないとし
て，相殺権の濫用の主張を退けています（最一小判昭45・6・18民集24-
6-527）。

e　時機に遅れた相殺

例えば，割引手形の落込状況をみてから相殺するなど，債権保全上合理性のある相殺の遅れが相殺権の濫用に当たらないのは言うまでもありません。ところが，一般に貸出金の利率・損害金の割合は預金の利率より高いので，金融機関が相殺を遅らすとそれだけ融資先の金利負担が増加します。このため，相殺を遅らすことが相殺権の濫用に該当するのではないかが問題となります。判例に，相殺適状時から2年半を経過した後に，信用組合が信用組合取引約定書7条3項の規定により相殺して差引計算したとしても，信義則に反するもとはいえないとしたものがありますが（最二小判平2・7・10金融法務事情1227-26），適状に達したら早期に相殺するのは言うまでもありません。

  f 担保付債権を自働債権とする相殺

AのBに対する債権に担保権が設定されており，当該担保権の行使によって全額弁済を受けることができる状態であるにもかかわらず，Aがその債権を自働債権として，Cから差押えを受けたBのAに対する債権を受働債権とする相殺をすることが，Cの利益を不当に害するのではないかが問題となり得ますが，それだけでは権利濫用にはならないとの判例があります（最一小判昭54・3・1金法893-43）。

③ 相殺権の濫用とされた場合の相殺の効力

相殺権の濫用とされた場合には，相殺は無効になるおそれがあり，債権債務の対等額での消滅はなかったことになります。また相殺の効力は否定されないまでも，損害賠償義務を負担させられることもあるので，相殺権の行使は慎重にするよう十分注意します。

3．信用保証協会代位弁済による回収

信用保証協会への代位弁済の請求は，保証付債権の回収が困難と判断される場合に行います。ここでは代位弁済請求にあたっての留意点を，時系列に従い解説します。なお協会によって手続が異なることもあるの

で，代位弁済の請求を進めるには，各種約定書にあたって手続を確認することが要求されます。

（1）　請求の準備

①　事前協議と期限の利益喪失

代位弁済の請求は，金融機関が提出する「事故報告書」に基づいて，信用保証協会と金融機関とがあらかじめ，①金融機関において管理回収に努めることが不可能か可能なのか，②貸出期限の延長などの保証条件変更を行うことができないか，③金融機関の取るべき債権の保全措置，の3点を協議したうえで行います。なお③の例として，「契約不履行」で不渡となった手形がある場合の不渡異議申立提供金預託金の仮差押があげられます。

期限の利益の喪失は，①銀行取引約定書等の基本取引約定書で期限の利益の当然喪失事由に該当する場合でも，「喪失事由」と「喪失日」を明示して，債務者に「期限前償還請求書」を配達証明付内容証明郵便で送付し，②所在不明等により送達されない場合には，期限の利益の当然喪失事由に該当するので（銀取旧ひな型5①四），公示送達までは不要，の要領で行います。

②　預金相殺等

預金等との相殺については，①自働債権は，金融機関のプロパー貸出債権を信用保証協会保証付債権に優先させて差支えないが，支払人口による同行相殺は，原則として信用保証協会保証付債権を相殺した後とし，さらに普通抵当権付債権との相殺は信用保証協会と協議する，②割引手形の相殺は，現実に不渡となったものから相殺し，また不渡異議申立提供金預託金の取扱いは信用保証協会と協議する，そして，③信用保証協会保証付債権の相殺にあたっての延滞利息は，遅延損害金ではなく，通常利率を適用するのを原則とする，ことになります。

日本公庫代理貸付などを信用保証協会の保証付で実行した場合，信用

保証協会の代位弁済に先行して委託機関に対し代位弁済をしてはなりません。無断で代位弁済をした場合には，代理店である金融機関は，信用保証協会との覚書により，信用保証協会に対して代位弁済請求権を行使できず，信用保証協会の代位弁済を受けることができなくなることがあるからです。

なお，債務者に債務不履行などがある場合には，保証条件外担保の変更・解除を行うときも信用保証協会と協議して行います。

(2)　請求から代位弁済金の受取まで

①　請求の期間と金額

信用保証協会への代位弁済を請求できる時期は，原則として，保証債務について期限（期限の利益の喪失日を含む）後60日を経ても完済とならなかったときで，かつ代位弁済を請求できる期間は，期限後2年間です。

信用保証協会に代位弁済請求することができる範囲は，未回収元本に，利息及び期限後60日以内の延滞利息を加えたものが限度だが，なお，①延滞利息の計算は貸出利率（割引料率）と同様である，②信用保証協会が負担する「期限後60日以内の利息」は，期限後60日を経過して請求するときは60日までとし，期限後60日以内に請求するときは請求日までとする，そして，③利息の支払は，期限後の延滞利息を含め，最高で150日の範囲内である，点に注意します。

②　請求の手続

請求は，代位弁済請求書に，貸出金元帳写，期限の利益喪失通知書写などの所定の書類を添付して行いますが，その際，①書類間に矛盾がないこと，②記入漏れがないこと，そして，③破産等の法的整理手続に入った場合には，債権届出を失念していないこと，に留意します。

代位弁済金の受取は，基本的には一般の保証人から代位弁済を受ける場合と同様ですが，①所定の弁済金受領の手続を踏んだうえで債権証書

等を引き渡す，②代位弁済金を受領した場合の残債権額を確認する，③不動産担保付の場合には，必要書類として担保権移転登記申請委任状，金融機関の登記事項証明書，火災保険証券と質権移転承認請求書等がある，そして，④根抵当権の確定と移転登記を忘れずに行う点に留意します。

(3)　保証債務の不成立または消滅と免責

①　保証の消滅・免責事由

　保証債務の不成立または消滅事由は，①事前貸出，②信用保証書の有効期間経過後の貸出，そして，③代位弁済請求権の消滅（例えば期限2年経過），です。

　免責事由は，①旧債償還，②保証条件違反（分割貸出，保証・担保の不備，手形期日の期限超過，極度超過など），そして，③故意または重過失による回収不能（債権届出洩れ，保証条件以外担保解除など），です。

②　旧債償還（旧債の借換え）について

　前記免責事由①旧債償還について判例は，金融機関が貸付金の一部について違反した場合には，残額部分の貸付金では，中小企業者が融資を受けた目的を達成することはできないなど，信用保証制度の趣旨・目的に照らして保証債務の全部について免責を認めるのが相当とする特段の事情がある場合を除き，当該違反部分についてのみ保証債務の消滅の効果を生じるといいます（最二小判平9・10・31民集51-9-4004）。これを受けて社団法人全国信用保証協会連合会は，2007（平成19）年8月免責条項に関する新たな指針を作成し，「全国信用保証協会保証約定書例の解説と解釈指針（第9条〜第11条）」として公表，2007（平成19）年10月から適用を開始しました。

③　その他の免責事由

　前記免責事由②③の免責となり得る事由としては，手形不渡後の根保証の利用，延滞発生後の根保証の利用，不渡異議申立提供金預託金への

仮差押未了，割引手形や担保手形の未呈示，そして，支払人口債権との同行相殺，があげられます。

4．担保処分による回収

　金融機関の担保は，不動産，動産，債権（預金），手形，有価証券など多彩です。これらのうち担保価値が高く，多く利用されており，かつ豊富な法律問題を含んでいるのが不動産です。そこで，以下，不動産を念頭に担保処分による回収を検討し，債権，有価証券，動産については「P.247（5）動産競売」及び「P.248（6）その他の担保処分による回収」で触れることにしましょう。

（1）　任意処分と競売処分，収益執行

　貸出債権の担保物を処分する方法には，任意処分，競売処分，及び，収益執行の三つがあります。任意処分は，融資先との特約によって，法定手続によらないで担保物件を売却し，処分代金で債権回収を図るものです。特約とはその代表例が銀行取引約定書等の基本取引約定書4条3項です。不動産は，後順位に抵当権が設定されている場合には，特約をもって後順位者に対抗することはできないため，後順位者の同意が得られる場合を除いて任意処分はできません。

　競売処分は，法律で定められた担保権実行手続または強制執行手続に基づいて「入札」や「せり」を行って換価処分し，その処分代金で債権回収を行うものです。抵当権実行としての競売を「担保不動産競売」といい（民執180一），強制執行による競売を「強制競売」と呼びます（民執43①）。両者の違いは，後者は債務名義を必要とする点ですが，担保不動産競売には，民事執行法45条以下の強制競売に関する手続が準用されます（同法188）。任意処分と競売処分とを比べた場合，競売処分は裁判所が決めた最低売却価額以上の競落代金が公平・公正に配当される利点がある一方，時間がかかる，競売処分価格の形成に抵当権者が参

加できない，競売処分価格が任意処分価格に比べて低い，などの不利益
な点が指摘されています。

　収益執行は，不動産から生じる収益を被担保債権の弁済に充当する方
法による不動産担保権の実行をいいます（民執 180 二）。

　不動産執行と競売手続をまとめると「[資料 25] 不動産執行」のとお
りです。なお財産開示手続，強制競売，及び，強制管理は，「P.252 5 強
制執行による回収と財産開示手続」で解説します。

　以下，担保処分による回収について順次解説します。

[資料 25]　不動産執行—（　）内は民事執行法条文

	担　保　権　の　実　行	強　制　競　売
不動産の調査		財産開示手続（196~203）
不動産の処分	担保不動産競売（180~188）	強制競売（45~92）
不動産の収益	担保不動産収益執行 （180~188）	強制管理（93~111）

(2)　担保不動産の任意処分による回収

①　任意処分にあたって検討すべき事項

　担保不動産の任意処分進行の可否の判断にあたって検討すべき事項
は，①不動産の売却価格（処分価格）の妥当性，②売却代金（処分代金）
の配分の妥当性，③残存担保物件による残債権の保全状況，④他の利害
関係人の同意，及び，⑤担保解除手続の適正，の５点です。これらの点
に公平・公正を欠く場合には，任意処分不可とし，競売申立による回収
とします。故意または過失により検討を誤りあるいは怠り，その結果，
他の保証人，担保提供者や担保権者である金融機関に損害を与えた場合
には，債権者による担保の喪失等（担保保存義務違反，民 504），場合
によっては役員等の第三者に対する損害賠償責任（会社 429）にも発展

しかねないので注意しなければなりません。

② 売却価格（処分価格）の妥当性

a 妥当な価格の評価

［資料26］ 不動産の価格

項番	呼　称	内　　　　　容
1	時価	相場。宅建業者の経験などからの現時点の価格。
2	呼び値	広告価格あるいは売出価格。売買事例とは異なる例が多い。
3	取引事例	実勢価格。近隣で過去およそ半年内に成立した価格。
4	公示価格	国土交通省の土地鑑定委員会が地価公示法に基づき，毎年1月1日を基準日とし通常4月1日付官報で公示される標準地の単位面積1平方メートルあたりの正常価格。
5	標準価格	国土利用計画法に基づき，都道府県知事が選定した基準地の価格を毎年7月1日現在で調査し，その結果を10月1日都道府県で発表する価格。
6	路線化	毎年1月1日時点で国税庁が算定し，その年の市街地にある宅地に関する相続や贈与の課税価格算定の際適用する価格。公示価格の80％をメドとして評価される。
7	固定資産税評価額	総理大臣が土地・家屋及び償却資産の固定資産税を課税するために，全国の市町村の固定資産評価委員会により1月1日における価格を評価したもの。3年に1度見直しが行われる。

　妥当な処分価格とは時価を指します。時価は，不動産鑑定士による評価額から金融機関営業店の融資担当者による評価額まで様々な評価額がありますが，評価時点と評価決定理由には注意を要します。評価時点の古いものは再評価をするか，時点修正を行い時価を算出します。また評価額は，正常価格，つまり，市場性を有する不動産について，合理的な自由相場市場で形成されるであろう市場価格を表示する適正な価格であることを確認します。不動産の価格の呼称は「［資料26］不動産の価格」

のとおり。

　　b　処分価格が低い場合の判断

　不動産市況の低迷によっては任意売却の価格が予想していたものより低く呈示されることがあります。このような場合には，まず，残存担保物件によってポジションがカバーされているかどうかが判断の分かれ目となります。例えば，任意売却の価格が低いとしても，それでも残存担保物件による残債権の保全状況が充分であるなら，元来が過剰担保なのだから，早期回収の観点からも任意売却を進行すべき場合もあるでしょう。ただその場合でも，債権者による担保の喪失等（担保保存義務，民504）を問われないようにします。ではそうではなく，残存担保物件による残債権の保全状況が図れないのみならず，かえってポジション悪化を招くような場合はどうでしょうか。この場合には，競売処分との比較で判断することになりましょう。それは，第一に，競売処分価格は任意売却価格に比較して割安である点が指定されているということです。従来，競落人には不動産業者が多いといわれており，このことから競売最低売却価格は不動産業者の仕入価格に近い例が多いと見られていた経緯があります。第二に，不動産競売の申立から配当会受領まで日時を要し，この間の資金コストも考慮に入れたうえ，呈示された任意売却価格との得失を判断していく点です。これらを総合的にみて売却価格の妥当性を探っていくことになりましょう。P.163「［資料 19］不動産評価時の留意点」参照。

③　配分の妥当性

　　a　妥当な配分とは

ア．妥当な配分を求めて

　妥当な配分とは，競売手続におけるのと同様に，任意処分売却代金が担保権の順位に従って，公平・公正に配分されることです。競売処分においては，①不動産の上に存する先取特権，使用及び収益をしない旨の

定めのある質権並びに抵当権は，売却により消滅する（民執59①，188），②前項（同法59②）の規定により消滅する権利を有する者，差押債権者または仮差押債権者に対抗することはできない不動産に係る権利の取得は，売却によりその効果を失う（同法59②，188），そして，③買受人が代金を納付したときは，裁判所書記官は，買受人の取得した権利の移転の登記・売却により消滅した権利または売却により効力を失った権利の取得若しくは仮処分に係る登記の抹消・差押または仮差押の登記の抹消，を嘱託しなければならない（同法82①，188），とされています。しかし，任意売却では，競売処分におけるような民事執行法の規定が働かないため，例えば配当に預かることができない後順位者であっても，その者が抵当権の抹消登記に同意しない限り任意売却は成立しません。任意売却を進めていく過程で，競売処分によれば配当を受けることができない後順位抵当権者・賃借権者等が何がしかの配分がなければその登記の抹消に応じないとの態度を取ることが散見されます。いわゆる登記の「抹消料」とか「ハンコ代」とかを請求してくる例です。

イ．「抹消料」「ハンコ代」

　この場合において，次の3点に注意します。第一に，「抹消料」等の支払により公平・公正を失ってはなりません。具体的には，①「抹消料」等が過大ではないか，②同様な位置にある他の抵当権者・仮差押債権者・賃借権者等との均衡を損なっていないか，③「抹消料」等を誰がどのように負担しているのかなどを視野に入れて進めていきます。第二に，売却価格の妥当性について検討した競売処分との比較についてはこれを参考にとどめます。いま検討しているのは，処分価格の妥当性ではなく，処分価格はすでに決定しており，それを債権者間でどのように配分するかが検討の対象となっているのです。それを「競売処分によれば」の仮定を挟むのは論理の矛盾ともなりかねません。最後第三に，「抹消料」等の適否ひいては任意売却の可否は迅速に判断しなければなりません。

任意売却を拒絶する場合はなおさらです。時間の経過とともに任意売却の話は一人歩きを始め，その後に任意売却不可として自己の担保権の抹消を拒否すると，本来は手続の公平・公正を欠いているにもかかわらず，回答の遅れた担保権が任意売却の話を壊したと流布され，他の債権者のみならず債務者・担保提供者からも指弾を受ける結果ともなりかねないからです。

　b　税債権との競合・破産財団への拠出など

　納税者が国税の法定納期限以前にその財産上に抵当権を設定しているときは，その国税は，その換価代金につき，その抵当権により担保される債権に次いで徴収する（国税徴収16）。ただ，法定納期限等以前に設定された抵当権の優先を定めた国税徴収法16条は「換価」代金について，つまり，差押財産を強制的に金銭に換える手続についての規定です。不動産の任意売却を進めるには税当局の同意が不可欠ですが，この点をどのように考えたらよいでしょうか。P.334「［事例18］任意処分における税債権との競合」で解説します。

　破産者の不動産の任意売却にあたって，破産管財人から何がしかの額を破産財団へ拠出するように求められることがあります。破産者の不動産の任意売却代金から破産財団への拠出について破産法に何ら規定はありません。ただ，破産手続開始の決定があった場合には，破産財団に属する財産の管理及び処分をする権利は，裁判所が選任した破産管財人に専属しますから（破産78①），破産者の不動産の任意売却を進めるには破産管財人の同意が不可欠なのは事実です。この点をどのように考えたらよいか。⇒ P.335「［事例19］破産財団への拠出について」参照。ただ，破産手続に移行した場合には，抵当権者として，別除権の行使は迅速に行い破産手続の早期終結に向けて協力しなければならないのはいうまでもありません。

④　残債権の保全状況

売却後の金融機関の残債権の保全状況にも慎重に検討すべきで，とくに共同担保物件の一部の売却においては注意を要します。⇒ P.336「［事例 20］不動産任意処分－残債権の保全状況」参照。処分価格と配分ともに妥当だが，回収金相当額の先順位根抵当権の減額を失念した事例であり，是非参考にしてください。

⑤　他の利害関係人の同意

　保証人・物上保証人等の利害関係人の同意を必要とする場合には，それらの者の同意を取ったことを確認しなければなりません。詳細は，P.202「（4）債権者による担保の喪失等（担保保存義務）」参照。

⑥　担保解除手続の適正

　売却代金を受領した後に担保解除に関する書類を相手方を確認のうえ交付し，かつ，その受領書を徴求しておきます。詳細は，P.193「③受取証書の交付・債権証書の返還と担保の解除」参照。

（3）　担保不動産の競売処分による回収

①　抵当権実行としての競売手続

　抵当権者は，債務者または第三者から占有を移転しないで債務の担保に供した不動産について，他の債権者に先立って自己の債務の弁済を受ける権利を有します（民 369 ①）。この優先弁済を受ける方法が抵当権実行としての競売つまり担保不動産競売です（民執 180 一）。

　抵当権実行としての競売手続（不動産競売）は民事執行法に基づいて行われ，それは，民事執行法 45 条以下の強制競売に関する手続が準用されます（同法 188）。競売手続の流れは，［資料 27］競売手続図解を参照。

②　競売の申立にあたって事前の確認・検討事項

　競売申立にあたって，事前に確認・検討事項は，①競売申立の要件が充足しているか，②任意処分はできないか，③競売手続進行上の支障はないか，④その競売申立に利点があるか，⑤それは競売申立をせざるを

[資料27]　競売手続図解―（　）内は民事執行法条文

項番	競　売　手　続	金　融　機　関　の　対　応
1	不動産競売の申立（181） ↓	
2	開始決定（45,188） ↓ ↓ ↓ ↓	①競売不動産と担保不動産の関係調査 ②期日までに債権届出 ③根抵当権の確定 ④配当要求の是非を検討
3	配当要求の終期（50,188）	
4	売却基準価額の決定（60,188） ↓	①担保ポジションの見直し ②債権計算書の提出
5	売却の実施（69,188）	
6	配当（88,188）	①売却代金の受領

得ないケースなのかの５点です。以下，順次みていきます。

a　競売申立要件の充足

抵当権実行としての競売申立をするには，法律要件を充足しなければなりません。それは，①有効な抵当権（根抵当権を含む，以下本節で同様）が存在すること，②有効な被担保債権が存在すること，③被担保債権が履行遅滞にあること，そして，④競売手続費用や先順位債権の配当を差引後に申立債権者に配当が見込まれること，⑤停止・中止・失効とならないか，の５点です。

少し補足しますと，①について，有効な抵当権の存在を証明する文書としては，抵当権の登記のされている登記事項証明書を提出するのが大多数ですが，ただ仮登記は除かれており必ず本登記抵当権でなければなりません（民執181①三）。③延滞になっているだけでは不十分であって，債務者の期限の利益を喪失させおくのが適当です。期限前償還請求書

（写）で疎明しますが、それは、事後の遅延損害金の算出に便利だからです。

④については、不動産の買受可能額が競売手続費用及び競売申立債権者に優先する債権の見込額の合計額に満たないとき、つまり配当見込みのない債権者の競売申立は、剰余を生じる見込みのない競売として、原則として取り消されます（同法63①，188）。これを「剰余主義の原則」といいます。

⑤については、すでに競売手続の起こされている不動産、後順位で滞納処分によって差押の不動産であっても競売の申立ができますが、滞納処分による差押のある不動産についてはその差押が解除されるか、競売手続の続行決定があるまでの間停止されます。また、先順位に仮差押・仮処分等の登記のある不動産は、そのままで競売申立をするのは避けた方がよい。仮差押が有効である限り、後順位抵当権者は配当を受けることができないからです（同法87②，188）。仮差押が後順位にある場合には、何ら差支えありません。最後に、破産、民事再生、特別清算手続においても競売申立はできますが、会社更生手続の開始決定があったときは、競売手続はその効力を失います（会社更生50①）。特別清算手続においても中止命令の制度はありますが（会社512）、ほとんど利用されていません。

b 任意処分の可否の検討

競売申立にあたって、改めて任意処分ができないか検討してみましょう。それでも任意処分困難とみられるのは、①抵当不動産の所有者に処分の意思がない、②所有者が行方不明である、③抵当不動産の付着権利が複雑である、そして、④関係者間の利害対立が激しくて調整不能である、などのケースがあげられます。

c 競売手続進行上の支障がないこと（競売手続進行上の注意点）

競売手続進行上の支障がないというためには次の3点を確認します。

それは，①担保提供意思に不安がないこと，②各種約定書類が確実に存在すること，③先順位に差押，仮差押，仮処分，買戻特約等の登記がないこと，です。従前あった予告登記も③に含まれます。なお，剰余主義の原則（民執63）については競売申立の要件で触れれました。また担保提供者が会社更生手続に入ると競売手続の停止・中止・失効にあうことがあります（会社更生50）。

　d　競売申立の利点

　競売申立をすることによって，①債務弁済や不動産任意処分の促進，②時効の完成猶予及び更新，③不良債権の回収・整理の促進，などが期待されます。

　執行裁判所は，不動産競売の手続を開始するには，不動産競売の開始決定をし，その開始決定において，債権者のために不動産を差し押さえる旨を宣言しなければなりません（民執45①，188）。これによって②の時効完成猶予及び更新の効力が生じます（民148，154）。なお，2020年4月1日施行の改正民法（債権関係）は，時効「中断」「停止」の概念を「完成猶予」と「更新」とに整理しました。P.292「7　改正民法による消滅時効」参照。さらに，③が指摘するのは，競売配当金により回収可能となるのみならず，回収できなかった残債権については無税直接償却が可能となり不良債権の整理が促進されます。

　e　競売申立をせざるを得ないケース

ア．考えられる五つのケース

　次の場合には，直ちに競売の申立をしなければなりません。それは，①延滞発生後相当の日数が経過し，利息・損害金を回収できなくなるおそれが生じたとき，②借地上の建物を担保に徴求していたところ地代の滞納があり，地代の代払いをする必要があるとき（民執56，188），③仮登記担保権者から仮登記担保法5条1項による清算金の見積額の通知を受け，これに不服があるとき（仮登記担保12），④他の債権者の申立

による競売手続により担保不動産に影響が出るとき，⑤債務承認による
時効の更新が図れないとき（民152①），といったケースです。

イ．賃料の滞納

　賃貸借は相手方がその賃料を支払うことを約することによってその効
力を生じ（民601），その債務を履行をしない場合には契約の解除をす
ることができます（同法541）。そこで抵当権者は競売申立をし，競売
の開始決定を受けて，その不払いの地代または借賃を債務者に代わって
弁済することの許可を受け（民執56①，188），借地契約の存続を図る
ものです。

ウ．仮登記担保権との関係

　先順位仮登記担保権が実行され，清算金の通知があったときは，後順
位抵当権者は，申出額に満足して清算金を差し押さえるか（仮登記担保
4），あるいは，これを不満として競売の申立をしなければ（同法12），
配当を受けることができません。

エ．担保不動産への影響

　例えば，道路に面した土地Aとそれに隣接する内側の土地Bを共同
担保として取得していたところ，他の債権者が道路に面した土地Aの
競売申立をしたのがその例であって，このままでは土地Bは無道路地
と化すので，直ちに土地A，Bの競売申立をしなければなりません。土
地とその上の建物を担保に取っていたところ建物のみに競売が開始され
た場合も同様です。P.337「［事例21］土地・建物を担保に取っていた
ところ建物のみに競売が開始された」で解説します。

オ．差押の効果

　競売申立は，差押の効果があり（民執45①，188），時効の完成猶予
及び更新事由となります（民148①二）。なお2020年4月1日施行の改
正民法（債権関係）は，「担保権の実行」を「時効の完成猶予及び更新」
としましたが（民148①二），金融実務は従来通りです。ただし，物上

保証人に対する不動産競売の申立がなされた場合，それによる被担保債権の消滅時効の完成猶予及び更新は，競売開始決定正本が債務者に送達された時に生じます（最二小判平8・7・12民集50-7-1901）。

③　競売申立の準備－滌除の廃止

競売申立の準備にあたって，登記事項証明書の徴求，及び，滌除の廃止と抵当権消滅請求制度の2点について解説します。

a　登記事項証明書の徴求

抵当不動産の担保権の登記に関する登記事項証明書を徴求するのは，競売申立に必要な文書であるほか（民執181①三），有効な抵当権存在の確認，他の担保権付着状況の確認，第三取得者の有無の確認のためです。なお，仮登記の担保権では競売の申立はできません（同条同項同号）。

b　滌除の廃止と抵当権消滅請求の導入

従来，滌除の制度，つまり抵当不動産につき所有権，地上権または永小作権を取得した第三者は旧民法382条ないし384条の規定に従い抵当権者に提供してその承諾を得た金額を払渡しまたはこれを供託して抵当権を消滅させることを，認めていました。しかし，2004（平成16）年4月1日施行の改正民法（平15・8・1法134）はこの制度を廃止し，それに代わるものとして抵当権消滅請求の制度を導入しました。

それは，①抵当権消滅請求できる者を抵当抵当不動産につき所有権を取得した第三者に限定するとともに（民379），②抵当権消滅請求ができるのは抵当権実行としての競売による差押の効力発生前に限るとし（同法382），そして，③抵当権者はあらかじめ第三取得者に抵当権実行通知をすることなく抵当権を実行することができ（旧民381削除），また④第三取得者から抵当権消滅請求を受けたときでも，増加競売ではなく通常の競売申立ができることとなりました（旧民執185及び186削除）。したがって，従来の第三取得者への抵当権実行通知書の発送，及び滌除通知と増加競売の手続は不要となりました。

④　競売の申立

　不動産競売の申立は，抵当不動産の所在地を管轄する地方裁判所に競売申立書を提出することにより行います。数個の不動産が複数の地方裁判所の管轄に分散している場合はそれぞれの裁判所に申し立てます。申立に際して，①競売申立書の作成，②添付書類の収集・作成，③目録の作成，そして，④競売申立，の手順を踏みます。

　a　申立書・添付書類・目録の収集・作成

　競売申立書の記載事項は，民事執行規則に規定されており（民執規170），管轄裁判所，年月日，申立人または代理人の記名・押印，別紙とした諸目録の表示，競売を求める旨を記載します。すでに競売がされていて，二重開始決定を要するときは，「なお書」としてすでに競売開始がある旨及びその事件番号を記載します。

　収集・作成する添付書類は，官公署から交付を受ける作成後1カ月内の担保の登記（仮登記を除く）に関する登記事項証明書（不登119），金融機関の代表者の資格を証する登記事項証明書（商登10），債務者の登記事項証明書（法人，商登10）または住民票（個人），公課証明書，及び，金融機関で作成する代理人許可申立書，職員証明書，委任状，公示送達申立書（行方不明の場合）があります。目録には，当事者目録，担保権・被担保債権・請求債権目録，物件目録，権利者・義務者目録があります。

　b　申立手続

　競売の申立にあたっては，裁判所への事前確認を行います。競売手続は裁判所によって多少異なるので，事前に裁判所と連絡を取って，必要な書類と必要部数，各種証明書，登記事項証明書，住民票の有効期間，競売手続に要する費用，予納金（印紙税，登録免許税，執行官手数料，賃貸借取調手数料，不動産評価報酬，郵便切手）を確認します。そして，競売申立書などの再点検のうえ裁判所へ提出します。点検すべき事項は，

競売申立書の記載，添付書類・目録の記載，枚数，有効期間，訂正印・契印などです。金融機関職員が代理人となって，競売申立書，添付書類，各種目録，予納金，印紙，郵便切手を裁判所に提出して競売申立を行います。

⑤　**競売開始決定後の手続**

競売開始決定後の手続は，P.239「［資料27］競売手続図解」の通りの経緯を辿ります。

順次みていきましょう。

a　**競売開始決定とそれに伴う手続**

不動産競売の開始決定をした執行裁判所は，不動産の差押をするとともに（民執45①，188），競売開始決定による差押登記をする以前に登記されている抵当権者に対して，配当要求の終期までに，債権の存否並びに債権の発生原因及び債権の現在額を裁判所に届け出ることを催告します（同法49②，188）。

催告を受けた金融機関は，①債権の届出，②競売不動産と担保不動産との関係調査，③期限の利益の喪失，④根抵当権の確定，そして，⑤配当要求の可否，に留意して対応します。

これらについての詳細は，P.337「［事例21］土地・建物を担保に取っていたところ建物のみに競売が開始された」の解説を参照。

b　**売却の準備**

ア．無剰余競売の排除，地代代払い

裁判所では，競売開始決定，差押の登記，配当要求の終期の決定，債権届出の催告を行う一方，不動産が公正・迅速・適正価格で売却されるための準備を進めます。その場合，申立人に配当見込がない無益な競売（無剰余競売）を排除する手続を取ります（民執63，188）。この間，競売申立人は，妨害の排除や担保物件取壊し防止のための保全処分（同法55，55の2，188），借地権確保のための地代等の代払の許可の制度（同

法56，188）を活用します。

イ．保全処分の強化

　なお，2004（平成16）年4月1日施行の「担保物権及び民事執行制度の改善のための民法等の一部を改正する法律（平15・8・1法134）」により，保全処分の強化が図られ，それは，①保全処分の発令要件の緩和（民執55①②，188），②公示保全処分の新設（同法55①，188），③相手方の特定性の緩和（同法55の2，188），及び，④当事者特定効の新設（同法83の2，188）の4点です。これらは執行手続に属するもので解説は省きますが，機会があれば法律書にあたって確かめてください。

c　競売手続の延期・続行・取消

　競売手続の延期は2回に限り，かつ，通算6カ月を超えないのを原則とします（民執39③）。競売手続が続行されるのは，二重開始決定があり，先の手続が停止され，後の手続を続行するとき（同法47，188），滞納処分による差押があり，競売手続を続行させるときです。

d　売却の実施とそれに伴う手続

　売却の実施に向けて執行裁判所は，①売却基準価額の決定（民執60，188），②物件明細書（同法62，188）及び売却実施期日の公告（同法64，188）をしたうえ，③売却を実施（同法69，188）します。

　裁判所から配当期日呼出状，弁済金交付期日通知書及び計算書提出の催告書が送達されたときの対応は，①計算書の提出，②配当期日，弁済金交付日の処理，及び，③供託金取戻し，の3点。

(4)　担保不動産の収益執行による回収

①　収益執行の意義と根拠

　担保不動産の収益執行とは，不動産から生じる収益を被担保債権の弁済に充てる方法による不動産担保権の実行をいいます（民執180二）。2004（平成16）年4月1日施行の「担保物権及び民事執行制度の改善のための民法等の一部を改正する法律（平15・8・1法134）」により創設

された制度であり，これに伴い民法 371 条を改め，「抵当権は，その担保とする債権について不履行があったときは，その後に生じた抵当不動産の果実に及ぶ」としました。大規模テナントビルの出現は賃料等の継続的収益が見込まれるようになったことから，抵当権者が抵当不動産の収益から優先弁済を受けることができる制度が必要との主張がなされるようになっていました。加えて 1989（平成元）年 10 月 27 日最高裁判所は，説の分れていた抵当不動産の賃料に対する物上代位による抵当権の行使について，抵当権者は抵当不動産の賃料債権（供託金還付請求権）に対しても物上代位権を行使して差押をすることができると肯定説を採用し（最二小判平 1・10・27 民集 43-9-1070），さらに債権について一般債権者による差押と抵当権者の物上代位権による差押とが競合した場合には，両者の優劣は，一般債権者の申立による差押命令の第三債務者への送達と後者の抵当権設定登記の先後によって決せられるとし（最一小判平 10・3・26 民集 52-2-483），抵当権に基づく物上代位による賃料差押えの手続が実務上定着するにいたったことも，この改正につながったものといえましょう。

②　収益執行の手続

　担保不動産収益執行の手続が強制管理（民執 93）を準用するのは，担保不動産競売手続が強制競売を準用しているのと同様です。また，競売手続の規定の多くが準用されています（同法 111，188）。手続の流れを大掴みにみると，①申立，②開始決定，及び，③管理，の経緯を辿ります。

　①の担保不動産収益執行の申立は，抵当権等担保権の登記のされている登記事項証明書等を提出します（同法 181）。②執行裁判所による担保不動産収益執行の開始決定において（同法 93，188），債権者のために担保不動産を差し押さえる旨の宣言，債務者に対して収益処分の禁止，賃借人等の給付義務者に対して給付の目的物を管理人に交付すべき旨の

命令, 及び, 管理人の選任, が行われます。そして, ③管理人による担保不動産の管理（同法95, 99, 188）及び, 管理人または執行裁判所による配当等（同法107, 109, 188）が行われます。

(5)　動産競売

　2004（平成16）年4月1日施行の「担保物権及び民事執行制度の改善のための民法等の一部を改正する法律（平15·8·1法134）」により, 動産競売開始の要件が拡張されました（民執190）。従来は, 動産を目的とする担保権の実行としての競売は, 債権者が執行官に対し当該動産を提出した場合, または動産の占有者が差押を承諾することを証する文書を提出した場合に限り, 開始するとされていたのを（旧民執190）, 上記の要件に加えて, 執行裁判所に対し, 担保権の存在を証する文書を提出して動産競売開始も許可を申し立てることができ, 執行裁判所が許可した場合にも, 執行官が目的動産を差し押さえることにより動産競売手続が開始されることとなりました（民執190①②）。従来は目的動産の提出可能な担保権, つまり占有を伴う担保権例えば質権（民343）に限っていたものを, 改正法により占有を伴わない担保権にも動産競売申立ができることとなりました。とくに, 動産売買の先取特権（同法321）に基づく競売申立ができるようになったことは, 商社・メーカーを問わず, 動産競売の道が大きく開けたことになり, 実務に大きな影響を与えることとなっています。

(6)　その他の担保処分による回収

①　預金・売掛金等の指名債権からの回収

a　「通知方式」譲渡担保と質に特有な問題

　預金・売掛金等の指名債権を「承諾方式」で譲渡担保取得している場合には, 金融機関はすでに売掛金の債権者であるから, 売掛金等を直接取り立てることができ, 承諾している第三債務者に異論はない筈です。「通知方式」譲渡担保においても基本的には承諾方式と異なるところは

ありません。ただ，担保取得時には融資先から第三債務者宛の通知を留保し，金融機関は，その通知を行うとの代理権を融資先から受けておく「通知留保式」譲渡担保もあります。融資先の信用をおもんばかっての対応ですが，危殆時に陥った場合には，金融機関はまずこの第三債務者宛の債権譲渡の通知を失念しないように留意しなければなりません。2020（平成16）年4月1日施行の改正民法（債権関係）は，預金口座または貯金口座に係る預金または貯金に係る債権（以下「預貯金債権」という）についての規定が新設されました。P.17「⑤債権譲渡に関する改正」参照。

　　b　代理受領と振込指定

　代理受領方式の場合には，金融機関は，代理受領対象の売掛代金を債務者融資先の運転資金等に充てる場合であっても，一度債権者金融機関が受領したうえで解放することとし，直接債務者融資先に受け取らせてはなりません。振込指定は，代理受領とは異なり，債権者金融機関が積極的に取立権を行使するものではありませんが，担保目的であることを明示のうえ，対象債権の履行方法を限定することについて第三債務者の承諾を得て行う点で代理受領と極めて類似しています。P.128「(2) 売掛金追求の方法」参照。

② 　手形担保権の実行

　　a　手形の取立

　裏書の連続している手形を占有する金融機関は適法な所持人とみなされますから（手16①，77①一），手形を期日に取り立てて換金する，これが手形担保権の実行です。呈示期間内に適法な呈示をしたのに担保手形が支払われなかったときは，支払人に対して訴訟を提起し手形債権を取り立てることができ（同法38，77①三），満期において支払がないときは裏書人その他の債務者に対しその遡求権を行使することができます（同法43，77①四）。とくに注意すべきは，振出日・受取人の白地は

必ず補充することです。白地手形の補充等については，P.302「［事例5］
振出日白地の手形」を参照してください。

　b　法的整理手続と手形担保

　融資先が破産手続開始決定となった場合，金融機関は譲渡担保権者と
して貸出先の差し入れた各手形に別除権を有し，破産手続によらないで，
別除権の行使として各手形を順次取り立てることができます（破産65
①）。金融機関は担保権者として破産手続外で担保手形の取立を行うと
同時に，被担保債権全額を破産債権として行使できるのであって，この
問題は破産債権につき保証人がいるのと同様に考えればよいでしょう。

　融資先に更生手続開始決定がなされた場合，いずれによるか，にわか
には決し難いが，更生手続上の債権届出については，更生債権として届
け出るとともに，そこに「担保手形の取立を続行し，被担保債権に充当
する」旨を付記するのが適当でしょう。融資先の再生手続に関して，会
社から取立委任を受けた約束手形につき商事留置権を有する銀行は，同
会社の再生手続開始後の取立に係る取立金を，法定の手続によらず同会
社の債務の弁済に充当し得る旨を定めた銀行取引約定書等の基本取引約
定書に基づき，同会社の債務の弁済に充当することができます（最一小
判平23・12・15民集65-9-3511）。

③　株式担保

　株式担保の実行方法として，任意処分，代物弁済，競売の三つが考え
られますが，いずれによる場合も，実行の時期を失しないこと，処分価
格が適正であることが重要です。

　a　方法・時期・処分価格

　担保権の実行は任意処分によるのが大多数ですが，その際「一般に認
められる方法，時期，価格」によって処分しなければなりません。①方
法としては，上場株式は証券会社を通じて証券市場において売却するの
が簡便かつ一般的であり，非上場株式は適宜株主を選んで市場外で売却

—250—

せざるを得ません。②時期については，株価が毎日変動するので売却のタイミングが難しいが，担保権実行の要件が整った日以降できるだけ早期に売却するようにしなければなりません。③処分価格は公正な時価によります。非上場株式の価格の算定は困難を伴いますが，将来，利益配当または残余財産分配という形で会社から受けられる給付に着目して株式評価をする「配当還元方式」が理論的には正しいと考えられているようです。

b 質と譲渡担保

株式質の任意処分にあたって，質権設定者は，設定行為または債務の弁済期前の契約において，質権者に弁済として質物の所有権を取得させ，その他法律に定める方法によらないで質物を処分させることを約することができないとする，契約による質物の処分の禁止（民349）に該当するのではないかとの疑問が生じますが，この民法349条の規定は，商行為によって生じた債権を担保するために設定した質権については，適用しませんから（商515），質入株式の任意処分は可能です。

株式を譲渡担保により取得した場合，担保株式を売却せず，金融機関が取得して自己名義に書き換えることもできます。代物弁済の方法ですが，時期と価格が一般に妥当と認められることを要するのは任意処分におけるのと同様です。質権の設定を受けた担保株式を競売によることもできますが，その例はまれでしょう。

c 株券の電子化

2009（平成21）年1月5日から株券電子化が完全に実施されています。「社債，株式等の振替に関する法律」により，上場会社の株式等に係る株券をすべて廃止し，株券の存在を前提として行われてきた株主権の管理を証券保管振替機構（ほふり）及び証券会社等の金融機関に開設された口座において電子的に行うこととなり，上場株券が電子的管理に統一されました。株券電子化の対象は証券取引所に上場された株式であり，

未上場の株式（未公開株式）は対象外です。上場株式のほか，上場投資証券及び上場優先出資証券も電子化の対象となっています。株式を担保として差し入れる場合には，金融機関の担保権者への口座に振り替えることにより行われ，電子化された株式を処分できるのは，従来と何ら変わりはありません。

④　特殊な代金債権担保

入居保証金，ゴルフ会員権，診療報酬債権などについては，P.140「(3) 特殊な代金債権担保とその問題点」参照。

5．強制執行による回収と財産開示手続

担保権の実行ではなく，強制執行による回収についての解説です。不動産執行についていえば，それは不動産を処分する強制競売，不動産からの収益を図る強制管理，及び，不動産の調査を目的とする財産開示手続からなるのは，前掲 P.233「［資料 25］不動産執行」のとおりです。以下，債権に対する強制執行も含めて重要な点を解説します。

(1)　強制執行手続

①　強制執行と債務名義

債務を履行しない債務者に対して，担保権のない債権者が国家権力によって私法上の請求権を実現する手続が強制執行です。債権者が強制執行を請求するためには，その権利が公証されていることが必要です。それが債務名義で，代表的なのが確定判決（民執 22 一）。したがって，強制執行に先立って訴訟を提起し確定判決を取得します。

②　不動産に対する強制執行

不動産執行は，差し押さえた不動産を売却し，その売却代金によって債権者の満足を図る強制競売（民執 45）と，差し押さえた不動産を強制的に管理し，その収益またはその換価代金によって債務を弁済していく強制管理（同法 93）とがあります（前掲 P.233 ［資料 25］参照）。

前者は担保不動産競売（同法 180 一）に，後者は担保不動産収益執行（同条二）にほぼ類似するもので，その手続も互いに準用されているのは（同法 188）先にみたとおりです。⇒ P.238「(3) 担保不動産の競売処分による回収」，P.246「(4) 担保不動産の収益執行による回収」参照。

③　債権に対する強制執行

債権に対する強制執行は，債権者の申立により，債務者が第三債務者に対して有する金銭債権を，執行裁判所が差し押さえる差押命令を発することにより開始されます（民執 143）。差押債権者は，債務者に対して差押命令が送達された日から 1 週間を経過したときは，その債権を取り立てることができます（同法 155）。

そのほかに，差押債権者の別途の申立により，転付命令と譲受命令とがあります。転付命令は，執行債務者が第三債務者に対して有する差押債権を券面額で差押債権者に代位弁済的に移転させ，券面額と同額の範囲で請求債権を消滅させるものであり（同法 159，160），一方，譲渡命令は，差押債権が条件付・期限付であり，または反対給付が付されていて即時に取立が困難な債務について，債務の支払に代えて執行裁判所が定めた金額で，差押債権者に譲渡することを言い渡す命令です（同法 161）。

(2)　財産開示手続

①　財産開示手続の意義と根拠

財産開示手続とは，債務名義の正本を有する金銭債権の債権者の申立てにより，裁判所が，債務者に対して，その財産の状況を明らかにするよう陳述させる手続をいいます（民執 196）。

2004（平成 16）年 4 月 1 日施行の「担保物権及び民事執行制度の改善のための民法等の一部を改正する法律」（平 15・8・1 法 134）により創設された制度で，強制執行，担保権実行としての競売及び民法，商法その他の法律の規定による換価のための競売と並ぶ民事執行手続の一つと

して位置づけられています（同法1）。裁判で勝訴して強制執行ができるようになっても，債務者の財産を把握していないと，債権者は債務者の財産を差し押さえて債権を回収することができないので，財産開示手続の制度を創設して，債務者の財産を把握できるようにしたものです。

② 財産開示の手続

　財産開示手続は，民事執行法196条以下に規定されており，それによれば，①手続を申し立てることができる債権者は，執行力のある債務名義の正本を有する金銭債権の債権者であり（民執197），②裁判所が財産開示期日を指定し，申立人と債務者を呼び出し（同法198），③財産開示期日に債務者は，自己の財産について陳述しなければならず（同法199①），④申立人は，債務者の財産状況を明らかにするために開示義務者に質問することができる（同条④），というものです。手順の詳細は民事執行法に譲るとして，各地方裁判所における運用としての手続説明書が配布されていることを付言しておきます。

6．債権譲渡による回収

　貸付債権を他に譲渡する方法により回収するもの。1993（平成5）年1月27日株主金融機関162社が出資し設立された共同債権買取機構（Cooperative Credit Purchasing Limited）への担保付債権譲渡がこの典型的な例です。

(1) 具体的手順

　具体的には，①債権者金融機関と譲受人との間で債権譲渡契約を締結，②債権者金融機関（譲渡人）から債務者に対し内容証明郵便で債権譲渡の通知をするか，または，債権譲渡について債務者の確定日付ある証書による承諾を得る（民467）ことによる対抗要件の具備，③債権証書・手形・担保を譲受人に交付，④保証人に債権譲渡をした旨の通知，の手順を履みます。

(2)　対抗要件その他

　このうち，②対抗要件については，債権譲渡の対抗要件に関する民法の特例に関する法律（平成10年法律第104号）の成立に伴い，指名債権譲渡の登記制度が導入されました。本ケースの場合も同登記制度を利用することも可能ですが，いわゆる集合債権譲渡担保としての機能が期待されるのであって，融資を受けたり，社債を発行するなど金融機関の資金調達面に利用されるでしょう。また，担保保全措置としても利用されるでしょうが，債権譲渡による個々の債権の回収では従来型の民法467条に基づく通知または承諾方式が利用されるのではないでしょうか。また，④保証人への通知は念のためのもので，債権譲渡に伴い保証債権も当然それに随伴するものであり，いわば確認的意味で通知するものです。

3. 法的整理手続等への対応

Point

　企業の倒産処理には，法律の枠に規制されず債権者の集団と債務者との話合いで自由に進める私的整理と，根拠法の定めに基づき裁判所の監督のもとに進める法的整理があります。以下，私的整理とは何か，法的整理手続に特有な点，そして，各種法的整理手続についての理解を深めましょう。

1．私的整理手続から法的整理手続へ

　民間信用調査会社の統計によると，法的整理の門が広く，私的整理は減少傾向にあります。中堅・中小企業にとって私的整理から法的整理へ移行する例が多いようです。

（1）　私的整理の手続

　私的整理にも，将来ある事業を継続させる再建型と，企業を解体し株主や債権者に所有資産を分配する清算型とがあります。いずれも拘束力は合意に達した当事者間のみに及び，法的にみると，民法上の和解・示談・契約内容の変更等を集団的に行う契約といえます。

　当事者にとって，①一時的混乱の防止，②時間・費用・労力の節約，③債権額比例の形式的平等ではなく，発生原因や将来を見越しての質的平等の確保，④当事者に有利な再建計画・資産処分の策定，など共通の利点があります。また債権者にとっては，債権者集会決議に基づく弁済や免除のため，①否認の回避，②法人税基本通達「9-6-1」に基づく無税直接償却の実施，③隠匿財産の追求，④単独行為の自由，⑤法的整理に移行する自由，などの利点が指摘されます。

　しかしその反面，債務者が良心的でなく，かつ，債権者の代表が公正でないと，発言力を持たない債権者の犠牲のもと，不公平な結果ともなりかねません。また，私的整理案に同意するにあたっては，保証人や物上保証人の了解を得ておくことも忘れてはなりません。保証人の負担が債務の目的または態様において主たる債務より重いときは，これを主たる債務の限度に減縮するからです（民448①）。債務者の弁済意思・誠意と保証人等の履行責任の確認が得られず，かえって資産隠匿や債務逃れがあるときは法的整理への移行を視野に入れなければなりません。

(2)　私的整理から法的整理へ

　私的整理が停滞し順調に進まないとき何時までそのままそれを進めるか，そもそも当初から法的整理でいくべきではなかったかなど，とくに再建型私的整理で悩むところですが，2001（平成13）年9月公表された「私的整理に関するガイドライン」が参考になります。再建を図る対象債務者と再建計画の要件を具体的に示しているからです。

　再建計画案は，①原則3年以内の実質債務超過の解消，②3年以内の経常黒字化，③増減資による株主責任の追求，④モラルハザード防止のための経営責任の追求，⑤平等と衡平を旨とし，⑥債権者にとっての経済的合理性の確保，の要件を備えることをあげています。つまり，これらの要件を達成できない私的整理手続はそのまま維持することは好ましくなく，債権者として，法的整理に移行すべく決断が求められるのです。

　なお，私的整理ガイドラインについては，P.84「1 私的整理ガイドラインによる経営改善計画提出先の破綻」参照。

2．法的整理手続一般

(1)　法的整理手続とは

　債務者融資先が倒産したとき，債権者金融機関が実力を行使して債権を回収すること，つまり自力救済は禁止されており，競売，強制執行な

[資料28] 各種法的整理手続の特色

番	手続	根拠法規	目的	対象	相殺	担保権	保証人
1	破産	破産法	清算	全法人個人	行使可	消滅制度	追求可
2	民事再生	民事再生法	再建	全法人個人	行使可	消滅制度	追求可
3	会社更生	会社更生法	再建	株式会社	行使可	消滅制度	追求可
4	特別清算	会社法510条以下	清算	株式会社	行使可	中止命令	追求可

ど国家の営む権利実現の方法に従わなければなりません。社会秩序を維持するためであるのはいうまでもありません。この考え方をさらに一歩進めて，債務者の総財産を対象として全債権者のために公平に清算し，あるいは企業の再建を図りつつ公平に弁済するといった法制度を設けました。清算を目的とする破産及び特別清算ならびに再建を目的とする民事再生及び会社更生がそれで，総称して法的整理，あるいは，特殊整理と呼ばれています。それぞれの根拠法規，目的，対象，相殺権・担保権行使の可否及び保証人追求の可否は，「[資料28] 各種法的整理手続の特色」のとおりです。

(2) 法的整理手続に特有な3点

　融資先が法的整理手続に入った場合には，金融機関の債権回収もこれまで述べてきた通常の倒産に対するものとは異なった対応・配慮が必要となります。法的整理手続は，両刃の刃のように，裁判所の監督のもとに透明性や公平性が高いが，その反面，債権者や債務者の行為も規制を受けます。それは，個別債権の取立禁止，濫用的相殺の制限，及び，否認の3点です。清算型の破産手続と再建型の再生手続を例に解説しましょう。なお，「[資料29] 破産・再生手続の流れと金融取引」参照。

[資料29]　破産・再生手続の流れと金融取引

		破産手続〔（　）内破産法条文〕	再生手続〔（　）内再生法条文〕
根 拠 法 規		破産法（平成16年法75号）	民事再生法（平成11年法225号）
目 的		清算（1）	再建（1）
対 象		債務者＝全法人個人（1）	債務者＝全法人個人（1）
手続の流れ	準備手続	支払不能前30日内は否認対象（162）	
	申 立	債権者，債務者，取締役，相続人	債務者，債権者，理事
	保全手続	保全処分（28）	保全処分（26）
	手続開始	破産手続開始決定（30）	開始決定（33）
	債権確定	破産債権者表，確定判決と同一（124）	再生債権者表，確定判決と同一（104）
	手続遂行	破産配当，裁判所の許可（195）	債権者集会の法定多数（172の3）
	終 結	破産終結決定（220）	再生手続の終結（188）
金融取引	取引相手	破産管財人（78）	債務者，保全管理人（79）・管財人（64）
	相 殺 権	制限なし	債権届出期間の満了前（92）
	担 保 権	別除権，担保権消滅許可制度（65,186）	別除権，担保権消滅制度がある（53,148）
	保 証 人	追求可能（253）	追求可能（177）

①　個別債権の取立禁止

　まず，裁判所は，破産手続開始の申立があった場合には，利害関係人の申立によりまたは職権で，債務者の財産に関し，その財産の処分禁止の仮処分その他の必要な保全処分を命じることができ（破産28①），債務者の財産に対して既にされている強制執行，仮差押，仮処分等の手続

の中止を命じることができます（同法24①）。民事再生手続においても同様です（民再26①）。

② 濫用的相殺の制限

　次に，破産債権者は，破産手続開始の時において破産者に対して債務を負担するときは，破産手続によらないで相殺することができる（破産67①），再生手続においても同様です（民再92①）。相殺の担保的機能を重視して，債権者平等の例外として相殺権者に優先的な満足を認めるものですが，他方，濫用的な相殺は制限します。民法は，不法行為により生じた債権を受働債権とする相殺（民509），差押禁止債権を受働債権とする相殺（同法510），差押えを受けた債権を受働債権とする相殺（同法511）を禁止します。破産法はさらに，破産債権者である金融機関が，破産財団に対して預金等の債務を負担した時期，または貸金等の破産債権を取得した時期が，①破産手続開始後，②支払不能になった後，③支払停止があった後，④破産手続開始の申立てがあった後，であるときは相殺を禁止します（破産71①，72①）。なお②ないし③は，法定の原因に基づくとき，または，債権者が支払不能等の事実を知っていたときより前に生じた原因に基づく場合には，適用しません（同法71②，72②）。再生手続においても同様です（民再93②，93の2）。

③ 否認

　第三の否認は，破産者が破産手続開始前に，破産債権者を害する行為をした場合に，逸失した財産を破産財団のために回復するために，その行為の効力を破産財団との関係で失わせることで（破産160〜176），詐害行為取消権（民424）と沿革を共通にします。民事再生においても，要件，手続，効果について破産法と同様の規定があります（民再127〜141）。

　否認には，債権者を害する行為や相当の対価を得てした財産の処分行為を否認する詐害行為の否認（破産160・161，民再127・127の2），特

定の債権者に対する担保の供与等の偏頗行為の否認（破産162，民再127の3），及び，無償行為についての無償否認（破産160③，民再127③）の各類型があります。

　その他の特則として，権利変動の対抗要件の否認（破産164，民再129），執行行為の否認（破産165，民再130）があります。

　否認権は，破産手続では破産管財人が（破産173①），再生手続では管財人または否認権限を付与された監督委員が行使し（民再135①，56①），再生債務者は行使できません。弁済，借入れ，担保権設定も否認の対象となります。そこで，法的整理手続外での回収，つまり，保証人，物上保証人，会社役員等の責任を追求することになります。

(3)　破産債権，再生債権，更生債権と特別清算手続の特殊性

　各種法的整理手続への対応に先だって，それらを理解するために基本的な考え方について少し触れておきましょう。

　まず，かりに，融資先に対する貸付債権10百万円があり，これを担保するために融資先所有の不動産に5百万円の担保権を持っていたとして，この場合に，債権者金融機関の破産債権，再生債権，更生債権の額はそれぞれどうなるか。破産債権10百万円，再生債権10百万円，更生債権5百万円となります。ところで5百万円と評価された不動産は，これが5百万円で処分されることは稀有であり，4百万円のこともあり，6百万円で処分できることもあります。そしてまず，破産債権10百万円は，担保不動産が4百万円で処分されたらそれを全額破産債権に充当のうえ残額6百万円について破産配当を得られ，また，担保不動産が6百万円で処分されたらそれを全額破産債権に充当のうえ残額4百万円について破産配当を得ることになります。破産手続開始の時に破産者の財産につき存する担保権を別除権といい（破産2⑨），別除権は，破産手続によらないで，行使することができるからです（同法65①）。再生債権についても破産債権と同様で，別除権行使後の残額を再生債権として

配当を得ることになります（民再53）。ただ，更生債権5百万円という
ことはすなわち更生担保権も5百万円と債権調査の結果確定したことに
なりますが，担保不動産が4百万円で処分されたとしても，あるいは，
それが6百万円で処分されたとしても，更生債権5百万円・更生担保権
5百万円に固定され，その額について更生計画に従い配当を受け，更生
計画が遂行されます。

3．各種法的整理手続

（1）　基本は破産手続

①　破産手続の概要

　破産手続は，［資料30］破産手続図解の経緯を辿ります。それは，①
申立，②開始決定，③債権届出，④財産処分，⑤配当，そして，⑥終結，
経緯を辿りますが，これは，担保不動産の競売手続に酷似しています。
⇒P.239「［資料27］競売手続図解」参照。競売が債務者の個別の財産（不
動産）を公正・公平に処分する個別執行であるのに対して，破産手続は，
債務者の全財産を公正・公平に清算する全執行であって，底を流れる思
想には変わりはないからです。したがって，民事再生はじめ他の法的整
理手続も，再建型手続では「財産処分」が「計画の遂行」となるほか，
ほぼ同様の経緯を辿ります。

　［資料30］の項番5の同時廃止とあるのは，裁判所が，破産開始決定
はしたものの，破産財団をもって破産手続の費用を支弁するのに不足す
ると認めて，破産手続開始の決定と同時に破産手続廃止の決定をするも
ので（破産216），新聞紙上等で報道される高利借入れによる個人の自
己破産の大部分がこの同時廃止です。破産終結と同様の効果があります。

[資料30]　破産手続図解－（　）内は破産法条文

項番	破　産　手　続	金　融　機　関　の　対　応
1	30日間（162）↓	①申立前３０日内は否認の対象
2	破産手続開始の申立（18）↓↓↓↓↓↓↓	①期限の利益の当然喪失事由（銀取旧ひな型5①一） ②破産申立の事実・日時・保全処分の確認 ③預金・貸出金・担保等を凍結，相殺は可
3	保全処分（24～28,91）↓	①預金の支払禁止
4	破産手続開始決定（30）↓　　　↓	①取引の相手方は破産管財人（78） ②担保権は別除権として行使可（65）
5	↓　　同時廃止（216）↓↓↓	③保証人・商手支払人への請求は可（253②）
6	債権届出（111）↓	①届出期日までに債権届出を行う（111） 　保証人・商手支払人も破産になることが多い
7	中間配当（209）↓	
8	最後配当（195）↓	
9	破産終結決定（220）↓	
10	免責手続及び復権（248）	

②　破産手続の特色－公平な清算と相殺禁止及び否認

a　公平な清算

債務者が支払不能にあるときは，裁判所は，申立により，決定で，破産手続を開始します（破産15①）。債務者が支払を停止したときは，支

払不能にあるものと推定し（同条②），また，債務者が法人である場合には，支払不能またはその債務につき，その財産をもって完済することはできない債務超過であるときも同様です（同法16①）。公平な清算を行うから，担保権の行使は別除権として破産手続によらないで行使することができるとしたものの（同法65①），破産債権は，この法律に特別の定めがある場合を除き，破産手続によらなければ，行使することができず（同法100①），債務者から直接弁済を受けることや債務者の財産に強制執行をすることはできません（同法47，42）。その代わり破産債権の届出をした債権者は公平に弁済を受けることができます（同法193）。

　b　相殺禁止と否認

　公平な清算手続を保障するため，破産法は，「相殺の制限」と「否認」の制度を設けました。これらは，原則として，他の法的整理手続にも準用ないし同様の規定が置かれています。相殺の制限については，P.219「(8) ①破産手続と相殺」参照。まず，破産債権者は，破産手続開始の時において破産者に対して債務を負担するときは，破産手続によらないで，相殺することができるのだが（破産67①），公平な清算ができないと認められる場合，例えば破産手続開始後に実行した貸出金債権を自働債権とするなど，破産法71条1項各号及び72条1項各号に規定されている場合の相殺を禁止しています。

　次に，否認とは，破産者の財産に関し破産手続開始前になされた破産債権者を害すべき行為の効力を失わせ，その行為によって逸失した財産を破産財団のために回復することを目的とする法制度をいい，破産手続開始前であっても駆け抜け的な行為を規制しようというのです。気をつけなければならないのは，支払不能になった後または破産手続開始の申立後のみならず，支払不能になる前30日以内にされた担保の供与または債務の消滅に関する行為も否認の対象となることで（同法162①二），

これを危機否認といいます。その他の否認については破産法 160 条以下に規定されています。なお否認については P.260「③ 否認」を参照。

③　金融取引と破産

a　申立の前後

さきに触れたように破産手続は，申立，開始決定，債権届出，財産処分，配当及び終結の経緯を辿りますが，各時点における債権者金融機関の留意点は，「P.263［資料 30］破産手続図解」の「金融機関の対応」のとおりです。破産手続は，清算型倒産処理を代表する，最終的な整理方法です（破産 1）。手続は申立に始まるのではなく，支払不能になる前 30 以内にされた担保供与等も否認の対象となるのです（同法 162 ①二）。破産申立があると，①申立日時を確認し，相殺禁止や否認の基準日に正確を期す，②預金・貸出金・担保等を固定する，③期限の利益は当然に喪失する（銀取旧ひな型 5 ①一）。保全処分が出たときは，①預金の支払を禁止する，②手形・小切手の不渡事由は「破産法（第 28 条第 1 項，第 91 条）による財産保全処分中」（東京手形交換所規則施行細則 77 条(2)ア（ア））となります。

b　開始決定以後

開始決定があると，①取引の相手方は破産管財人（破産 78），②手形・小切手の不渡事由は「破産手続開始決定（破産法第 100 条第 1 項）」（東京手形交換所規則施行細則 77 条一（2）イ（ア）），③根抵当権は確定し（民 398 の 20 ①四），個人根保証の元本も確定する（同法 465 の 4 ①二）。

　④届出期日までに債権届出を行い，その際保証人，商手支払人も破産になることが多いから注意する（破産 111）。⑤担保権は別除権として，破産手続によらないで，行使することができる（同法 65 ①）。⑥相殺権の行使は可能（同法 67 ①）。⑦「破産債権者の一般の利益に適合するとき」担保権消滅の許可の申立を行使されるが，当該担保権を有する者の利益を不当に害することとなると認められるときは，この限りでなく（同

法186①但書），また異議のある担保権者のために，担保権実行の申立（同法187），買受の申出（同法188）の手続が設けられています。

　配当を受けるときは，①金融機関自ら計算し確認するのを怠ってはならない，②保証人，商手支払人への請求は可能（同法253②），③そして，破産終結を待って，残債権は法人税基本通達「9-6-1」に基づき無税直接償却し，一連の手続は終焉します。

　とくに倒産直前の担保の変更，担保保証の徴求，には十分注意しなければなりません。⇒「［事例11］倒産直前の担保差替え」及び「［事例22］無償否認」で解説。

（2）　民事再生手続

①　基本的な考え方

　民事再生法の基本的な考え方は，①債務者自ら事業を継続するのが原則，②監督命令・管理命令の導入，そして，③簡易手続の採用の3点です。民事再生手続の流れは，「［資料31］再生手続図解」のとおりです。

［資料31］　再生手続図解解－（　）内は民事再生法法条文

項番	再　生　手　続
1	再生手続開始の申立（21） ↓
2	保全処分（26 ～ 31） ↓
3	開始決定（33，34） ↓
4	債権の届出（94） ↓
5	債権の調査・確定（99 ～ 106） ↓
6	財産評定，再生計画の作成・提出 ↓
7	再生計画の決議（169） ↓
8	再生計画の認可（174） ↓───↓
9	↓　　　再生計画不履行 ↓　　　↓
10	↓　　　再生計画取消・廃止（189，191） ↓　　　↓
11	↓　　　破産手続開始決定（190） ↓
12	再生計画の履行 ↓
13	再生手続の終結（188）

　第一は，DIP（Debror in Possession）型を原則とすることで，再生債務者は，再生手続が開始された後も，その業務を遂行し，またはその財産を管理し，若しくは処分する権利を有し（民再38①），再生手続が開始された場合には，再生債務者は，債権者に対し，公平かつ誠実にそ

の権利を行使し，再生手続を追行する義務を負います（同条②）。

　第二に，しかし完全なＤＩＰ型ではなく，①裁判所は，再生手続開始の申立があった場合において，必要があると認められるときは，利害関係人の申立によりまたは職権で，監督委員による監督を命じる処分をすることができる（同法 54 ①），②裁判所は，再生債務者（法人である場合に限る）の財産の管理または処分が失当であるとき，その他再生債務者の事業の再生のために特に必要があると認めるときは，利害関係人の申立によりまたは職権で，再生手続の開始の決定と同時にまたはその決定後，再生債務者の業務及び財産に関し，管財人による管理を命じる処分をすることができます（同法 64 ①）。第三は，簡易手続の採用で，それは，①五分の三以上の再生債権者の同意により，再生債権の調査及び確定の手続を経ることなく，進める簡易再生の決定（同法 211），②再生債権者全員の同意により，再生債権の調査及び確定の手続並びに再生計画案の決議を経ることなく，任意整理が可能な同意再生の決定（同法 217）の採用です。

② **主要事項と再生手続の流れ**

　民事再生法の内容，留意点，他の倒産法規定との違い等をみていきましょう。それは，ａ．目的，ｂ．再生手続開始の申立・開始決定と一連の手続，ｃ．再生を目指す一連の手続，などの諸点。

ａ．**目的（民再１条）**　経済的に窮境にある債務者について，その債権者の多数の同意を得，かつ，裁判所の認可を受けた再生計画を定めること等により，当該債務者とその債権者との間の民事上の権利関係を適切に調整し，もって当該債務者の事業または経済生活の再生を図ることを目的とします（民再 1）。対象は，すべての自然人・法人で，株式会社だけとする会社更生手続（会更 1）及び特別清算手続（会社 510）より拡大。

ｂ．**再生手続開始の申立（民再 21 条）**　債務者に破産手続開始の原因となる事実の生じるおそれがあるとき，または，債務者が事業の継続に著し

い支障を来すことなく弁済期にある債務を弁済することができないとき，債務者は，裁判所に対し，再生手続開始の申立をすることができるます（民再21①。破産手続開始の原因である債務超過（破産16①）より緩和。

ｃ．**再生債権に基づく強制執行等の包括禁止命令（民再27条）**　すべての再生債権者に対し，再生債務者の財産に対する再生債権に基づく強制執行等の禁止を命じることができます（民再27①）。

ｄ．**再生債務者等の行為の制限（民再41条）**　裁判所は，再生手続開始後において，必要があると認めるときは，再生債務者による①財産の処分，②財産の譲受け，③借財，④訴訟の提起，④共益債権・一般優先債権・取戻権の承認，など民事再生法41条1項の定める行為をするには裁判所の許可を得なければならないとすることができます（民再41①）。

ｅ．**営業の譲渡（民再42条）と営業の譲渡に関する株主総会に代わる許可（民再43条）**　再生手続開始後の営業または事業の譲渡は，裁判所の許可を必要とします。そして株式会社である再生債務者について，事業継続に必要である場合に限り，会社法467条1項の株主総会決議に代えて裁判所の許可により譲渡できることとしました。

ｆ．**開始後の登記及び登録（民再45条）**　不動産または船舶に関し再生手続開始前に生じた登記原因に基づき再生手続開始後にされた登記または不動産登記法105条1号の規定による仮登記は，再生手続の関係においては，その効力を主張することはできません（民再45①）。

ｇ．**債権者集会における再生決議（民再169条）**　民事再生手続は，①再生計画案の提出→②決議→③認可→④遂行，の手順ですすめられます。そして，再生計画案を可決するには，議決権者（債権者集会に出席し，または書面等投票をした者に限る）の過半数の同意，及び，議決権者の議決権の総額の2分の1以上の議決権を有する者の同意のいずれもがなければなりません（民再172の3①）。会社更生法より緩和されています。

③ 再生手続上の権利

a 取戻権（民再 52 条）

再生手続の開始は，再生債務者に属しない財産を再生債務者から取り戻す権利に影響を及ぼさない（民再 52）。破産法と同じ扱いです。

b 別除権（民再 53 条）と別除権者の手続参加（民再 88 条）

再生手続開始の時において再生債務者の財産につき存する特別の先取特権，質権，抵当権または商法若しくは会社法の規定による留置権を有する者は，その目的である財産について，別除権を有し（民再 53 ①），別除権は，再生手続によらないで，行使することができる（同条②）。別除権行使によって弁済を受けることができない債権のみ再生手続により扱われるのは，破産法におけるのと同じです。ただ担保権の実行手続の中止命令の制度があります（同法 31）。

c 相殺権（民再 92 条）と相殺の禁止（民再 93 条，93 条の 2）

再生債権者が再生手続開始当時再生債務者に対して債務を負担する場合において，債権及び債務の双方が債権届出期間の満了（民再 94 ①）前に相殺に適するようになったときは，再生債権者は，当該債権届出期間内に限り，再生計画の定めるところによらないで相殺をすることができます（同法 92 ①）。再生債権者は，再生手続開始後に再生債務者に対して債務を負担したときなどに，相殺することができないとする相殺禁止の規定があるのは（同法 93，93 の 2），会社更生法と同じです。

d 否認権（民再 127 条以下）

再生手続開始後，再生債務者財産のために否認することができる，否認の制度は民事再生法 127 条以下に規定します。破産法，会社更生法に類似しますが，次の 2 点に留意します。まず，DIP 型の再生手続での否認権は，訴えまたは否認の請求によって，否認権限を有する監督委員または管財人が行います（民再 135 ①）。監督委員がいないときは，利害関係人が申請し選任した者とします。否認の対象となる担保供与・債務

消滅の行為をした再生債務者に正当な否認権の行使を期待できるか否か疑問だからです。次に，第三者が再生債務者に対して否認の訴訟を起こした場合には，監督委員が関与することになります（同法138）。

e　担保権の消滅の許可等（民再148条）

再生手続開始の時において再生債務者の財産につき別除権が存在する場合において（民再53①），当該財産が再生債務者の事業の継続に欠くことのできないものであるときは，再生債務者は，裁判所に対し，当該財産の価額に相当する金銭を裁判所に納付して当該財産につき存するすべての担保権を消滅させることについての許可の申立てをすることができます（同法148①）。

具体的な手順は次のとおり。①再生債務者による書面による申立て（民再148②），②担保権者への送達（同条③），③許可決定に対しては，担保権者は，即時抗告することができる（同条④），④申出額について異議があるときは，当該申立書の送達を受けた日から1カ月以内に，担保権の目的である財産について価額の決定を請求できる（同法149①），⑤価額決定の請求があった場合には，再生裁判所は，当該請求を却下する場合を除き，評価人を選任し，財産の評価を命じなければならず（同法150①），評価人の評価に基づき，決定で，財産の価額を定めなければならない（同条②），⑥価額に相当する金銭の納付（同法152①），金銭の納付のあった時に担保権は消滅する（同条②），⑦民事執行法に基づき配当表に基づいて，担保権者に対する配当の実施（同法153）。

④　金融取引上の問題点

a　申立の前後

民事再生手続は，事業継続を目的とする再建型倒産手続，かつ，債務者自身が手続の主体となり，その裁量を発揮しようとするもので，再生手続の開始決定があったときは，破産等も中止となります（民再26①）。

金融機関の対応は，基本的には破産手続におけるのと同様ですが，保

全処分があると，手形・小切手の不渡事由は「民事再生法（第30条第1項，第54条，第79条）による財産保全中」（東京手形交換法規則施行細則77条一（2）ア（オ））となります。

　b　開始決定以後

開始決定時における留意点は次のとおり。

　①取引の相手方は再生債務者，②手形・小切手の不渡事由は「民事再生手続開始決定（民事再生法第85条第1項)」（東京手形交換法規則施行細則77条一（2）イ（ウ）），③債権者は，債権届出期間内に債権の内容及び原因などを裁判所に届け出なければならず（民再94），担保付債権は別除権の目的である財産及び別除権の行使によって弁済を受けることができないと見込まれる債権の額を届け出なければなりません（同条②）。

　④相殺は債権届出期間内に限り，再生計画の定めるところによらないで行使することができます（同法92①）。

　⑤担保権消滅の許可制度に関して，別除権の目的財産が「再生債務者の事業の継続に欠くことのできないものであるとき」に担保権消滅の許可の申立をすることができます（同法148①）。⑥民事再生手続における否認も，破産手続におけるそれと同様であり（同法127），保証人・物上保証人の責任も，破産と同様で，民事再生手続により影響を受けません（同法177②）。

　なお，通常の再生手続のほかに（同法21），住宅資金貸付債権に関する特則（同法196），簡易再生及び同意再生に関する特則（同法211），小規模個人再生に関する特則（同法221），給与所得者等再生に関する特則（同法239），外国倒産処理手続がある場合の特則（同法207），があります。

(3)　会社更生手続

会社更生は，窮境にある株式会社について，更生計画の策定及びその遂

行に関する手続を定めること等により，債権者，株主その他の利害関係
人の利害を適切に調整し，もって当該株式会社の事業の維持更生を図る
ことを目的とするものです（会更1）。その特色，取引の相手方，債権
者金融機関の権利をみていきましょう。

① **特色**

その特色として，①一般債権者だけでなく，担保権者，株主，税債権
者も更生手続に参加する（会更165，164）。②更生計画において，上記
権利者の順位を考慮して衡平を害しない限度で差を設け，利害の調節を
図る（同法168），③例えば減資と同時に新株を発行し債権者に代物弁
済するなど，資本構成の変更と債務の弁済を結びつけている（同法177
の2），④更生手続開始の原因となる事実に，破産手続開始の原因とな
る事実が生じるおそれがある場合のほか，弁済期にある債務を弁済する
こととすれば，その事業の継続に著しい支障を来すおそれがある場合も
含まれ，早い段階で再建に着手できる（同法17①），があげられます。

② **取引の相手方**

取引の相手方は，保全管理人による管理を命じる保全管理命令が発せ
られたときは保全管理人となりますが，ただし開始前会社の常務に属し
ない行為をするには裁判所の許可を得なければなりません（会更32①）。
また，監督員による監督を命じる監督命令が発せられたときは，従来ど
おり代表取締役を相手方としますが，指定行為をするには監督員の同意
を得なければなりません（同法35①②③）。更生手続開始の決定があっ
た場合には，更生会社の事業の経営並びに財産の管理及び処分する権利
は，裁判所が選任した管財人に専属し，取引の相手方は管財人となりま
す（同法72①）。更生計画認可後に管財人は新取締役に権限を移譲する
ことができます。

③ **金融機関の権利**

更生会社に対し更生手続開始前の原因に基づいて生じた財産上の請求

権を更生債権といい（会更2⑧），このうち会社の財産につき存する担保権の被担保債権であるものを更生担保権といいます（同法2⑩）。これらは，更生手続開始後は，この法律に特別の定めがある場合を除き，更生計画の定めるところによらなければ，弁済をし，弁済を受け，その他これを消滅させる行為（免除を除く）をすることができません（同法47①）。一方，更生手続開始後の更生会社の事業の経営並びに財産上の管理及び処分に関する費用の請求権のように，関係人の共同利益のために要するものをを共益債権といい（同法127），共益債権は，更生計画の定めるところによらないで，随時弁済します（同法132①）。

　破産手続におけるのと同様に，相殺禁止（同法49，49の2），否認（同法86以下）の制度があります。ただ相殺については，更生債権届出期間内に限り，更生計画の定めるところによらないで，相殺することができるから（同法48①），債権届出期間満了前に行使しておかなければなりません。2003（平成15）年4月施行された改正会社更生法により，民事再生手続と同様に，担保権消滅許可の制度が導入されました（同法104）。

　保証人，物上保証人の責任は，会社更生手続によって影響を受けません（同法203②）。

（4）　特別清算

　会社法510条以下に規定する特別清算は，いったん清算手続に入ったものの，その遂行に著しい支障を来すべき事情があること，または，債務超過の疑いがあることの事由があると認めるときに，申立により，裁判所は，特別清算の開始を命じます（会社510）。

　特別清算手続が開始されると，すでに開始されていた清算手続における清算人が引き続き清算人となり，会社の清算職務を執行します（同法523）。債務の整理案である協定も，清算人が作成します。この協定が債権者集会で，法定多数で可決され（同法567），かつ裁判所によって認

可されると，協定はその効力を生じます（同法570）。特別清算の特色
としては，債権者平等の原則が緩和されていること（同法565），担保
権者も参加が可能であること（同法566），があげられます。特別清算
手続における保証人・物上保証人の責任は破産手続におけるのと同様で，
この手続によって影響は受けません（同法571②）。なお，特別清算手
続には否認の制度はありません。相殺については，P.223「④特別清算
手続と相殺」を参照。

4．不良債権の整理

Point

　不良債権とは何か，不良債権の定義とその整理方法を解説します。前者については，不良債権の区分を，後者については，償却・競落子会社による落札・サービサーを，取り上げます。正確に理解しましょう。

1．不良債権とその整理方法

　不良債権には種々の定義がありますが，現在では，金融再生法に基づいて不良債権とされるものを指すようになりました。まず債務者を，①正常先，②要注意先，③破綻懸念先，，及び，④破綻・実質破綻先，の四つに区分します。そのうち，②要注意先のうちの特に厳重な管理を要する要管理先と③破綻懸念先，及び，④の破綻・実質破綻先に該当する債権が不良債権とされています。P.165「2自行（庫・組）債権の分類」参照。不良債権は，利息を生まない不稼働資産であるばかりか，償却負担・売却に伴う売却損が金融機関の収益を圧迫します。その発生防止と縮減は金融機関経営の最重点課題の一つになっています。

　不良債権の整理の手法には，①償却，②自己競落会社による落札，③債権売却などがあります。債権の売却は，近年，大量の不良債権をまとめて一括売却するバルクセール（Bulk　Sale）が導入されています。その譲渡手段として，民法の指名債権譲渡の方法やローンパーティシペイションが利用されています。以下，償却，競落子会社による落札，及び，サービサーについて説明します。

２．償却

(1)　償却とは

　金銭債権については原則として債権金額を付すべきものとしたうえ，金銭債権について取立不能のおそれがあるときは取立不能見込額を控除しなければなりません。貸出金債権から取立不能見込額を控除すること，これを償却といいます。

　貸出金の償却は，貸借対照表の資産勘定から回収不能額を引き落とすこと，または回収不能（見込）額相当額を負債勘定に貸倒引当金（注）として繰り入れることをいい，法人税法・同施行令・同施行規則及び法人税基本通達に基づいて行われます。

（注）旧来は，税法上，債権償却特別勘定という一種の引当金を計上することが認められていたが，1998（平成10）年4月の税制改正により，この勘定は貸倒引当金に統合された。

(2)　間接償却と直接償却

　償却には間接償却と直接償却とがあります。債務者の倒産等の事実が判明した時点で，貸出金から担保等を控除した回収不能見込額，あるいは，回収懸念があり損失発生が見込まれる金額に相当する金額を，負債勘定である貸倒引当金に繰り入れることを，間接償却といいます。担保の処分が終了した時点，または，最終配当を終え法的整理手続も終結するなど，回収不能額が確定した時点で回収不能額を貸倒引当金を通さず，あるいは，貸倒引当金から，貸借対照表の資産勘定から控除することを直接償却といい，この直接償却によって帳簿上も貸出金債権等が引き落とされます。

(3)　無税償却と有税償却

　無税償却とは，直接償却や間接償却の金額を税務上損金扱いするもので，具体的には，法人税法・同施行令・法人税基本通達第9章第6節「貸倒損失」の定めに従って処理されるものをいいます。無税償却には，形

式基準による直接償却（基本通達9-6-1），実質基準による直接償却（基本通達9-6-2），実質基準による間接償却（令①2号），形式基準による間接償却（令①3号），及び長期棚上げによる間接償却（令①1号）があります。有税償却は，法人税法・同施行令・法人税基本通達が適用されないため税法上損金扱いができず，税金を払って償却するもので，直接償却と間接償却とがあります。

なお債務者につき破産等の法的整理手続開始の申立てまたは取引停止処分があった場合には，回収不能見込額を無税・有税各50％ずつ貸倒引当金に繰り入れることができます。これを形式基準による間接償却といい，金融実務上避けて通れません。

(4) 償却の実務

償却の実務は，償却対象貸出金の選定，償却実施時期の決定，及び，金融機関内での償却事務，の手続を踏みます。

償却実施の時期は無税償却について重要な意味を持つもので，健全な決算処理の観点から，回収不能等の事実が発生した年度，また形式基準による償却基準（取引停止処分など）に該当することになった事業年度に償却処理（損金処理）を行う必要があります。なお，1998（平成10）年4月より（中間）決算毎に貸倒引当金の金額を洗潜する（見直す）こととされました。

金融機関内での償却事務は，次の要領で行われます。

①債務関係人の現況把握。これは，証拠によって把握しなければなりません。証拠としては，例えば破産手続開始決定の官報，取引停止処分者証明書，不在住証明などが必要。

②貸付債権の確定。日本公庫代理貸付における保証履行後の求償権などは注意を要します。

③担保・保証の確定。不動産担保は不動産鑑定士による鑑定評価を原則とします。

④厳格な税務上の要件のチェック。1997（平成9）年月以降は，大蔵省の金融検査官による「不良債権償却証明制度」は廃止され，一般事業法人と同じ制度で償却することとなりました。

(5)　償却と金融機関の収益

償却が金融機関の収益に与える影響を考えてみましょう。一般に，有税償却を行うには，償却金額の250％の償却前利益を計上しなければならないと言われています。その根拠を試算します。償却前利益を100億円とする場合の償却方法を次のⅠ～Ⅳに分けて考えてみます。後掲「[資料32] 償却と収益検討－無税償却と有税償却との比較」を参照してください。

ケースⅠ―償却なし

償却をしなかった場合。償却前利益100億円，課税対象所得100億円
　　→課税対象所得100億円→税率60％で税金60億円→純利益40億円

ケースⅡ―無税償却

50億円を無税償却する場合。償却前利益100億円，無税償却50億円
　　→課税対象所得50億円（無税償却額を控除）
　　→税率60％で税金30億円→純利益20億円

ケースⅢ―有税償却

50億円を有税償却する場合。償却前利益100億円，有税償却50億円
　　→課税対象所得100億円（有税償却額を控除せず）
　　→税率60％で税金60億円→欠損10億円

ケースⅣ―有税償却

ケースⅢの欠損を無くす（損益ゼロ）ためには，当初どれだけの利益が必要か試算したもの。このケースで分かるように有税償却50億円の250％の125億円の償却前利益をあげることが必要。

[資料32]　償却と収益検討－無税償却と有税償却との比較

項番		Ⅰ償却なし	Ⅱ無税償却	Ⅲ有税償却	Ⅳ有税償却
1	償却前利益(a)	100	100	100	125
2	償却額(b)	0	50	50	50
3	税引前利益(c)＝(b)－(a)	100	50	50	75
4	(課税対象所得)(d)	(100)	(50)	(100)	(125)
5	税金(e)＝(d)x60%	60	30	60	75
6	純利益(f)＝(c)-(e)	40	20	▲10	0

(6)　事業再生と損失負担の合意

　不良債権処理の要諦は，金融機能の信用秩序維持よりも，事業再生にあります。2000（平成12）年の民事再生法の制定・2003（平成15）年の新会社更生法の制定など再建型倒産処理制度の見直しに始まり，私的整理に関するガイドラインの策定・整理回収機構の再生機能の拡充・産業再生機構の創設・中小企業再生支援協議会の創設等々，事業再生のための制度を構築するに至りました。これら任意整理を軸とする事業再生の一翼を担うのは債権放棄であり，それは，債権者間及び債権者・債務者間の「損失負担の合意」によって形成されます。そこで浮上するのが税務の問題です。放棄した債権額に損失処理が認められなければ債権者にとって，また放棄による債務免除益に課税されれば債務者にとって，それぞれ新たな税負担を強いられ，事業再生は極めて困難なものになります。この問題を正面からとらえた最高裁判決（最二小判平16・12・24民集58-9-2637）があります。事業再生に携わる者として避けて通ることはできません。後掲「[事例23]事業再生計画における損失負担の合意」で解説します。

3．競落子会社による落札

（1）　競落子会社の設立

　競売制度の利用を通じて既存の担保物件の権利関係を整除し，その担保物件の売却を容易にすることを目的として，金融機関の子会社である競落会社（自己競落会社ともいう）が設立されています（注）。

（注）1994（平成6）年8月11日（株）第一勧銀総合管理の設立がその第一号。資本金3億円，親銀行100％出資。

（2）　業務の概要

①　**対象不動産**　対象は，競売手続中の不動産。親金融機関申立のもののみならず第三者申立のものも対象だが，ただし，親金融機関に配当が見込まれる場合に限る。

②　**最低売却価格による落札**　競落子会社が競売不動産を落札し取得するが，入札換価は執行裁判所が決定した売却基準価額によるのを原則とする（注）。

（注）2005（平成17）年4月の民事執行法の改正により，最低売却価額を売却基準価額とし（民執60），その額から2割部分を控除した買受可能価額までの入札が可能となり，取引の迅速・確実性が向上した。

③　**親金融機関との匿名組合方式**　競落子会社の資金調達は，親金融機関と匿名組合契約を締結する方法がとられる。匿名組合契約とは，当事者の一方が相手方の営業のために出資をし，その営業から生じる利益を分配することを約する契約（商法535）。

④　**取得不動産の保有・保存・整理**　競落子会社は，落札により取得した不動産の保有期間中，その円滑な売却を図るために，物件価格の維持に努めなければなりません。例えば，不法占拠者の排除，土地について囲いの整備・除草，建物の塗装・補修のほかに，隣接地の購入・建築途上建物の完工などがあります。さらに円滑な売却を妨げない範囲で，収益計上のための駐車場経営，不動産賃貸等を行うことができる。管理の主

体が親金融機関から，物件の保有・保存・管理する競落子会社へと大きく変化する。取得不動産は最終的には売却する。

⑤ **保全処分の活用** 競落子会社は，最高価買受申出人または買受人のための保全処分と引渡命令の二つの保全処分を利用することができる。

⑥ **業務期間** 競落子会社の業務期間は営業開始より10年間とされていた。また，担保不動産の取得時期は設立後5年間に限り，取得した不動産は，原則として5年以内に売却しなければならないとされていた。以上の制限は，大蔵省通達に基づいたものでしたが，1998（平成10）年6月撤廃されました。

(3) 競売制度活用のメリット

競売処分では，売却基準価額が定められるので処分価格の妥当性が保証されます。また，不動産上の抵当権・差押等の複雑な権利関係は一掃され，裁判所書記官による権利登記の抹消と買受人への権利の移転登記がなされるため，後順位担保権の登記抹消料（ハンコ代）も不要です。競落子会社は付着権利のない物件を取得することができ，一方，親金融機関は，競売配当金を受領し，債務者に対する不良債権の回収に充当することができます。さらに残債権があれば，これを無税償却するなど整理終結を進めることができます。

(4) 競落子会社の解散

競落子会社が設立初期の目的をほぼ達成しえたこと，また，大量の不良債権をまとめて一括売却するバルクセールの導入などもあり，近年，競落子会社の解散が相次いでいます。

4．サービサー

サービサーの状況は，債権額のうち75％を金融機関等が有するまたは有していた貸付債権が占めているとのこと。ところで，サービサーの業務は，金融機関の大口不良債権処理のアウトソーシングを中心に行う

従来型のものから，資産の流動化や証券化関連業務，さらには事業再生業務へとその業務範囲を大きく広げています。日本政策投資銀行がサービサーを「事業再生に取り組む事業者」と位置づけ，また，みずほコーポレート銀行が「譲受債権」から回収出来るであろうと想定される額と回収実績データを定期的にモニタリングする担保手法を開発するなどがその例です。注目されるのは事業再生業務です。倒産処理のなかでも事業再生の促進は，金融機関等の不良債権処理等を促進するだけではなく，国民経済の健全な発展に資するというサービサー法の立法目的に沿ったものということができます。ただ，事業再生には出血を伴うことが多い。対象企業の債権者・債務者には，いわゆる商取引のある仕入先・販売先，金融機関それに関連会社等の従来からの取引を継続している先が含まれるのは当然であり，これらの債権者・債務者とともにサービサーがどのように対応するかは微妙な問題が生じます。とくに債権放棄などが再生計画に盛り込まれた場合にはなおさらです。サービサーが債権放棄に応じにくいのは，まだ事業再生業務への取組に対する明確な方針がはっきりと確立されていないためなのかも知れません。

5．時効とその中断

Point

時効については，①時効制度とは何か，②時効制度の存在理由，③時効の中断，④時効の援用，⑤時効の利益の放棄，⑥時効の停止，そして，⑦改正民法による消滅時効，について理解しなければなりません。以下，順次解説します。

1．時効制度の存在理由・必要性

時効は，一定の事実状態が永続する場合に，それが真実の権利関係と一致するか否かを問わず，そのまま権利関係として認めようとする制度です。取得時効と消滅時効とがありますが，金融取引においては消滅時効が重要です。このような時効制度の存在理由は，①ある事実関係の永続により証拠による判断が困難になること，②永年自分の権利を主張しない「権利の上に眠る者」は保護に値しない，ことがあげられています。

2．時効の起算点とその期間
(1) 起算日と時効期間

消滅時効は「いつ」から「いつまで」を経過すると完成するのか，これが時効の起算日と時効期間の問題です。答えは債権等は，「債権者が権利を行使することができることを知った時から5年間行使しないとき」（民166①一）と「権利を行使することができる時から10年間行使しないとき」（同条同項二）に，時効によって消滅することです。支払期日に支払がなされないときに，その都度その金額について時効が進行を始めます。さらに注意すべきは，期限の利益の喪失事由に該当すると

して債務者の期限の利益を喪失させると，期日未到来分を含む全債権について時効が進行することです。

　なお，確定判決または確定判決と同一の効力を有するものによって確定した権利については，10年より短い時効期間の定めがあるものであっても，その時効期間は10年とします（民169①）。

　金融取引における時効の進行開始時と時効期間は「［資料33］金融取引と時効期間」参照。

(2) 改正民法による時効期間とその起算点

　2020年4月1日施行の改正民法（債権関係）は，消滅時効の期間について，債権者が権利を行使することができることを知った時から5年に短縮するほか（民166①一），権利を行使することができる時から10年とする（同条同項二）。つまり，主観的な起算点による時効期間を5年間としつつ，客観的な起算点による時効期間10年間とを組み合わせ，いずれかの期間が到来した時点で時効が完成するものとしました。これに伴い，業種ごとに異なる短期の消滅時効としての旧民法170条から174条の規定及び商事債権についての商法522条を廃止しました。

　これまでまちまちであった時効期間が統一されることによる管理の単純化・容易化のメリットは大きいものがあります。

項番	銀行取引	銀　行　の　債　権	進行開始時	期間	根　　　拠
1	手形貸付	貸　付　債　権	返　済　期　日	5年	民法 166 ① 一条
		手　形　債　権	満　　期　　日	3年	手形法 70 ①・77 ① 八
2	証書貸付	貸　付　債　権	返　済　期　日	5年	民法 166 ① 一条
3	手形割引	手形債権 （対主債務者）	満　　期　　日	3年	手形法 70 ①・77 ① 八
		手形債権 （対遡及義務者）	満　　期　　日	1年	手形法 70 ②・77 ① 八
		割引手形買戻請求権	権利発生時	5年	民法 166 ① 一条
		利得償還請求権	権利発生時	5年	民法 166 ① 一条
4	当座貸越	当座貸越債権	解　　約　　時	5年	民法 166 ① 一条
5	支払承諾	支払承諾請求権	保証履行時	5年	民法 166 ① 一条
6		遅　延　損　害　金	返　済　期　日	5年	民法 166 ① 一条

（注）返済期日までに期限の利益の喪失があると，その時点が時効進行開始時点となる（銀取旧ひな型 5）。商法 522 条は削除され民法 166 条 1 項 1 号が適用されます。

3．時効の完成猶予及び更新

(1)　時効の完成猶予及び更新とは

　時効の進行中に，時効をくつがえすような事情が発生したことを理由として，それまでの時効期間の経過をまったく無意味にすることを時効の完成猶予・更新といいます。時効の基礎である事実状態と相容れない事実が生じると，進行してきた時効期間の効力を失わせるものです。そして，時効の完成猶予とは，一定の事由が発生した場合に，その事由が終了するまで（または一定期間），時効が完成しないこと。時効の更新

とは，一定の事由の発生により時効期間の進行が阻止され，その事由が終了した時から新たな時効期間の進行が開始する制度をいいます。

　なお，2020年4月1日施行の改正民法（債権関係）は，用語の問題として，「時効中断」「停止」の概念を「完成猶予」と「更新」とに整理し，新たな時効完成猶予事由として「協議を行う旨の合意」を規定しました（民151）。P.293「7　改正民法による消滅時効」参照。

（2）　時効の中断事由

　民法は，時効の完成猶予かつ更新事由として，①裁判上の請求等（民147）及び②強制執行等（同法148），時効の完成猶予事由として，③仮差押・仮処分（同法149），④催告（同法150），⑤協議を行う旨の合意（同法151）及び⑥158条から161条の事由，そして，時効の更新事由として⑦承認（同法152），をあげています。時効制度の存在理由が，時間の経過による証拠保全の困難を救済すること，永年の間自分の権利を行使しなかった「権利の上に眠る者」は法律の保護に値しないことにあるとすれば，①〜⑤は権利者によって権利が主張され，⑦は義務者が権利を承認することにより証拠保全の困難を救済しており，しかも，いずれも時効の基礎である事実状態の継続が破れているからです。なお，⑥は，未成年者・夫婦間・相続財産・天災等に関するもので旧民法の「時効の停止」に係る事由のものです。

　以下，金融実務にとって欠かせない，請求，差押等と承認について見ていきましょう。

①　請求による時効完成猶予及び更新と注意点

　請求には，催告と裁判上の請求とがあります。催告があったときは，その時から6箇月を経過するまでの間は，時効は完成せず（民150①），催告によって時効の完成が猶予されている間にされた再度の催告は，時効の完成猶予の効力を有しません（同条②）。確定判決によって確定した権利については，時効期間は10年です（同法169①）。

時効の完成猶予及び更新は，その事由が生じた当事者及びその承継人の間においてのみ，その効力を有しますが（同法153①），主たる債務者に対する請求による時効完成猶予及び更新の効力は，連帯保証人にも及びます。保証人の負担が債務の目的または態様において主たる債務より重いときは，これを主たる債務の限度に減縮するからです（同法448）。しかし，2020年施行の改正民法（債権関係）により連帯保証人に対する履行の請求を行っても，主債務との関係で時効を完成猶予及び更新させることができなくなりました（民458）。ただ，当事者間の特約で，連帯保証人に生じた事由について債務者に効力を生じるように定めることができる旨を規定しています（民法458条が準用する441条但書）。そこで，「債権者が連帯保証人の一人に対して履行の請求をしたときは，主債務者に対しても，当該履行の請求の効力が生じるものとする」との条項を設けることが考えられます。

　裁判上の請求（訴訟の提起）だけでなく（民147①一），支払督促（同法同条同項二），和解または民事調停若しくは家事事件手続法による調停（同法同条同項三），破産手続参加，再生手続参加，更生手続参加（同法同条同項四）も時効完成猶予及び更新の効力を生じます。なお，特別清算については，時効の完成猶予の効力を生じます。

②　差押，仮差押または仮処分による時効中断と注意点

　差押は，その事由が終了するまでの間は（民148①），仮差押・仮処分は，その事由が終了した時から6ヵ月を経過するまで間は（同法149），時効は，完成しません。差押，仮差押及び仮処分は，時効の利益を受ける者に対してしないときは，その者に通知をした後でなければ，時効の完成猶予または更新の効力を生じません（同法154）。抵当権実行としての競売申立も時効完成猶予及び更新事由となります（同法148①二）。ただし，物上保証人に対する不動産競売の申立がされた場合，それによる被担保債権の消滅時効の完成猶予及び更新は，民法154条に

より競売開始決定正本が債務者に送達された時に生じます（最二小判平8・7・12民集50-7-1901）。競売を取り下げると，その終了の時から6ヵ月を経過するまでの間は，時効は，完成しません（同法148①）。

③　承認による完成猶予及び更新と注意点

a　債務者の承認と保証人の承認

弁済は，債務者の承認となりますが，相殺は時効を完成猶予及び更新しません。同じ弁済による承認でも，債務者の承認は債務者の時効を完成猶予及び更新し，保証人の時効も完成猶予及び更新します。それは，保証人の負担が債務の目的または態様において主たる債務より重いときは，これを主たる債務の限度に減縮する（民448）との保証債務の付従性によるものです。一方，保証人の承認は，保証人の時効を完成猶予及び更新しますが，債務者の時効を完成猶予及び更新せず，その時効は進行を続けます。そして，債務者の時効が完成すると，保証債務の付従性からも（同法448）保証人による時効の援用がなされます。したがって，主たる債務者の承認を得るようにしなればなりません。なお，2020年4月1日施行の改正民法（債権関係）は，履行の請求については絶対効力事由から除外したため（旧民法434），債務者に請求しても保証人にその効力は及びません。

b　債務承認書の徴求

書面による債務承認について，記載すべき文言として欠かすことができないのは,対象となる「借入債務の特定」と「弁済猶予の記載」です。前者は，科目・貸出日・期日・金額・貸付番号等を特定すること，後者は，弁済期日の延長・弁済条件の緩和・債務の一部免除等の記載です。その様式は，正式な「債務承認書」がベストですが，それに拘ることなく，上記2点が記載されている文書であれば構いません。やむを得ない場合には，融資担当者の「交渉記録カード」に記載されていてもその役割を果たすこともありえましょう。要は，訴訟の場で，当事者の心証に

訴えることができ，通用するか否かです。判例は，債権者において債務者との間の債権債務等を照合するため，債務者から自己の債務を記載した決算報告書を債権者に提出し，債権者がその記載内容を確認していたなど判示の事実関係のもとにおいては，債務者は，右決算報告書に記載された自己の債務を承認したものというべきであるといいます（最三小判昭59・3・27集民141-445）。その呈示を受けるだけでも，個人的見解として完成猶予及び更新効ありと解されますが，その際説明を求めるなどの配慮をするのが実務の対応でしょう。

　　c　時効完成後の承認

　完成後の完成猶予及び更新について判例は，「債務者が，消滅時効完成後に債権者に対し当該債務の承認をした場合には，時効完成の事実を知らなかったときでも，その後その時効の援用権をすることは許されないと解すべきである」といいます（最大判昭41・4・20民集20-4-702）。ただし，時効完成後の債務者の債務承認は保証人へ効力を及ぼしません。その効力は主たる債務者についてのみ及び，その他の保証人の時効に影響を及ぼしません。時効は当事者及びその承継人の間においてのみその効力を有するからです（民153）。

（3）完成猶予または更新の効力

　時効の中断は，その完成猶予または更新の事由が生じた当事者及びその承継人の間においてのみ，その効力を有します（民153）。完成猶予または更新した時効は，その事由が終了した時から，新たにその進行を始め（同法147②,148②,152①），裁判上の請求によって中断した時効は，裁判が確定した時から，新たにその進行を始めます（同条②）。

４．時効の援用

　時効は，当事者が援用しなければ，裁判所がこれによって裁判をすることができません（民145）。援用とは，ある事実を自己の利益のため

に主張することで，時効期間が満了しても絶対的に債権が消滅するものではなく，債権者・金融機関の請求に対して，債務者融資先等が時効を援用した場合にのみ消滅します。時効制度は，永続した事実状態を尊重するものではあるが，同時に個人の意思も顧慮し，両者の調和を図ろうとするからです。

　援用できるのは誰か。債務者ができるのは当然です。保証人もその付従性から援用できます（同法448）。そのほか判例は，他人の債務のために自己の所有物件に抵当権を設定したいわゆる物上保証人も，右債務の消滅時効を援用することができる（最一小判昭43・9・26民集22-9-2002），抵当不動産の譲渡を受けた第三者は，抵当権の被担保債権の消滅時効を援用することができる（最二小判昭48・12・14民集27-11-1586）といいます。しかし，後順位抵当権者は先順位抵当権者の被担保債権の消滅時効を援用することはできません（最一小判平11・10・21民集53-7-1190）。

５．時効の利益の放棄とは

　時効期間が満了しても，時効の援用もなく，債務者が債務を返済した場合には，時効の利益を放棄したものとして，時効の援用ができなくなります。次の場合には，時効の利益を放棄したものとみられます。①債務全額の弁済，②内入弁済，利息支払，③債務承認書・延期証の差入，手形書替，がそれです。時効の利益の放棄について判例は，「主たる債務者がなした時効の利益の放棄は保証人に対しては効力を生じない」といいます（大判大5・12・25民録22-2494）。主債務者が時効利益を放棄しても，保証人・物上保証人には効力を及ぼさないから，保証人・物上保証人から，主たる債務を認め，引き続き保証・担保に応じる旨の承認書を徴求するなど，個別に時効の管理をしなければなりません。

6．時効の停止の廃止

　旧民法の時効の停止とは，時効完成のまぎわに，時効中断を不能または著しく困難ならしめる事情が発生した場合に，債権者を保護して，その事情の消滅後一定期間が経過するまで，時効の完成を延期することをいいます。時効期間の満了近くに時効の完成猶予及び更新の困難な事由がある場合に，時効の完成を猶予することです。すでに進行した時効期間が無駄にならず，停止事由の終了後一定期間たてば時効が完成するものです。時効の中断とは異なります。民法の定める時効の停止事由は，①未成年者または成年被後見人に法定代理人がいないとき（民 158 ①），未成年者または成年被後見人がその財産を管理する父，母または後見人に対して権利を有するとき，③夫婦の一方が他の一方に対して権利を有するとき（同法 159），④相続財産に関して，相続人が確定した時，管理人が選任された時または破産手続開始の決定があったとき（同法 160），⑤時効期間の満了の時に当たり，天災その他避けることのできない事態のため時効を中断することができないとき（同法 161），です。⑤は 2 週間を経過するまでの間，それ以外は 6 カ月を経過するまでの間は，時効は，完成しません。

　そして，2020 年 4 月 1 日施行の改正民法（債権関係）は，時効の停止の内容や効果を明確にするため，「時効の完成猶予」と「時効の更新」という概念に再構成する形で規定されましたが，旧民法から大きく変更されることはありません。それは，①未成年者または成年被後見人との時効の完成猶予（民 158），②夫婦間の権利の時効の完成猶予（同法 159），③相続財産に関する時効の完成猶予（同法 160），及び，④天災等による時効の完成猶予（同法 161）の四つです。①②③は 6 箇月を経過するまでの間，④は 3 箇月を経過するまでの間，時効は，完成しません。

7．改正民法による消滅時効

(1)　時効の期間とその起算点

　消滅時効の期間について，債権者が権利を行使することができることを知った時から5年に短縮するほか（民166①一），権利を行使することができる時から10年とします（同条同項二号）。つまり，主観的な起算点による時効期間を5年間としつつ，客観的な起算点による時効期間10年間とを組み合わせ，いずれかの期間が到来した時点で時効が完成するものとしました。

　これに伴い，業種ごとに異なる短期の消滅時効としての民法170条から174条までの規定及び商事債権についての商法522条を廃止しました。これまでまちまちであった時効期間が統一されることによる管理の単純化・容易化のメリットは大きいものがあります。なお，債権または所有権以外の財産権（民166②），人の生命または身体の侵害による損害賠償請求権の消滅時効（同法167）についての特則を設けています。

(2)　時効の完成猶予と更新

　用語の問題として，「時効中断」「停止」の概念を「完成猶予」と「更新」とに整理し，新たな時効完成猶予事由として「協議を行う旨の合意」を規定しました（民151）。

(3)　施行日

　改正民法の施行（2020年4月1日）前に債権が生じた場合におけるその債権の消滅時効の期間については，なお従前の例によります（附則10④）。そして，施行日以後に債権が生じた場合であって，その原因である法律行為が施行日前にされたときを含みます。売買契約が施行日前，支払日が施行後のケースなどが該当します。

事例集

▶事例1　新規取引時の所有不動産調査の重要性

［事　例］

　A銀行ａ支店は，昨年末に店勢圏内に移転してきた絨毯カーテン施工業の株式会社甲野商会を取引勧誘しましたが，財務内容に問題があったので勧誘を中断していました。ところが，甲野商会はａ支店の優良取引先である株式会社乙山物産の下請企業協力会のメンバーであったことから，乙山物産から，甲野商会の財務内容は芳しくはないが業況については支援するので資金援助方要請がありました。そこでａ支店は，2020年8月，商手割引10百万円を実行し融資取引を開始しました。しかし，甲野商会は同年10月10日取引停止処分を受けて倒産しました。ａ支店の割引手形のうち5百万円は融手であって決済見込みなく，その分がａ支店の実損となります。

［回　答］

　ただちに債務者と保証人の資産とくに所有不動産を調査します。乙山物産の紹介であっても，融資実行前にこれらの調査をすべきであって，ａ支店の対応は甘かったと言わざるをえません。

［解　説］

　5百万円の実損見込となったので，債務者甲野商会及び保証人で代表取締役の甲野一郎の所有不動産を登記事項証明書（不登119）により確認したところ，①債務者甲野商会の事務所兼倉庫は賃貸物件である，②保証人甲野社長の自宅は，ａ支店が取引開始する3カ月前の2020年5月に競売の申立がなされている，ことが判明しました。ａ支店が取引を開始する前に不動産登記事項証明書を調査していれば，これらは判ったはずです。自宅が競売されている代表者の会社とは取引しなかったでしょう。また甲野商会との取引で10百万円以上の損害を被った優良取引

先乙山物産に対しても貴重なアドバイスができたはずです。

　新規融資取引時においては，新規対象先とその保証人や家族の所有不動産を確認し，権利の付着状況を調査することが大切です。担保に徴求できなくても，権利関係を調査することにより，取引先の信用状態・資金調達能力などが判ることが多いからです。なお，既存取引先についても同様で，業況に変化が生じた先や業態の不透明な先については，担保徴求の有無にかかわらず，所有不動産の登記記録（同法11）の閲覧または登記事項証明書（同法119）の交付を受けるなどにより定期的に調査することは重要なことです。「不動産登記は信用調査の宝庫」である，と言っても過言ではないでしょう。

▶事例2　所有権移転前日付登記の抵当権の効力

［事　　例］

　甲野太郎氏から提供を受けている抵当土地登記事項証明書には，同氏が土地の所有権移転登記を経たのが2020年10月20日，同日受付の抵当権設定登記がされているのに，その原因となる金銭消費貸借契約及び抵当権設定契約の日付はその10日前の2020年10月10日となっています。なお甲野太郎への貸出金の交付は各登記がされた10月20日です。登記を付け直す必要がありますか。

［回　　答］

　好ましいことではありませんが，登記を付け直す必要はありません。

［解　　説］

1．停止条件付抵当権設定契約

　抵当権の設定は一つの処分行為ですから，設定者が目的物について，

所有権等の権利あるいは代理権，管理権等の権能を持っていなければなりません。では，現在処分権のない所有していない土地について，有効に抵当権を設定することができるかですが，通説・判例は，将来取得すべき目的物の上にあらかじめ抵当権設定契約を締結することは法律上妨げなく，この場合，目的物の所有権を取得するともに抵当権が成立する（大判大 4・10・23 民録 21-1755），つまり目的土地の所有権取得を停止条件とする抵当権設定契約が有効に成立するのです。

　なお，建物については結論を異にします。将来建築される建物を目的とする抵当権設定契約は，目的物件そのもが存在していないのですから，その効力は生じません。「［事例 3］建物完成前の抵当権の設定」で解説します。

2．消費貸借契約の要物性との関係

　消費貸借は，当事者の一方が種類，品質及び数量の同じ物をもって返還をすることを約して相手方から金銭その他の物を受け取ることによって，その効力を生じます（民 587）。これを消費貸借契約の要物性といいます。甲野太郎が金銭を取得したのは 10 月 20 日，金銭消費貸借契約日の 10 月 10 日には取得していません。するとこの金銭消費貸借契約は要物性に反し無効，それに付従する抵当権設定契約も無効となるのでしょうか。そうではありません。消費貸借契約が締結され，貸出債権が現実に発生していなくても，それが発生する可能性があれば，抵当権を設定することができるという理論は早くから承認されてきました。不動産を担保に金銭を借りるときは，まず借用証書を作成し，抵当権設定契約を締結し，その登記を済ませ，その後に金銭の交付を受けるのが社会の通常だからで，本事例もそうでした。なお，2020 年 4 月 1 日施行の改正民法（債権関係）は，書面でする消費貸借を新設（同法 587 の 2 ①），そして，電磁的記録によってされたときは，書面によってされたものとも規定します（同条④）。諾成的消費貸借契約の容認の明文化により，

現行実務を追認することになりました。

3．実務上の留意点

　すでに登記をしたものは仕方がありませんが，今後は，所有権移転登記日以降の日付の抵当権設定契約証書を確認のうえ，登記をするように注意しましょう。

▶事例3　建物完成前の抵当権の設定

[事　例]

　株式会社甲野商会に三階建本社社屋の建築代金を融資するに際し，その担保として，同社所有の底地と来年完成予定の建物を共同担保として徴求することとなり，土地についてはただちに抵当権設定契約を締結し登記に持ち込むつもりです。一方建物についても，すでに建築工事に着工していることでもあり，甲野商会と再度担保の話をするのも面倒と考えて，土地とともに同日付で抵当権設定契約をしようと思います。この取扱いで問題ありませんか。

[回　答]

　建物完成前の抵当権設定契約は無効。建物完成後にあらためて抵当権設定契約を締結しなければなりません。

[解　説]

1．停止条件付抵当権設定契約

　将来建築される建物を目的とする抵当権設定契約は，目的物件そのものが存在していませんので，その効力を生じません。土地については，現在所有していなくても，その抵当権設定契約は有効ですが（「[事例2]所有権移転前日付登記の抵当権の効力」参照），未完成な建物について抵当権設定契約を締結した場合には，建物完成のときに当然に抵当権が

成立するとは解されません。むしろこのような契約は，建物完成のとき
に抵当権を設定する義務を負わせる債権契約と解されます。登記実務は
「建物の建築年月日前に締結した抵当権設定契約に基づく抵当権設定登
記は受理して差し支えない」としていますが（法務省昭和 39・4・6 民事
甲 1291 号民事局長回答），この民事局長回答は，登記簿表題部に記載さ
れている建築年月日が正しいかどうかは登記官の審査する問題ではない
という形式的理由から出されたものに過ぎず，このような抵当権の設定
を有効であるとするものではない点に注意しなければなりません。

2．建物の要件

　では，建物と言われるためにはどこまで完成していなければならない
のでしょうか。建物が不動産として独立の物となるには，屋根が葺かれ，
壁が仕上がり，土台が出来上がっていることが必要で，床や天井を張る
までにいたる必要はなく，要するに人が住んで雨露が凌げる程度のもの
が最低必要なのです（大判昭 10・12・17 東北大学法学会雑誌 4-6-735）。
そして，必ずしも登記されている必要はありません。建物登記事項証明
書に新築年月日と記載される以前に，すでに上記のような建物があれば
法律上も建物として抵当権を設定することができ，それとは逆に，建物
新築の登記がなされていても上記のような建物の完成にいたってなけれ
ば，抵当権を設定することができません。

▶事例 4　差押と相殺の優劣そして基本取引契約書の対
　　　外効

[事　例]
　貸出先との間で締結された銀行取引約定書の期限の利益の喪失約
款は，預金の差押債権者等の第三者に対しても効力があるでしょう
か。

[回　答]

　第三者に対しても効力を有します。

[解　説]

　貸出先の定期預金に国税滞納処分による差押を受けた銀行が，貸出先との基本取引約定書（構成と表現こそ古いが，銀行取引約定書旧ひな型の5条と7条と同趣旨の期限の利益の喪失条項と約定相殺条項があった）に基づき貸出金と差押預金とを相殺し，国に支払いをしなかったところ，「このような期限の利益の喪失約款は差押には対抗できない」として国が銀行に対して訴訟を提起した事案について，最高裁判所は次の旨を判示しました（最大判昭45・6・24民集24-6-587）。

　①第三債務者は，その債権が差押後に取得されたものでない限り，自働債権及び受働債権の弁済期の前後を問わず，相殺適状に達しさえすれば，差押後においても，これを自働債権として相殺をなし得る。

　②信用を悪化させる一定の客観的事情が発生した場合においては，銀行の債務者に対する貸付債権について債務者のために存する期限の利益を喪失せしめ，一方，債務者の銀行に対する預金等の債権については銀行において期限の利益を放棄し，ただちに相殺適状を生ぜしめる旨の合意は，契約自由の原則上有効である。

　この判例により，金融機関は，預金に差押を受けても，その時点で貸出債権があるときは，相殺をもって差押に対抗することができるとされたのです。また銀行取引約定書の対外効も認められることとなり，その意味で，金融取引上きわめて重要な判例です。

　なお，2020年4月1日施行の改正民法（債権関係）は，差押を受けた債権を受働債権とする相殺の禁止に関して，「差押を受けた債権の第三債務者は，差押後に取得した債権による相殺をもって差押債権者に対抗することはできないが，差押前に取得した債権による相殺をもって

対抗することができる」と新設（民511 ①），上記大法廷判決①を明文
をもって認めました。

▶事例5　振出日白地の手形

> [事　　例]
>
> 　割引依頼を受けた「2020年6月30日期日・金額1,000万円」の
> 約束手形には振出日の記載がありません。手形は有効ですか，それ
> とも無効ですか。このまま期日に支払呈示してもかまいませんか。
>
> [回　　答]
>
> 　白地手形として有効ですが，未完成な手形です。必ず振出日を補
> 充したうえ支払呈示しなければなりません。割引依頼人に振出日付
> を補充（記載）してもらうか，それができなければ金融機関におい
> て補充しますが，それは手形の譲渡を受けた日を補充します。

[解　　説]

1．白地手形は有効

　約束手形には「手形ヲ振出ス日」を記載しなければなりません（手
75 六）。手形法は75条で，振出日のほかに「一定ノ金額ヲ支払フベキ
旨ノ単純ナル約束」など7項目の「事項ヲ記載スベシ」と定めており，
これを手形要件といいます。なお為替手形の手形要件は8項目です（同
法1）。

　手形要件を一つでも欠く手形は無効ですが，ただ，手形金額や受取人
等の要件が種々の理由から手形を交付する際まだ決まっていない場合に
は，署名はしますが，その要件を空白のまま流通におき，その記載を取
得者に委ねる方法をとられることがあります。このようなものは，要件
が欠けているけれども，完成したが要件の欠けている不完全な手形と違

って，未完成な手形であり，後に要件が記載されて完成すれば完全な手形として，署名者はその文言に従って当然手形上の責任を負うにいたるのであり，これを白地手形と称します。一見法に反するようにも思われますが，署名以外の要件は署名者が行為の時に自ら記載しなければならないものではなく，他人をして後日その記載をさせても差し支えないのですから，白地手形も法に反するものではなく，実際上の必要に基づいて商慣習として認められているのです（大判大 10・10・1 民録 27-1686）。本件は，振出日白地の手形の割引依頼を受けたのでした。

２．補充権は所持人に

　白地手形は，欠けた要件が記載されるまでは未完成な手形にすぎませんから，それによって手形上の権利を行使することはできず，たとえ支払の呈示をしても呈示の効果はありません。振出日の記載のないまま訴えを提起しても勝訴することはできず（大判昭 10・3・27 新聞 3830-16），裏書人に対する遡求権も行使できず（最一小判昭 41・10・13 民集 20-8-1632），債権届出をしても破産手続に参加することができません。

　そこで白地手形については，欠けている要件を記載してこれを完成した手形とすることができる権利を所持人が有するものと考えられ，補充権と呼ばれています。すると白地手形には，補充権を条件とする手形上の権利と，条件を成就せしめうる補充権とが合わせて表彰されていることになり，白地手形が補充された後はもちろん通常の手形と異ならないのですが，補充前の白地手形も譲渡が可能であるばかりか，慣習法によって通常の手形と同様の方法による流通が認められ（大判昭 5・10・23 民集 9-976），白地手形を引渡により譲り受けて所持人となった者は同時に補充権を取得することになります（最三小判昭 34・8・18 民集 13-10-1275）。白地補充権は裏書譲渡とともに受取人に移転するので，本件では，割引依頼を受けた金融機関に補充権があり，必ず補充しなければならないのです。

3．振出日の記載

　補充すべき振出日が事実振出行為のあった日と一致しなくても手形の効力に関係なく，事実振り出された日よりも将来の日を振出日とした先日付のもの，過去の日を振出日とした後日付のものも有効です。振出の日付は事実の記録ではなく，その記載によってそのような日付を振出日とする手形が創造されるのです。

　ただ振出日は一定することを要し，複数の記載は認められません。また，不能な日や不合理な日であってはならず，振出日として，暦にない「11月31日」と記載した手形（大判昭6・5・22民集10-262），満期日より後の日を記載した手形（最一小判平9・2・27民集51-2-686）はいずれも無効です。手形を受け取った日に手形要件を点検し，振出日が白地のものは「その日」を振出日として補充するのが実務です。もちろん，手形を受け取る際に白地であることが判明したら，割引依頼人に記載してもらうのが大原則です。

4．確定日払手形でも振出日は必要

　満期日が決まっている確定日払手形では，振出の日付に格別の意味がないから，一覧払手形や一覧後定期払手形（手33，77①二）同様にこれを厳格に要求する必要はないとの説も有力に唱えられていますが，判例はこれを厳格に解し，振出日の記載を欠く確定日払手形は無効であり，後日補充してもその呈示が遡って有効になるものではないから，裏書人に対する遡求権を行使することができないとし（最一小判昭41・10・13民集20-8-1632），しかも，補充する日が不能な日や不合理な日であってはならない，とするのは前にみたとおりです。

　ところで，確定日払手形で振出日白地のものも出回っており，支払銀行でも決済されていますが，それは，全国銀行協会制定の当座勘定規定ひな型17条で「小切手もしくは確定日払の手形で振出日の記載のないものまたは手形で受取人の記載のないものが呈示されたときは，その都

度連絡することなく支払うことができる」との特約があり，判例も，特段の事情があれば白地手形についても支払を委託する趣旨の合意が成立したものとみることができないわけではないと（最一小判昭46·6·10民集25-4-492），これを是認しているからです。ただこれは，手形を支払う金融機関の立場でいえることで，手形債権を行使する立場とは相容れません。白地手形は未完成な手形で，このままでは手形債権を行使することができないからです。

▶事例6　利益相反行為と相対無効

[事　例]
　代表取締役個人に対する貸付金を保全するため，同人が経営する株式会社の保証を徴求することができますか。その場合の留意点は何ですか。

[回　答]
　徴求することができます。留意点は株主総会または取締役会承認の議事録の徴求の要否です。

[解　説]
　会社法の条文と最高裁判所大法廷の判決を紹介します。

1．会社法の規定

　会社法第356条は，競業及び利益相反取引の制限として，次のように規定しており，これは旧商法第265条の規定と同様です。取締役は，次に掲げる場合には，つまり，①取締役が自己または第三者のために株式会社の事業の部類に属する取引をしようとするとき，②　取締役が自己または第三者のために株式会社と取引をしようとするとき，または，③株式会社が取締役の債務を保証することその他取締役以外の者との間に

おいて株式会社と当該取締役との利益が相反する取引をしようとすると
きには，株主総会において，当該取引につき重要な事実を開示し，その
承認を受けなければならない。そして，取締役会設置会社においては，「株
主総会」とあるのは「取締役会」とするとともに（会社365①），その
ような取引をした取締役は，当該取引後，遅滞なく，当該取引について
の重要な事実を取締役会に報告しなければならない（同条②），として
いるのです。

２．最高裁の相対無効の判決

　ただ最高裁判所大法廷昭和43年12月25日判決（民集22-13-3511）は，
取締役と会社との間に直接成立すべき利益相反取引については，会社は，
右取締役に対して，取締役会の承認を受けなかったことを理由としてそ
の無効を主張しうるが，会社以外の第三者と取締役が会社を代表して自
己のためにした取引については，取引の安全の見地より，その第三者が
取締役会の承認を受けていないことについて悪意であることを主張し，
立証して初めて，その無効を主張しうる，といいます。この判断を相対
無効といいます。

3．実務の対応

　この大法廷判決から，利益相反行為について金融機関はそれほど神経
質になる必要はなくなりました。例えば，株式会社がその取締役に宛て
て裏書した手形についても，当然に株主総会ないし取締役会の承認を得
ているものとして譲渡を受けて差し支えなく，取締役会議事録等で確認
まですることはありません。なお，金融機関においてその承認を得てい
ないことを了知しているときは，このような取引に応じてはならないの
はいうまでもありません。そして，本事例のようなケースでも相手方が
取締役会承認議事録を持ってくれば，金融機関は，それを保管しておく
という対応となりましょう。

▶事例 7　保証意思確認を怠り保証無効となった事例・保証書の代筆

> [事　例]
>
> 　A支店は，薬局店経営乙山一夫に対する貸出金 1,000 万円を保全するため，甲野太郎の連帯保証を徴していたところ，甲野氏から「信用保証協会から 500 万円を借り入れるについて保証人になって欲しいと頼まれたので実印と印鑑証明書を渡したのに，乙山さんは，無断でA支店との保証書を作成したのだから，この保証は無効」といってきました。保証は，極度額 1200 万円の限度保証，また，保証書は乙山氏が持参，その際A支店の融資担当者は保証書と印鑑証明書を受け取っただけで，直接甲野太郎の保証意思の確認をしていません。その後甲野太郎が死亡，現在，相続人甲野一郎ほか 2 名から同様の主張がなされています。
>
> [回　答]
>
> 　甲野太郎から直接保証意思の確認をしなかったA支店の対応は疎漏。甲野氏主張のように保証無効となる懸念大。印鑑証明書の徴求と保証書への実印による捺印の確認だけでは不十分です。必ず，別途，保証人の保証意思確認が不可欠。

[解　説]

1．保証は契約である

　保証は，債権者と保証人との契約によって成立します。一般の契約は当事者の意思の合致で成立しますが，保証契約は，書面でしなければ，その効力を生じません（民 446 ②）。そして保証書に実印による捺印を受け，印鑑証明書と照合するのは，それが両者の意思のとおりであることの確認に万全を期するためです。

2. 保証書の代筆

　取引先や知人等の第三者が保証人となる場合には，保証人が金融機関の職員の面前で保証書に署名・捺印することなく，債務者が保証書と保証人の印鑑証明書を持参することが多く，この場合，本人の知らないうちに保証人にされているおそれがあります。いわゆる保証書の代筆，保証書の偽造が行われている例です。本事例がまさにそれで，これでは債権者Ａ支店と甲野太郎との間に意思の合致がなく，保証契約は成立しません。ただ保証書には甲野太郎の実印による捺印があり，印鑑証明書も添付されています。しかし，このことだけからでは，Ａ支店は救済されません。以下，みていきましょう。

3. 表見代理による救済

　保証契約は代理人によってもすることができ，さらに民法第110条は，代理人が権限外の行為をした場合に，第三者がその権限があると信じるべき正当な理由があるときは，本人がその責任を負うと規定しています。これを「権限外の行為の表見代理」といいます。保証契約に即してみますと，①代理人に何らかの代理権があってその代理権の範囲を逸脱していること，②相手方である金融機関に代理権があるものと信じ，かつそう信じるべき正当な理由があること，の二つが要求されます。債務者乙山一夫は，信用保証協会から500万円を借り入れるについて保証契約をする代理権があり，その代理権を超えてＡ支店からの1000万円の借入のために保証契約をしたのですから，上記①の要件は充足しています。次に，Ａ支店は乙山一夫に代理権があると信じたことは事実ですが，ではそう信ずべき正当な理由があったのでしょうか。それが問題です。

4. 代理権があると信じるべき「正当な理由」

　この点について判例は繰り返し「代理人と称する者が本人の実印を所持していたとの一事によって，保証契約を締結する代理権があるものと信じたというのであれば，いまだその代理権があるものと信じるについ

て正当な理由があるとは認め得ない」といいます。それは，貸付を業と
する金融機関が保証契約を締結するにあたっては，かりに保証人の代理
人と称する者が本人の実印を所持していたとしても，他に代理権の存在
を信頼するに足る事情のない限り，保証人本人に対し，保証限度額等に
ついて一応照会するなどしてその意思を確かめる義務がある，との前提
からです。代理行為の相手方が金融機関で，代理行為によって経済上の
利益を受ける者が代理人自身であり，しかも，代理権について調査が容
易である場合には，例え代理人が本人の実印を所持していても，なお相
手方金融機関は，代理権の有無について本人の意思を確かめる義務を負
い，この義務を尽くさなかったときは，民法110条所定の「正当な理由」
はないというのです。今回の事例もまさにその流れに沿うもので，最高
裁判所第三小法廷昭和45年12月15日判決（民集24-13-2081）から，
もちろんA支店敗訴。

5．保証意思確認の実務処理と留意点

　各金融機関には保証意思確認の手続があり，「保証意思確認記録書」
を作成することになっています。その際の実務上の留意点としては，次
の点があげられるでしょう。

(1)　事務を安易に流さない

　金融取引で代理制度が働くのは，通常法人との取引であって，個人に
ついては限定された異例なケースであることを念頭におく必要がありま
す。株式会社との取引では会社を代表する代表取締役，あるいは会社か
ら委任を受けた役職員が取引の相手方となりますが，個人との取引では
あくまでも本人自らが金融機関との取引を進めるのであって，保証取引
はやや異例な事務といえましょう。だからこそ，事務が安易に流れるこ
とがあってはならず，いわんや表見代理に頼るような対応は絶対に避け
なければなりません。

(2)　後日のトレース

面前で署名捺印がなされていないのですから，後日，①文書で自署に
よる保証意思を確認する，②病気療養中であれば電話にでも出ていただ
いて確認のうえ，保証書欄外に記録をとどめておき，回復後に確認書を
徴求する，など万全を期すべきでしょう。問題ある融資先については臨
機応変な対応をとることなく，保証人面前自署を厳守すべきです。

(3)　交渉記録は丁寧に

　保証意思確認の問題は，債務者が支払不能となり，保証履行を請求す
る段階で始めて表明化するのが大多数で，そのときは契約締結時から相
当年月を経過しています。そこで保証意思確認記録書は丁寧に記載する
よう心がけましょう。保証契約を締結した，①日時，②場所，③方法の
ほかに，④当方側の事情例えば面談するにいたった経緯，⑤債務者との
関係，経歴等，先方の事情は少なくとも記載してください。

(4)　特徴的なことを記録

　保証意思確認をめぐって裁判になると，保証契約をした当時の融資担
当者が証人として出廷し保証人側からの証人尋問を受けることになりま
す。その際頼りになるのが保証意思確認記録書で，それが詳細に記載さ
れていればそれだけ当時の記憶もよみがえり，尋問にも耐えられます。
そこで，なかでも特徴的なことを一つでも記載するのもよい方法です。
会社員であれば前任の勤務地あるいは入社時の勤務地がその例で，そこ
までやって騙されたのであれば，代理権を信ずべき「正当な理由」あり
とされるのではないでしょうか。

(5)　客観的データで確認

　直接本人と面談せず，回答書や照会状により保証意思確認を行う場合
には，教えられた住所等を鵜呑みにせず，帝国データバンク資料「企業
情報サービス」や電話帳などの客観的データで再確認することが重要で
す。とくに使用者保険等を付保しているケースで保証意思を否認される
とその説明を求められるので十分注意してください。

▶事例8　貸出先の合併

[事　　例]

　貸出先株式会社甲野商会は同業の乙山商事株式会社を吸収することになり，本日同社から，「債権者異議申述の催告書」（P.53［書式1］参照）が送達されました。乙山商事については営業不振の風評もあり，今般の合併も乙山商事を整理する目的で行われたともみられ，A支店としてはこの合併に賛同できません。どのように対応したらよいでしょうか。

[回　　答]

　所定の期日までに甲野商会に対して「合併異議申述書」（P.54［書式2］参照）を発信し異議の申立をしたうえ，貸出金全額の弁済を受けるか，または，担保の提供を受ける等の措置をとります。それができなければ，合併無効の訴えの提起を検討することになります。

[解　　説]

1．債権者保護の手続

　合併により，吸収される会社は解散し，存続する会社は解散会社の権利義務を包括的に承継します（会社2二十七，750①）。乙山商事の負の資産も承継する甲野商会の会社内容は劣化し，ひいては自己の与かり知らぬところで同社に対する貸出金債権の不良化を招くやも知れぬため，法は「債権者保護の手続」をとりました。

　各合併の当事会社は，公告または通知によって債権者の異議を促し，異議があれば弁済するなど債権者に満足を与えることを要します。この手続は資本減少の場合と同様であって，合併より2週間以内に，債権者に異議があれば1カ月を下らない一定期間内に申し出るべき旨を公告するとともに，知れたる債権者には各別に催告し，異議を述べた債権者に

対しては，弁済をするか，相当の担保を供するか，または，相当の財産を信託会社に信託しなければならず（同法799），そして，会社がこの手続を怠ったときは，債権者は合併無効の訴えを提起することができる（同法828①七）としたのです。異議を述べることができる債権者の範囲について法文上は何の限定もしていないので，通説・判例は，どのような債権者でも，またどのような理由でも異議を申し立て得ると解しています。

2．合併の手続

　合併は一連の行為からなる手続であって，次の経緯をたどります。

①合併契約…合併の条件・時期，存続会社の体制等を記載した合併契約書の締結

②貸借対照表の備置・公示…株主及び会社債権者の閲覧に供するため

③合併決議…各当事会社の株主総会において合併契約の承認決議を要する

④債権者保護の手続…本事例がその手続

⑤株主割当の準備手続…解散会社の株主に割り当てられる存続会社の株式の比率

⑥合併期日…解散会社の財産等が存続会社に引き渡される日

⑦報告総会…存続会社の株主総会において合併に関する事項の報告

⑧変更登記…存続会社の変更登記と解散会社の解散登記

　なお，吸収合併を前提に説明しましたが，各当事会社が解散し新たな会社を設立する新設合併では，本文中の存続会社が新設会社に，⑦報告総会が創立総会に，⑧変更登記が設立登記と，それぞれ読み替えることになります。

▶事例 9　保証限度額の変更

[事　　例]

　甲野太郎氏から極度額 50 百万円の限定根保証を徴していますが，今般貸出取引の増加に伴い保証極度額を 30 百万円増額して 80 百万円とすることになりました。どのように対応したらよいでしょうか。

[回　　答]

　徴求済みの 50 百万円の限度保証書を生かして，極度額を 30 百万円増額し，極度額を 80 百万円とする変更契約を締結するのが最善の策です。その際の書式は「P.77［書式 3］保証極度額変更契約証書」のとおり（P.76「(1)　保証限度額の変更」参照))。

[解　　説]

1．考えられる三つの方法

　本事例では，①増額分 30 百万円の限度保証書を徴求する，② 50 百万円の保証書を返戻して，極度額 80 百万円の保証書を徴求する，③ 30 百万円を増額し，極度額を 80 百万円とする変更契約を締結する，の三つの方法が考えられます。

2．最善を求めて

(1)　極度額 30 百万円の保証書を徴求する

　増額分 30 百万円の限度保証書を徴求するのは，50 百万円の極度額に 30 百万円を追加し 80 百万円とする意図のもとであるのは明らかです。ただ後日，保証人から極度額を 50 百万円から 30 百万円に変更したとの主張がなされる余地が生じます。もちろん言い掛かりであり，現に一般に扱われている限度保証書には「ほかに極度額の定めのある保証書を徴求している場合には，その保証にこの極度額を加える」旨の規定がある

のは周知のとおりですが，このような規定に頼らずにすむような，もっと明確な方法がないか検討してみましょう。

(2)　極度額 80 百万円の保証書を徴求

　50 百万円の保証書を返戻し，極度額 80 百万円の保証書を徴求するのは，前記（1）の弱点は補われましたが，他方，さきの 50 百万円の保証が解除されたとの主張を招く余地が生じます。そして新たに徴求した 80 百万円の保証が無効，あるいは，否認されると 50 百万円の保証責任も追求できなくなる恐れがあります。とくに破産法 162 条 1 項 2 号の特定の債権者に対する担保の供与等の否認は，支払不能になる前 30 以内にされたものも対象としており，つまり保証を徴求した後 30 日以内に保証人が破産の申立をすると，その保証は否認され保証責任を追求することができません。もちろんこの場合には，前の 50 百万円の保証が復活するとの主張もでき（破産 167 ①），これも一種の言い掛かりですが，もっと良い方法はないでしょうか。

(3)　極度額を 80 百万円とする変更契約の締結

　そこで，極度額を 30 百万円増額し 80 百万円とする変更契約を締結する方法が考えられます。前記（1）の極度額を 30 百万円減額したとの主張は成り立たず，また前記（2）とは異なり，この増額分 30 百万円の保証が無効あるいは否認されたとしても，保証人はさきの 50 百万円の保証責任は免れることを得ず，したがって，これが最善の方法ということになります。変更契約の書式は，「P.77［書式 3］保証極度額変更契約証書」のとおり（P.76「(1) 保証限度額の変更」参照）。

3．本件が教えてくれたこと

　このことは，保証極度額を減額する場合，保証期限を更新する場合にもいえることです。「一度徴求した契約書はできるだけ生かす」本事例はこのことを教えてくれました。

　なお 2020 年 4 月 1 日施行の改正民法（債権関係）は，「貸金等根保証

契約」を「個人根保証契約」と改正し（民 465 の 2 – 465 の 5），「事業に係る債務についての保証契約の特則」（同法 465 の 6 – 465 の 10）を追加しました。P.78「(3) 2020 年施行改正民法と保証契約」参照。

▶事例 10　保証人である代表取締役の死亡

[事　例]
　貸出先株式会社甲野商会の社長甲野太郎氏が死亡，同氏は会社の保証人でもあります。今般「社長の後任は長男一郎と決まり，これに伴い保証人も長男一郎にして欲しい」との申出がありました。故太郎には，長男一郎のほかに妻花子と次男次郎がいます。どのように対応しますか。なお，他に保証人・担保ともなく，また長男一郎は成人です。

[回　答]
　会社の代表者変更手続をとります。次に，長男一郎は保証人として妥当かを検討のうえ，適当と判断したときは保証人変更契約の手続をとります。

[解　説]
1．代表取締役の死亡と代表者変更手続

　甲野太郎の死亡と同時に甲野商会の代表取締役はいなくなります。それは，株式会社と取締役との関係は委任に関する規定に従い，その委任は受任者である取締役の死亡により終了するからです（会社 330，民 653 一）。

　そこで，会社に代表取締役を選任してもらい，その者に変更する手続，つまり，長男一郎が代表取締役となっている株式会社登記事項証明書を添付のうえ（商登 54），所定の変更手続を進めることになります。

2．保証人の死亡と保証人変更手続

　被相続人に子と配偶者があるときは同順位で相続人となり（民887①，890），相続開始の時から，被相続人の財産に属した一切の権利義務を承継します（同法896）。保証債務もこれに含まれるのはいうまでもなく，故甲野太郎の保証債務は，妻花子，長男一郎及び次男次郎の3名が共同相続しました。ところが長男一郎が保証債務を承継するとしたのは，その後，3名の間でその旨の遺産分割が行われたからです。遺産の分割は，相続開始の時に遡ってその効力を生じますが，第三者の権利を害することはできません（同法909）。

　そこで債権者の権利が害されていないか，例えば，①長男一郎が本当に会社の経営に携わるのか，②相応の財産も承継するのか等を先方に聴取するか，自宅の登記事項証明書を確認するなど検討し，適当と判断したら手続に入ります。保証人故甲野太郎の死亡により保証債務の元本は確定しますので（同法465の4①三），具体的には，その確定債務を長男一郎が相続するとともに，今後発生する債務について長男一郎が保証する旨の保証書を徴求することです。書式は，「P.82［書式5］保証人変更契約書」（P.81「(5) 保証人の死亡」参照）。

　このほか，初めから相続人とならなかったものとみなす相続の放棄(同法939)，相続によって得た財産の限度においてのみ被相続人の債務及び遺贈を弁済すべきことを留保して，相続の承認をする限定承認（同法922）があり，いずれも相続開始の時から3カ月以内に家庭裁判所に届け出なければなりません（同法915①）。なお，2020年4月1日施行の改正民法（債権関係）は，「貸金等根保証契約」を「個人根保証契約」と改正し（同法465の2－465の5），「事業に係る債務についての保証契約の特則」（同法465の6－465の10）を追加しました。詳細は，P.78「(3) 2020年施行改正民法と保証契約」参照。

▶事例 11　倒産直前の担保の差替え

[事　例]

　ここのところ資金繰が逼迫し業況不振が伝えられる株式会社甲野電機に対してA支店は，証書貸付 3000 万円，担保は甲野社長の自宅「甲市○○ 1-1-1，宅地 300㎡・2 階建居宅 100㎡」時価 1 億円に第一順位根抵当権極度額 5000 万円の設定を受けていたので，保全面の問題はないものとみていました。そんな昨日，甲野社長が来店し，「手形 3000 万円を担保に差し入れるから，自宅の担保を抜いてくれないか」との申出がありました。手形期日は来月 20 日，銘柄は嘗て甲野社長が勤めていた東証一部上場の大手電子機器メーカー振出，しかも「根抵当権の解除は手形決済確認後で結構」とも付け加えました。なお，A支店の証書貸付の期日は来月末であり，この申出に応じようと思いますが，問題ありませんか。

[回　答]

　このような担保差替えに応じてはいけません。後日「否認」の問題に発展する懸念が大きいからです。

[解　説]

　ここにいう担保の差替とは，甲野社長の根抵当権 5000 万円を解除し，かわりに，甲野電機から商手 3000 万円を担保に取るものです。後者の商手担保提供行為が，後日同社が破産などの法的整理手続に移行した場合，「否認」の対象となる懸念大であり，そこが問題。

1．社長が得して会社が損する「否認の典型」

　資金繰が逼迫している甲野電機が，なぜ手形を他で割り引かず，A支店にこのような申込みをしたのか，その理由を考えてみる必要があります。この申込みは，社長が得して会社が損することを意味するので，法

的整理手続に入ると否認の問題に発展するのは明らかです。否認とは，破産等の法的整理手続開始前に破産者等の行った行為が一般債権者の利益を害し，特定の者にのみ利益を与えるとき，その行為を遡って否定することにより，逸失した財産を破産財団等に回復させることをいいます（破産160，民事再生127以下，会社更生86以下）。否認には，故意否認，危機否認及び無償否認があり，実務上問題となることが多いのが危機否認です。

２．「義務なき行為の危機否認」に注意

危機否認は，債務者の経済的破綻の兆候が現れたあとの効力を否認するもので，なかでも自己の義務に属さないのにした一般債権者を害する行為を対象とするのを「義務なき行為の危機否認」といいます（破産162①二，民事再生127の3①二，会社更生86の3①二）。本事例の商手担保提供行為がそれに当たると，法律上遡って無効となるため，当事者に及ぼす影響は大きいものです。

「義務なき行為の危機否認」の要件として破産法162条1項2号は（民事再生法と会社更生法も同様），①破産者が支払不能若しくは破産手続開始の申立てがあった後，または支払不能になる「前30日以内」にされた，②既存の債務についてされた担保の供与または債務の消滅に関する行為で，③破産者の義務に属せず，またはその方法若しくは時期が破産者の義務に属しない場合，④債権者がその行為の当時にこれらの事実を知っていた場合に限る，の4点をあげています。甲野電機は，証書貸付の期日前に（③の要件充足），商手3000万円を担保に提供し（②の要件充足），A支店はそれが他の債権者を害することを知っているとみられ（④の要件充足）るので，あとは①の要件を充足すれば，本件商手3000万円の担保提供行為は「義務なき行為の危機否認」に該当することになります。なお④は，否認を免れようとする受益者がその行為の当時破産債権者を害することを知らなかったことの立証責任を負い（最一

小判昭昭 37・12・6 民集 16-12-2313)，その立証は困難で A 支店が「他の
債権者を害することを知らなかった」の主張は認められにくいでしょう。

3．否認対象範囲の時間的拡張に注意

　法が，支払不能若しくは破産手続開始の申立があった後のみならず，
「その前 30 日以内」にされた行為も含めたのは，支払不能など財産状態
が危機に瀕している際に，義務に属さない行為をわざわざするのは他の
債権者を害するものと推定し，否認対象範囲の時間的拡張を図ったから
です。また④の立証責任が A 支店にあることも忘れてはなりません。

4．否認によって原状に復す

　否認権の行使は，破産財団を原状に復させるので（破産 167 ①，民事
再生 132 ①，会社更生 91 ①），理論上は，商手担保提供行為が否認され
ると，A 支店の証書貸付 3000 万円と甲野社長自宅の根抵当権 5000 万円
は復活します。しかし，そのときすでに社長自宅が転売され第三者に所
有権が移されていたら根抵当権 5000 万円の復活は不能となり，不動産
フルカバーだった証書貸付 3000 万円は無担保債権と化します。A 支店
の危険が大きすぎ，法的整理手続に移行するかは不明ですが，不明だか
らこそ債権保全を第一とした堅実な対応が望まれるのです。

5．弁済受領も危険

　さきにみたとおり「債務の消滅に関する行為」も否認の対象になりま
す（破産 162 ①二，民事再生 127 の 3 ①二，会社更生 86 条の 3 ①二）。
したがって，債務者甲野電機からの弁済のみならず，甲野社長からの弁
済を受けることも危険です。社長が保証人となっているのが大多数で，
会社とともに破産手続に移行することも念頭に入れておかなければなら
ないからです。

▶事例12 自店での不渡発生と当座預金の処理

[事　例]

　A銀行a支店の貸出先株式会社甲野商会は，3ヵ月前に主力販売先が倒産し，その影響で資金繰が逼迫しているようすで，今月に入って当座預金の入金待ちがしばしば見られます。本日，400万円と300万円合計700万円の小切手が交換呈示されましたが，午後3時現在，当座預金の残高は500万円しかありません。再三電話を入れても甲野社長とは連絡がとれません。a支店では甲野商会に対して現在，信用保証協会保証付証書貸付1000万円と手形貸付500万円合計1500万円の貸出があります。a支店では，主力販売先を失ったうえ大幅債務超過の甲野商会は実質倒産会社とみて，小切手2通700万円を不渡返還することにしました。そして当座預金の500万円をひとまず仮受金に移し，債権保全を図ることにしました。a支店の対応は正しかったのでしょうか。

[回　答]

　甲野商会に小切手を振り出してもらうことをしないで，同社の承諾なく当座預金の残高を仮受金に振り替えた処理は適切とはいえません。この500万円で貸付金を回収するには，①当座預金を解約のうえ解約代り金を別段預金（当座解約口）に振り替えて相殺に備えるか，②そのまま当座預金と相殺する，のいずれかです。また，当座預金を解約することなく，500万円の残高があるのに，400万円と300万円の小切手2通とも不渡にすることはできません。いずれを決済するかは，先方と連絡がとれないときはa支店が任意に選択できます。

[解　説]

1. 当座預金の解約

　a支店は当座勘定取引先の承諾ないまま仮受金に振り替えましたが，仮受金は別段預金等の預金勘定とは全く性質を異にする科目です。このような取扱いをしてもよい取決めはどこにもありません。そこで，当座預金の解約または当座預金との相殺が必要となります。

　当座預金は，預金者が取引停止処分を受けたときには必ず解約となるほか，当事者の都合でいつでも解約することができます（当座勘定規定23①）。前者を強制解約，後者を任意解約といい，当座預金を貸出金に充当するための解約は任意解約です。どちらの場合も当座勘定の解約通知を要します。強制解約では解約通知を発信したときに（同規定23③），任意解約では原則として解約通知が当座勘定取引先に送達されたときに解約の効力が発生します（民97①）。いずれの解約も解約代り金を別段預金（当座解約口）に振り替えて相殺に備えるのが正しい対応です。

2. 当座預金の一部支払

　当座預金に500万円ある場合に，400万円と300万円の小切手が交換呈示されたときに，そのまま2通とも不渡にすることはできません。当座勘定取引先からとくに指示がない以上，同時に呈示された数通の手形・小切手の全部を決済できなくても，できる範囲でそのいずれかを決済します。当座勘定規定10条は，支払の選択として「同日に数通の手形・小切手等の支払をする場合にその総額が当座勘定の支払資金を超えるときは，そのいずれを支払うかは当行の任意とします」と特約しています。なお，同規定9条2項の「手形・小切手の金額の一部支払はしません」と混同しないように注意してください。「所詮不渡りになるのは同じ」との安易な対応は絶対にしてはなりません。

［注］小切手法は，「所持人ハ一部支払ヲ拒ムコトヲ得ズ」（小切手34②）と一部支払を認めるので，当座勘定規定で，一部支払をしない旨の特約（当座勘定規定9②）を締結している。

3．当座預金との相殺

　当座預金と相殺する方法もあります。a支店の手形貸付500万円の期日がきていれば相殺通知をしてそのまま相殺することができますが，期日がきていないときには，期限前償還請求書を発信して，期限の利益を喪失させる必要があります。これは送達されたときに効力を生じますから（民97①），急ぐときには持参します。そして，相殺は極力当日に行うことを心がけます。なお，当座預金残高を相殺する予定で残している場合には，当座取引先の支払可能な資金はないことになります。この残高を別段預金に振り替えるか否かにかかわりなく，支払呈示された手形・小切手を不渡にしても，金融機関に債務不履行責任はないとする判例があります（最一小判昭58・11・4金融法務事情1021-75）。ただし，当座取引先との事実上の紛議を避けるため，解約処理するのが堅実な方法といえます。

▶事例13　記名・捺印

[事　　例]

　店内検査を兼ねて徴求した各種の契約証書をみていますと，債務者の記名捺印欄に，

　　　（住　所）　東京都千代田区丸の内1丁目1番1号
　　　（会社名）　株式会社甲野商会　　　角印

となっているものがあります。問題はありませんか。

[回　　答]

　このままでは好ましくありません。会社の記名捺印を徴するには，次の①または②のいずれかの方式によるのを原則とします。

　①（住　所）　東京都千代田区丸の内1丁目1番1号
　　　（会社名）　株式会社甲野商会　　　代表取締役　甲野一郎　実印

```
                              「資格証明書」「印鑑証明書」添付
  ②（住　　所）　東京都千代田区丸の内１丁目１番１号
    （会社名）　株式会社甲野商会　　代表取締役　甲野一郎
                          株式会社甲野商会大阪支店内
                          代理人　乙山二郎　　使用印
「資格証明書」「印鑑証明書」及び「委任状」「印鑑届出」添付
なお，後掲③の営業店との取引は消極扱いとします。
  ③（住　　所）　大阪府大阪市中央区北浜１丁目１番１号
    （会社名）　株式会社甲野商会大阪支店
                    支店長　丙川三郎　　支店長印
```

[解　説]

1．堅実な対応

　金銭消費貸借等の契約は，当事者の自由な意思によってされ，そのな
かにはどのような方式による契約をするかの自由，方式の自由も含まれ
ます。株式会社では，代表取締役が株式会社の業務に関する一切の裁判
上または裁判外の行為をする権限を有するので（会社349④），代表取
締役自ら当事者となる上記回答①の方式，または，代表取締役から委任
を受けた代理人による回答②の方式，のいずれかによるのが堅実な対応
です。現に国との取引，例えば不動産競売の申立てなどは回答②の方式
がとられているのは周知のとおりです。また金融機関との当座勘定取引
も同様で，それは１日に何十枚・何十億円にものぼる手形・小切手の決
済をするには当事者の意思確認に正確を期し，取引の静的安全を保護す
るためです。

2．機関方式による商行為

　しかし，例えば手形の裏書の連続を判定するについては上記回答①や
②にいう資格証明書などはなく，手形面に「○○株式会社　代表取締役

△△印」とあるのみです。このように，手形を振り出すことを認められた会社の役職員が，手形面に，法人とその代表機関を表示しかつ代表者の記名捺印を行って振り出すのを，機関方式による手形振出といい，判例も古くからこれを有効と認めています。しかし一方判例は繰り返し，「手形の裏書人が会社その他の法人である場合には，当該法人の代表機関が法人のためにすることを明らかにして自己の署名をすることを要する」といいます（最三小判昭41・9・13民集20-7-1359）。このことは手形行為に限らず，一般商行為にもあてはまることで，したがって本件質問の方式では，株式会社甲野商会との契約が成立しているかどうか疑念が残ります。

3．営業店との取引

　上記回答③方式の営業店による取引では，営業店長の支配人登記がなされていない限り（商22）不十分な方式と言わざるをえません。ただこのような方式が取られているケースが散見されるのが実情です。この場合，後日貸出金の延滞等が発生して，会社に請求したところ，「営業店長が独断でした」として支払を拒絶される懸念があります。これに対する金融機関の対応は，①表見代理による救済，つまり営業店長に何らかの代理権がありそれを逸脱して契約を締結したのだから，会社が責任を負うべきとの主張（民110，会社354），あるいは，②使用者責任の追求，つまりそのような営業店長の行為により損害を受けたのだから，その者を雇った会社は損害賠償責任を負うべきとの主張（民715）をすることになります。いずれを主張するにせよ，被害を受けた金融機関に過失がないことが要求されます。とくに新規の取引にあたっては，事前に相手方本社に営業店長の権限を確認しておくなどのきめ細かい対応が必要となりましょう。

▶事例14　相続の放棄と相続財産の仮差押の効力

[事　　例]

　個人貸出先が死亡し，担保がなかったので，急遽その相続財産である居宅に仮差押を行いました。ところが，後日，相続人全員が相続の放棄をし，相続財産管理人の弁護士から「相続財産の居宅に対する仮差押を抹消して欲しい」との申入れがありました。この申入れにはどのような意味があり，また，どのように対応したらよいでしょうか。

[回　　答]

　相続財産管理人が選任されたことにより，相続財産は，同人によって保全が図られるので，仮差押は意味のないものになっています。仮差押を抹消し，あとは相続財産管理人に任せるのが適当です。

[解　　説]

1．相続人全員の相続放棄

　相続の放棄をした者は，その相続に関しては，初めから相続人とならなかったものとみなされます（民939）。相続人全員が相続の放棄をすれば，相続人は不存在となり，相続財産は清算の目的上相続財産法人とされ，利害関係人または検察官の請求により家庭裁判所は相続財産の管理人を選任し，その相続財産管理人に債権債務の清算を行わせることになります（民951）。相続財産管理人は，選任の公告後2カ月以内に相続人のいることが明らかにならなかったときは，一切の相続債権者及び受遺者に対し，2カ月を下らない期間を定めてその間に債権の請求の申出を促す公告をし，その期間内に申し出た債権者その他知れた債権者に，各々その債権額の割合に応じて弁済をします（民957）。

2．相続の放棄と仮差押の帰趨

このように相続人全員が相続を放棄し，相続財産管理人が選任された場合には，相続財産管理人の職責が債権者の公平・公正な弁済にあるのですから，当初相続財産に仮差押をした債権者の意図はすでに達成されているといえます。したがって，申込みどおり仮差押えの抹消に応じ，相続財産管理人に協力するのが正しい対応といえます。ただその場合には，債権の届出期間をはじめ今後の清算手続の見通しについて，相続財産管理人の意見をよく聞いて対応します。

▶事例15　動産仮差押と緊急売却・季節商品の仮差押

［事　　例］

　去る3月31日不渡を出して倒産した婦人靴卸のK社には大幅な実損見込額が生じており，何か有効な保全策がないかと同社の資産を調べていたところ，本社とは別の倉庫に夏物婦人用ケミカルシューズ4000足が保管されていることが分かり，さっそくこれに仮差押をして保全することを考えました。ただ仮差押に引き続いて強制執行（差押）つまり動産競売の申立てをするにはK社を相手に訴訟を起こし，判決（債務名義）を得なければなりません。倉庫に保管されているのは夏物で，今すぐ処分しなければ大幅に値下がりし，場合によっては売れなくなる商品です。とてもそこまでの時間はなく，たとえ実行しても費用倒れは目に見えています。仮差押は断念せざるを得ないのでしょうか。

［回　　答］

　ただちに倉庫に保管されている婦人用ケミカルシューズに仮差押の申立てを行い，あわせて民事保全法49条3項に基づいて「緊急売却」の申立てをするのが適当です。

［解　説］

1．緊急売却の制度

　民事保全法 49 条 3 項は，「仮差押の執行に係る動産について著しい価額の減少を生じるおそれがあるとき，またはその保管のために不相応な費用を要するときは，執行官は，民事執行法の規定による動産執行の売却の手続によりこれを売却し，その売得金を供託しなければならない」と規定しています。これを「緊急売却」の制度といいます。この制度に基づいて得られた売得金はいったん供託されますが，この供託金は，本案訴訟で勝訴の確定判決を受け，本執行（差押・競売）を経た後，配当という形で仮差押債権者に還付されます。もっとも，その還付を受けるまでに他の債権者から配当要求がなされると，仮差押債権者の還付金はそれだけ減額されるのは已むを得ません。ちなみに現行法で緊急売却をすることができるのは「執行官」となっており，執行裁判所の命令を得ることなく執行官限りで実施できるため，それだけ換価手続が迅速に行われるようになったのです。

2．「著しい価額の減少を生じる」とは

　緊急売却ができるのは「著しい価額の減少を生じるおそれがあるとき，またはその保管のために不相応な費用を要するとき」です。そこで本事例の夏物婦人用ケミカルシューズが「その保管のために不相応な費用を要する」とはいいかねるものの，「著しい価額の減少を生じるおそれがある」といえるかが問題となります。著しい価額の減少を生じるおそれがある代表として生鮮食品があげられますが，例えば海苔のように生鮮食品ではなくても，1 年を経過すると極端に価額の減少を生じるものもこれに含めることができます。夏物婦人用ケミカルシューズには季節性があるため，時期を逸すると秋物が出回り，また，来年の夏には型も古くなって使い物にならなくなるので，まさに「著しい価額の減少を生じるおそれがある」物といえましょう。

▶事例 16　無担保裏書

［事　例］
　先月末不渡を出して倒産した写真製版Ｆ社に対する貸付金 2000 万円は親会社で保証人Ｎ社が弁済してくれることになってことなきを得ました。ただ貸付金の返済は手形払いのため，今後期日の来る振出人Ｆ社・受取人当行の手形 20 枚・2000 万円があり，今般，Ｎ社から「手形を渡して欲しい」との申入れがありました。どのように対応しますか。

［回　答］
　手形に無担保裏書をしたうえ，Ｎ社に交付します。

［解　説］

1．保証人の弁済

　まず，保証人Ｎ社から弁済の申出を拒むことができません。それは，弁済をするについて正当な利益を有する者から弁済の申出があったときは，債権者がこれを拒むときは受領遅滞の責任を負うことになり（民 413），そして，ここに正当な利益を有する者とは，弁済をすることにつき法律上の利害関係を有する者をいい，その代表が保証人だからです（最三小判昭 39・4・21 民集 18-4-566）。次に，債務者のために弁済をした者は，債権者に代位します（同法 499）。全部の弁済をした者は弁済受領者に対して，①受取証書の交付（同法 486），②債権に関する証書があるときはその証書の返還（同法 487），さらに，③その占有する担保物の交付（同法 503 ①），を請求する権利を主張でき，そしてこれらの代位権は，弁済した保証人の債務者に対する求償権の担保となっているのです。したがって，残債権全額を弁済した保証人Ｎ社が，これら代金支払の手段あるいは担保となっている手形の引渡を請求するのは当然のことで，Ｎ

社に債権証書とともに手形を交付しなければならないのです。

なお，2020 年 4 月 1 日施行の改正民法（債権関係）は，任意代位の規定を改正し，法定代位の規定と統合をしました（同法 499）が，金融実務は従来と変わりありません。

2．手形の引渡＝無担保裏書

手形を N 社に引き渡す，つまり手形上の権利を譲渡するには裏書すること（手 11 ①，77 ①一），それは受取人が第一裏書人となり，第一裏書人の被裏書人が第二裏書人となり，順次このようにして最後の被裏書人まで裏書が連続すること（同法 12，77 ①一）は周知のとおりです。ただ裏書人は反対の文言がない限り，被裏書人その他自分より後者の手形所持人全員に対して手形の支払を担保しなければなりません（同法 15 ①，77 ①一）。そこで反対の文言により支払義務を免れる必要があり，それには，目的欄に「支払無担保」と記載します。

▶事例 17　抵当権の代位による移転登記を失念した事例

[事　例]

昨日，裁判所から A 銀行 a 支店に競売開始決定通知書が送達されました。競売申立ては N 銀行で，甲野太郎所有の不動産（宅地・建物）についてです。A 銀行 a 支店は甲野太郎と取引がなく，担保権の設定も受けていないはずでしたが，競売不動産の登記事項証明書を取り寄せてみますと，7 年前に甲野太郎を債務者とする極度額 2000 万円の根抵当権が設定されていました。さらに調査すると次のことが分かりました。

①A 銀行 a 支店は 7 年前，不動産業者甲野太郎に対して手形貸付 2000 万円を実行し，担保に今回競売となった甲野太郎の自宅に極度額 2000 万円の根抵当権の設定を受けた。

②その後，２年間は平穏に取引が推移し，手形は何回か書き替えられた。

③５年前，業況低迷から甲野太郎は廃業，借入金は義兄で保証人の乙山二郎が肩代わりすることとなった。

④そこでＡ銀行ａ支店は，乙山二郎に期間５年の証書貸付2000万円を実行し，甲野太郎の手形貸付元利金全額の弁済を受け，乙山二郎の自宅に普通抵当権2000万円の設定を受けた。その際甲野太郎の自宅の根抵当権な抹消等はせず，そのままにしていた。

⑤その後，乙山二郎の証書貸付は順調に返済され，現在の債権は200万円となっている。

　そこでＡ銀行ａ支店は，裁判所に「債権なし」の債権届出をしたうえ，甲野太郎の根抵当権を解除する方針を固めました。ところが，本日，乙山二郎が来店し，「間もなく証書貸付金も全額弁済となるから甲野太郎の根抵当権を移転して欲しい」との申出がありました。その際「根抵当権を放棄した覚えはない」とも付け加えました。

［回　答］

　保証人の乙山二郎に根抵当権の移転登記をしなければなりません。

［解　説］

１．担保権の移転

　保証人のような債務者以外の第三者から弁済を受けた場合には，担保権の移転を忘れてはなりません。弁済者から「代位権を放棄する」との明確な意思表示がない限り，代位弁済によって全部の弁済を受けた債権者は，自己の占有する担保物を代位者に交付しなければなりません（民503）。本事例でＡ銀行ａ支店は，肩代わり融資に気を取られるあまり，甲野太郎から提供を受けた担保権を乙山二郎に移転することを失念した

ものです。このためその不動産が競売に付され，裁判所からその旨の通知が送達されてきたのに，まだそのことに気付いていません。A銀行a支店は「債権なし」として裁判所に債権届出をしようとしているのです。これからでも担保権を移転しなければなりません。もし，担保権を乙山二郎に移転できないこととなると，他人の債務を弁済しておきながら，その担保権を行使できない乙山二郎に対して損害賠償しなければならなくなります。A銀行a支店の対応には遺漏があったことになり，同支店は債権者による担保の喪失等（担保保存義務違反）に問われることになるからです（同法504）。

2．債権者による担保の喪失等（担保保存義務）の発生

　弁済した保証人乙山二郎は，利害関係を有する第三者であり，弁済するについて正当の利益を有する第三者として（民474），A銀行a支店の承諾を得ずに，弁済によって当然に債権者に代位する立場にあります（同法499）。代位する内容は，乙山二郎が弁済金として支払った元利金額を限度とする債権の効力及び担保として債権者が有していた一切の権利です（同法501）。この場合，債権者であるA銀行a支店は，代位者乙山二郎に対して代位した権利の行使を容易にする義務，例えば，債権証書に奥書して返戻する，不動産に代位の付記登記をするなどの義務のほか，債権者による担保の喪失等（担保保存義務）を負います（同法504）。

　つまり，弁済をするについて正当な利益を有する者がある場合において，債権者が故意または過失によってその担保を喪失し，または減少させたときは，その代位権者は，その喪失または減少によって償還を受けることができなくなる限度において，その責任を免れるのです（同法504）。したがって，A銀行a支店は乙山二郎の承諾もなく独断で根抵当権を解除することは許されません。

　なお，2020年4月1日施行の改正民法（債権関係）は，任意代位の

規定を改正し，法定代位の規定との統合をしました（同法499）が，金融実務は従来と変わりありません。

3．代位権を放棄した場合には

　保証人が代位権を放棄した場合には，担保権の移転や担保保存義務の問題を生じません。

　Ａ銀行ａ支店は，乙山二郎から弁済を受けた時点で，代位権を放棄するか否かを確認しておかなければならなかったのでした。しかしその時点では，Ａ銀行ａ支店も乙山二郎もそのことに気が付いていなかったと思われます。乙山二郎が代位権を放棄した場合には，念書を徴求しておくのはいうまでもありません。念書には，①保証人が弁済した年月日，②弁済した金額，③代位権を放棄する旨の文言，④代位権を放棄する対象物件の所在地・表示，⑤放棄する根抵当権の内容（管轄法務局，登記受付年月日，受付番号等）を記載したうえ，乙山二郎の署名を徴求しておきます。なお，受取証書や債権証書類は，弁済者が代位権を放棄した場合であっても，弁済者に交付します（民486,487）。

4．根抵当権の移転

　保証人が代位権を放棄しない場合には，弁済した保証人に根抵当権を移転します。根抵当権を移転するには根抵当権の元本の確定を要しますが，根抵当権者はいつでも，担保すべき元本の確定を請求することができ，この場合において，担保すべき元本は，その請求の時に確定し（民法398の19②），確定の登記も確定請求をしたことを証する書面を添付して根抵当権者のみで申請することができます（不登93）。Ａ銀行ａ支店は，直ちに内容証明郵便で根抵当権確定請求を行い，それを添付して根抵当権の元本の確定登記を経たうえ，乙山二郎に根抵当権の移転登記をすることになります。なお本事例では，Ｎ銀行申立てによる競売手続が開始しており，根抵当権者が抵当不動産に対する競売手続の開始があったことを知った時から2週間を経過したとき根抵当権の担保すべき元

本は確定しますが（民398の20①三），競売手続開始を知った後2週間を経過した事実は登記記録上明らかでないためA銀行a支店はこのような手続を踏まなければならないのです。

5．まとめ

　本事例から学ぶことは二つあります。第一は，債務者以外の第三者から弁済を受ける場合には，必ず代位の問題が起きるということです。とくに不動産担保付きの貸出債権について保証人などから代位弁済を受ける場合は，事前に保証人等から代位権放棄の念書を徴求するか，あるいは，保証人に代位による担保権の移転登記を済ましておかなければなりません。第二は，根抵当権を代位により移転する場合には，その前提として確定の登記を経ておかなければならないということです。根抵当権者は内容証明郵便で根抵当権確定請求を行い，それを添付して元本の確定登記を経たうえ，根抵当権の移転登記ができることとなったのです

　なお，2020年4月1日施行の改正民法（債権関係）は，任意代位の規定を改正し，法定代位の規定との統合をしました（民499）が，金融実務は従来と変わりないのは，再三指摘してきたところです。

▶事例18　任意処分における税債権との競合

［事　例］

　時価1億円とみていた抵当不動産が予定どおり1億円で任意処分となりました。A銀行a支店は第1順位で2億円の抵当権の設定を受けており，処分価格から仲介手数料等を控除した残りの金額で回収できる予定です。ところが本日，後順位に滞納税額3000万円の税債権の差押登記があることが分かりました。任意処分を進めるにあたって，この税債権はどのように考えたらよいのでしょうか。なお，A銀行a支店の抵当権の登記日は税の法定納期限より前です。

税債権の配分見込なしという理由による差押の解除を求める訴訟を提起する（税徴79），あるいは，競売申立の手続を取る，などの対抗措置を検討します。

［解　　説］

　国税徴収法第16条には「納税者が国税の法定納期限等以前にその財産上に抵当権を設定しているときは，その国税は，その換価代金につき，その抵当権により担保される債権に次いで徴収する」とあります。法定納期限以前に設定された抵当権ですから税債権に優先するのですが，ただこの条文は，差押財産を強制的に金銭に換える際，つまり競売手続についての規定であって，任意処分には適用されないのではないかとの見解があります。この見解によれば，任意処分においては国税優先の原則，つまり，「国税は，納税者の総財産について，この章に別段の定めがある場合を除き，すべての公課その他の債権に先だって徴収する」（税徴8）が適用されることになります。それでは，処分代金1億円からまず税債権3000万円が控除され，残りの7000万円から手数料等を控除した金額で配分されるという，金融機関にとって困ったことになります。そこで，国税当局と配分について協議することになりますが，国税当局が任意処分による通常の配分に応じてくれないことも十分予想されます。その場合には，税債権の配分見込なしという理由による差押の解除を求める訴訟を提起する（同法79），あるいは，競売申立の手続を取る，などの対抗措置を検討することになります。

▶事例 19　破産財団への拠出について

[事　　例]

　A銀行 a 支店では，破産手続開始決定を受けた債務者の不動産を任意処分することになりました。処分価格は，予想どおり時価に近い 1 億円です。同不動産には A 銀行 a 支店が第 1 順位で 2 億円の根抵当権を付けていましたから，処分価格 1 億円から仲介手数料等を控除した残額が取得できる予定でした。ところが本日破産管財人から，処分価格の 10 ％相当の 1000 万円を財団のため拠出して欲しいとの申込みがありました。どのように対処すべきですか。

[回　　答]

　破産法にはそのような金額の拠出を要する旨の規定はありませんが，関係者間で協議してみる必要はあります。

[解　説]

　破産法は，不動産の処分代金から財団への拠出することについて何ら規定していません。ただし，①破産管財人が介在したことによって不動産仲介手数料がかからなかった場合には，処分代金の 3 ％相当を財団に拠出するとか，②破産管財人の尽力により処分困難な不動産が早期かつ高値処分ができたなどの場合は，相応の拠出することは行われています。しかし本事例は，A銀行 a 支店の奔走により任意処分に漕ぎ着けたもので，そのような事実はありませんから，財団に拠出する根拠はありません。拠出することはかえって手続の公平・公正を損なうことになります。なお，破産財団へ拠出する場合でも，一律に「何パーセント拠出」と割り切れるものではありません。管財人の関与の度合に応じ，また個々の事案に即して，関係者間の話合いで決めるものです。

　なお，協議が整わない場合には，競売申立もやむを得ないでしょう。

▶事例 20　不動産任意処分－残債権の状況

[事　例]

　時価 150 百万円の A 不動産と時価 300 百万円の B 不動産とを共同担保として，第Ⅰ順位 X 社は債権額 400 百万円に対して極度額 300 百万円の根抵当権を，第Ⅱ順位 Y 社は債権額 100 百万円に対して極度額 150 百万円の根抵当権を，それぞれ設定を受けています。

順位	債権者	担　保　価　格	債権額	極度額
Ⅰ	X　社	450M（= A 150+B300）	400M	300M
Ⅱ	Y　社	450M（= A 150+B300）	100M	150M

今般，X 社の斡旋により A 不動産が 150 百万円で任意売却となり，X 社から売却代金の配分について，「根抵当権極度額按分とする X 社 100 百万円：Y 社 50 百万円としたい」との申出がありました。Y 社はどう対応しますか。

[回　答]

　このままでは応諾できません。X 社の根抵当権極度額を「300 百万円→ 200 百万円に減額」を条件に応諾します。

[解　説]

　任意売却価額 150 百万円は時価通りで妥当。配分は X 社 100 百万円：Y 社 50 百万円で妥当，というよりも却って Y 社に有利。しかし，上記[回答]の条件を付さないと，本件任意売却の結果は，B 不動産 300 百万円が残るため，

　　X 社　時価 B300　債権額 300M　極度額 300M －回収見込 300M ＝
　　　　　ポジション　0M

　　Y 社　時価 B300　債権額 100M　極度額　50M －回収見込　0M ＝

ポジション▲50M

となって，当初ポジション割100百万円のX社は不動産フルカバーなのに対して，当初不動産＋50百万円のY社は却って▲50Mのポジション割れとなってしまいました。不動産任意処分にあたっては残債権の保全状況を確認することを忘れてはなりません。とくに，「弁済受領を受けた額だけ根抵当権極度額を減額する」との条件は必須です。本事例はそのことを教えてくれました。

▶事例21　土地・建物を担保に取っていたところ建物のみに競売が開始された

［事　例］

　2020年10月10日，A銀行a支店に本店経由で東京地方裁判所八王子支部から「債権届出の催告書」が送達されました。同催告書には「T信用金庫の申立により，甲野太郎所有の別紙物件目録の不動産について，競売の開始決定がなされた。配当要求の終期は2020年11月10日。同終期までに，同封の債権届出書に下記の事項を記載して届け出るよう催告する」とあります。a支店は，甲野太郎に対して2008（平成20）年10月10日実行した住宅ローン1500万円（当初貸出金2000万円）が残っていますが，去る3月10日の約定返済分から延滞となっています。a支店では競売を含め，その対応を検討していた矢先でした。

「物件目録」には，所　　在　　東京都調布市国領町1丁目1番1号

　　　　　　　　　　　家屋番号　　1番1号

　　　　　　　　　　　種　　類　　居宅

　　　　　　　　　　　構　　造　　木造スレート葺2階建

　　　　　　　　　　　床面積　　　1階50㎡　　2階50㎡

　　　　　所有者　　　甲野太郎

と記載されています。

　ローン実行時にＡ銀行ａ支店がこの建物とともに設定を受けてい
た抵当土地「東京都調布市国領町１丁目１番１号　宅地 100㎡」に
ついては記載がありません。どのように対応したらよいでしょうか。

［回　　答］

　まずａ支店は，①直ちに土地（底地）の競売申立に取り掛かるべ
きです。そして，②期日までに競売債権届出を行います。③期限の
利益の請求喪失の要否を検討します。④根抵当権の被担保債権元本
が確定することに留意します。そして，⑤配当要求の要否について
も検討しなければなりません。

［解　　説］

1．このままでは底地が残る

　Ｔ信用金庫は「東京都調布市国領町１－１－１」木造スレート葺２階
建居宅延 100.00㎡についてだけ競売の申立をしたのですから，このまま
では，裁判所は建物についてだけ競売手続を進め，建物だけが競落され
ます。その結果，ａ支店は建物競落代金から順位に応じた配当を受ける
ことはできるものの，残った担保は「東京都調布市国領町１－１－１」
宅地 100.00㎡となります。しかもそれは底地となってしまうため，処分
はきわめて困難なものとなります。したがって，土地（＝底地）とその
上にある建物を担保に取っている場合に，他の債権者から競売の申立が
あったときは，担保に取っている土地とその上の建物の双方について競
売申立がなされていることを確認しなければなりません。本件のように，
土地とその上の建物の双方を担保に取っているのに，他の債権者が建物
についてだけ競売の申立をした場合には，直ちに土地の競売の申立を行
い，土地とその上の建物とを同一人が落札できるようにします。

2．なぜこのようなことが起きるのか

　土地とその上の建物のうち，建物についてだけ競売申立がなされるのは，①申立債権者が建物しか担保に取っていない場合，②土地（＝底地）についてまで競売の申立をすると超過売却となる，の二つのケースが考えられます。①のケースでは，土地を担保に取っていないのですから競売申立のしようがありません。重要なのは②のケースです。このように建物と併せて土地を担保に取っていながら，担保権者が競売の申立をしても競売手続が進行しない場合があるからです。それは，民事執行法に超過売却の禁止の規定があるからです。競売申立債権者Ｔ信用金庫の有する債権が，建物または土地のいずれかの競落代金で全額弁済となるときは，建物と土地の全部について売却許可決定をしてはならない，つまり，超過売却は禁止されているのです（民執73①，188）。超過売却が禁止されるのは，申立債権者の債権回収の目的を達しうる限度で競売を行えば足り，その目的を達成するに必要でない無益な執行をすることにより，債務者に過度の苦痛を与えないようにするためです。

　ａ支店としては直ちに土地について競売の申立てを行い，建物とその土地（＝底地）とが同一人に競落されるようにすることが緊急の課題となるわけです。

3．無道路地が残ると悲惨

　道路に面した甲地とそれに隣接する道路に面していない乙地とを担保に取っていたところ，他の債権者の競売の申立により甲地についてだけ競売開始決定となりそのまま競落されますと，無道路の乙地のみが残ります。この結果，担保権者は乙地を甲地所有者に売却するしかなく，事実上処分不能となってしまいかねません。このような場合には，乙地について直ちに競売の申立を行い，甲地と乙地とが同一人に競落してもらえるようにして，競落価額の引上げに努め，競売配当が多くなるようにしなければなりません。

他の債権者の申立による競売開始決定があった場合には，競売裁判所から送付される「債権届出の催告書」に添付されている「物件目録」と自店の担保不動産とを厳密に比較対比し，競売対象不動産が自店の担保不動産のなかでどのような位置を占めているかを確認しなければなりません。その結果，残存不動産が例えば底地あるいは無道路地と化すなど処分困難となる懸念がある場合には，直ちに競売の申立を行い，そのような事態を避けなければなりません。

４．自行（庫・組）担保物件に競売申立が行われた場合の一般的注意事項

(1) 期日までに債権届出を行う

　競売裁判所は競売開始決定による差押登記をした以前に登記をしている抵当権者，質権者，仮差押債権者等に対し，債権の存否ならびにその原因及び額を配当要求の終期までに裁判所に届け出る旨を催告します（民執49②，188）。裁判所から催告を受けた抵当権者等には債権届出義務が課せられており（同法50①，188），届出債権の元本に変更があったときにもその旨の届出をしなければならず（同法50②，188），故意または過失により，その届出を怠り，または不実の届出をすると，損害賠償の責めを負うことがあります（同法50③，188）。抵当権者は地位の安定した強力な債権者であって，それだけに，これに立ち遅れる利害関係人からみると，これらの債権の存否，金額の如何によっては大きな影響を受け，また手続的にも，売却条件の確定，最低売却価額の決定及び無剰余の判断等その進行にも大きな影響を持つからです。

(2) 期限の利益の請求喪失の要否の検討

　銀行取引約定書旧ひな型第５条第２項第２号は，差押えまたは競売手続の開始決定があったとき，債務者は，銀行の請求によって銀行に対するいっさいの債務の期限の利益を失い，直ちに弁済しなければならない，と規定しています。債務者の期限の利益を喪失させるためには，期限前

償還請求書を発信し，かつ，それが先方に送達しなければなりません。
意思表示は，その通知が相手方に到達した時からその効力を生じるから
です（民97①）。したがって，急を要するときは期限前償還請求書を持
参します。期限の利益を喪失させるか否かは金融機関の選択にかかると
ころですが，他の債権者から競売の申立があったことは，業態悪化を端
的に現すものです。また期限前償還請求書が債務者に到達すれば，その
時点から遅延損害金を請求でき請求債権の計算が容易になりますから，
期限の利益を喪失させるのがまず第一歩です。

(3)　根抵当権の確定

　根抵当権者が，第三者による抵当不動産に対する競売手続の開始また
は滞納処分による差押があったことを知った時から2週間を経過したと
き，根抵当権の担保すべき元本は確定します（民398の20①三）。2週
間を経過した後に確定することにしたのは，根抵当権者に対し，懸案中
の取引の結了，その他の善後策を講じる余裕を与えるものです。

　第三者の申立による競売開始決定後でも，申立の取下げその他の理由
によってその効力が消滅した場合には，根抵当権は確定しなかったもの
とみなされます（同条②）。この確定事由は，根抵当権者が取引の打切
りを欲した場合でないこと(注)，確定の効力を遡及的に失わせないこと，
根抵当権者から債務者に救済融資をして競売申立を取下げさせる途を閉
ざすべきではないこと，などを考慮したものです。

　（注）　根抵当権者自身が，根抵当不動産について競売の申立てをした
競売手続の開始によっても根抵当権の担保すべき元本は確定しますが
（民398の20①一），この場合には，その後取下げ等により競売手続開
始の効力が消滅しても，確定の効力は残ります。根抵当権者が取引を打
ち切る意思を表明したものだからであって，第三者が申立をした場合と
は異なります。

(4)　配当要求の要否の検討

かりに本事例の競売手続で抵当権者に配当してもなお余剰が生じると
します。この場合このまま競売手続が進行しますと，競売余剰金は債務
者（担保提供者）甲野太郎に返戻されます。このような場合において，
ａ支店に甲野太郎に対する無担保債権が他にもあるときは，配当要求を
検討します（民執51，188）。配当要求とは，強制執行において差押債
権者以外の債権者が執行に参加し弁済を受ける方法をいいます。競売手
続中の不動産に対する配当要求をすることができる者は，民事執行法
25条の規定による執行力のある債務名義の正本を有する債権者，競売
の開始決定に係る差押の登記後に登記された仮差押債権者，及び同法
181条１項各号に掲げる文書を有することを証明した債権者です。実際
には，不動産に対する仮差押を経たうえで配当要求するのが大多数です。
なお配当要求は，配当要求の終期つまり競売債権届出期日までにしなけ
ればなりません。

▶事例 22　無償否認

[事　例]

　株式会社甲野商会はいわゆる同族会社ですが，今般Ｉ銀行から運
転資金1,500万円の融資を受けました。その際甲野商会の代表取締
役である甲野一郎が，保証料なしで，甲野商会の債務について連帯
保証をするとともに，自己所有不動産に根抵当権を設定しました。
この連帯保証と根抵当権があったため，Ｉ銀行は融資を実行したの
です。ところが，甲野商会と甲野一郎は，3カ月後に破産を申し立て，
ともに破産手続開始の決定を受けました。Ｉ銀行が根抵当権に基づ
き競売を申し立てようとしていたところ，甲野一郎の破産管財人が
「甲野一郎の行った連帯保証と根抵当権設定は，破産手続開始の申
立前6ヵ月以内に破産者の義務なくしてした無償行為にあたる」と

して，破産法第160条3項に基づいて否認権を行使してきました。
Ｉ銀行は，連帯保証と根抵当権を諦めなければならないのでしょうか。

[回　　答]

　判例の考え方によれば，Ｉ銀行は，連帯保証と根抵当権を諦めなければなりません。

[解　　説]

　破産者の信用状態が悪化した場合において，破産者による贈与や債務免除などの無償行為は破産債権者の利益を害します。そこで，行為の無償性と時期に着目して，破産法はこのような行為を否認しうるものとしています。すなわち，破産法第160条第3項は，破産債権者を害する行為の否認と題して，破産者が支払の停止等があった後またはその前6月以内にした無償行為及びこれと同視すべき有償行為は，破産手続開始後，破産財団のために否認することができるとしています。これを無償否認といいます。

　同族会社の代表取締役が行う同族会社への保証や担保提供が，代表取締役個人が破産した場合，無償否認の対象となるのかについては最高裁判所は次のようにいいます（最二小判昭62・7・3民集41-5-1068）。

①破産者が義務なくして他人のためにした保証または担保の供与は，債権者の主たる債務者に対する出捐の直接の原因をなす場合であっても，破産者がその行為の対価として経済的な利益を受けない限り，破産法72条5号（現160③）にいう無償行為にあたる。

②いわゆる同族会社の実質的経営者である破産者が義務なくして当該会社のために保証または担保供与をしたことを直接の原因として，債権者が当該会社に対して出捐をしても，破産者がその行為の対価として経済的な利益を受けない場合には，破産法72条5号（現160③）に

いう無償行為にあたる。

実務感覚からするとやや意外に感じると思いますが，従わざるをえません。本事例では，代表取締役甲野一郎に対する個人貸しで対処すべきであったでしょう。

▶事例23　事業再生計画における損失負担の合意

［事　例］

J社に対し残高合計3761億円の貸付債権を有していたX銀行が，1996（平成8）年3月29日に本件債権を放棄し，同年3月期事業年度の法人税について損金の額に算入して申告したところ，Y税務署長から損金算入を否認され，法人税の更生及び過少申告加算税と重加算税の賦課決定を受けたことから，X銀行がその取消しを求める事案です。ここにJ社は住宅金融専門会社の日本ハウジングローン，X銀行はその母体行の日本興業銀行。

［回　答］

本件債権相当額は本件事業年度の損失の額として損金の額に算入されるべきである。

［解　説］

1．問題の所在

不良債権処理の要諦は事業再生にあります。2000（平成12）年の民事再生法の制定，会社更生法の改正など再建型倒産法制度の見直しに始まり，私的整理のガイドラインの策定，整理回収機構の再生機能の拡充，産業再生機構の創設，中小企業再生支援協議会の創設等々，ようやく事業再生のための制度を構築するに至っています。これら任意整理を軸とする事業再生の一翼を担うのは債権放棄であり，それは，債権者間及び

債権者・債務者間の「損失負担の合意」によって形成されます。そこで浮上するのが税務の問題です。放棄した債権額に損金処理が認められなければ債権者にとって，放棄による債務免除益に課税されれば債務者にとって，それぞれ新たな税務負担を強いられ，事業再生は無に帰します。この問題を正面から捉えたのが最高裁判所第二小法廷平成 16 年 12 月 24 日判決（民集 58-9-263），事業再生に携わる者として避けて通ることはできません。

２．最高裁判所第二小法廷平成 16 年 12 月 24 日判決（民集 58-9-2637）X 銀行の請求を認めました。

①法人の各事業年度の所得の金額の計算において，金銭債権の貸倒損失を法人税法 22 条 3 項 3 号にいう「当該事業年度の損失の額」として当該事業年度の損金の額に算入するためには，当該金銭債権の全額が回収不能であることを要すると解される。

②そして，その全額が回収不能であることは客観的に明らかでなければならないが，そのことは，債務者の資産状況，支払能力等の債務者側の事情のみならず，債権回収に必要な労力，債権額と取立費用との比較衡量，債権回収を強行することによって生じる他の債権者との軋轢などによる経済的損失等といった債権者側の事情，経済的環境等も踏まえ，社会通念に従って総合的に判断されるべきものである。

③X 銀行が本件債権について非母体金融機関に対して債権額に応じた損失の平等負担を主張することは，……1996（平成 8）年 3 月末までの間に社会通念上不可能となっており，当時の J 社の資産等の状況からすると，本件債権の全額が回収不能であることは客観的にみて明らかになっていたというべきである。そしてこのことは，本件債権の放棄が解除条件付きでなされたことによって左右されるものではない。

④本件債権相当額は本件事業年度の損失の額として損金の額に算入されるべきである。

3. 若干の検討

　上告審は，損金算入のの要件は「金銭債権の全額回収不能が客観的に明らかでなければならない」としたうえ，要件該当性つまり「客観的に明らかである」とは，①債務者の資産状況，支払能力等の債務者側の事情のみならず，債権者側の事情，経済的環境等も考慮の対象となること，②考慮の対象となる債権者側の事情等の例として，債権回収に必要な労力，債権額と取立費用との比較衡量，債権回収を強行することによって生じる他の債権者との軋轢などによる経済的損失等をあげ，そして③経済的環境等も踏まえ，社会通念に従って総合的に判断すべきであるとしました。法人税基本通達に依拠する課税実務から決別し，回収不能の判断の柔軟化に踏み出した極めて重要な判決といえましょう。

《編著者紹介》
旗田　庸（はただ　よう）

略歴
昭和 16 年 6 月 23 日生まれ。
昭和 41 年 4 月，日本勧業銀行（現みずほ銀行）入行。御徒町支店，内幸町営
業部，調査部，審査部，法人企画部，融資企画部，融資部次長，審査部審査役，
本店審議役を経て，東京リース法務室長を歴任。

［著書］
抵当権実行の実務（昭和 57 年）
相殺の実務（昭和 59 年）
債権管理・回収講座（平成 13 年）
債権回収（平成 17 年）
債権・動産担保実務（平成 18 年）
債権管理・回収テキスト（平成 22 年）

［共著］
担保法体系（昭和 59 年）
現代銀行取引法（昭和 62 年）
バブル崩壊下の貸金管理の手引（平成 4 年）
営業店の事故対策 200 選（平成 6 年）
執行妨害対策の実務（平成 7 年）
倒産法実務事典（平成 11 年）
リース法務 Q&A100（平成 13 年）
銀行窓口の法務対策 3300 講（平成 16 年）
貸付契約及び債権管理（平成 21 年）
条件緩和先企業の管理回収の実務（平成 23 年）
新融資管理回収に強くなる本（平成 24 年）

金融のプロになるシリーズ第5巻

融資管理・回収編

2020 年 8 月 1 日　初版 1 刷
2021 年 8 月 12 日　初版 2 刷

編 著 者	旗 田　　庸
発 行 者	市 村 祐 記

発 行 所　　F3C 金融ブックス

http://www.kinyubooks.co.jp
〒 101-0021 東京都千代田区外神田 6-16-1-502
電話 03（5807）8771（代表）
FAX 03（5807）3555

印刷・製本　　モリモト印刷株式会社

Kinyubooks Co.,Ltd©2020
ISBN 978-4-904192-86-3 C3033